"创新设计思维"
数字媒体与艺术设计类新形态丛书

全彩微课版

Cinema 4D R25

电商美工视觉设计

孟静 杨婷 主编

陶婉琪 袁胜虎 副主编

人民邮电出版社

北 京

图书在版编目（ＣＩＰ）数据

Cinema 4D R25电商美工视觉设计：全彩微课版 / 孟静，杨婷主编. -- 北京：人民邮电出版社，2024.6
（"创新设计思维"数字媒体与艺术设计类新形态丛书）
ISBN 978-7-115-63563-1

Ⅰ．①C… Ⅱ．①孟… ②杨… Ⅲ．①网店－设计－教材 Ⅳ．①F713.361.2

中国国家版本馆CIP数据核字(2024)第016168号

内 容 提 要

本书是一本集视频教程和案例讲解于一体的 Cinema 4D 电商设计实用教材，讲解使用 Cinema 4D 在电商领域进行三维设计和动画制作的必备知识与技能。

本书从 Cinema 4D R25 基础操作入手，结合大量电商设计实战案例，深入阐述 Cinema 4D 的相关知识。全书共 5 章，分别介绍 Cinema 4D 与电商设计、Cinema 4D 操作入门、电商动态广告制作、电商静态广告制作、电商促销海报制作。

本书具有很强的实用性，适合作为高等院校及培训学校的教材，也可作为使用 Cinema 4D 从事电商设计工作的初、中级人员的自学参考书。

♦ 主　编　孟　静　杨　婷
　　副主编　陶婉琪　袁胜虎
　　责任编辑　李　召
　　责任印制　陈　犇
♦ 人民邮电出版社出版发行　　　北京市丰台区成寿寺路 11 号
　　邮编　100164　　电子邮件　315@ptpress.com.cn
　　网址　https://www.ptpress.com.cn
　　临西县阅读时光印刷有限公司印刷
♦ 开本：787×1092　1/16
　　印张：13.5　　　　　　　　2024 年 6 月第 1 版
　　字数：316 千字　　　　　　2024 年 6 月河北第 1 次印刷

定价：79.80 元

读者服务热线：(010)81055256　印装质量热线：(010)81055316
反盗版热线：(010)81055315
广告经营许可证：京东市监广登字 20170147 号

前 言

Cinema 4D是德国Maxon公司出品的一款三维建模与特效设计软件，拥有强大的功能与良好的扩展性，被广泛应用于电商广告设计、计算机图形设计、影视特效设计、三维动画设计、产品设计、室内装潢设计、建筑设计、多媒体制作、游戏制作等领域。近年来，随着越来越多的设计师开始使用 Cinema 4D 作为自己的创作工具，该软件不断更新迭代，正向着智能化和多元化的方向发展。

本书特色

本书内容全面、案例丰富，在讲解基本知识点和基础操作的同时列举大量典型实例，这些实例融合了知识点和操作技巧，具有极强的实践性。通过这些实例，读者可以更好地掌握使用 Cinema 4D 进行电商设计的方法和技巧，从而达到融会贯通、灵活运用。本书精心设计了"知识讲解+实操案例+进阶练习+综合案例"等教学环节，能有效激发读者的学习兴趣，从而培养读者举一反三的能力。

知识讲解：讲解重要的知识点和常用的软件功能、操作技巧等。

实操案例：结合每章知识点设计实操案例，帮助读者理解与掌握所学知识。

进阶练习：结合本章内容设计难度适中的实训案例，提高读者的实战能力。

综合案例：结合全书内容设计的企业级实训案例，培养读者综合应用的能力。

本书内容

本书以 Cinema 4D R25 版本为基础编写，全书从实用角度出发，全面地讲解中文版Cinema 4D 的常用功能，内容基本涵盖 Cinema 4D 的常用工具、面板、对话框和菜单命令，可帮助初学者掌握 Cinema 4D基础知识和操作技能。

本书由局部到整体、从易到难，系统地讲解使用 Cinema 4D 设计与制作各种电商静态广告、动态广告和海报的方法，全书共 5章，主要内容如下。

第1章介绍 Cinema 4D 的特点、应用领域、创作流程，以及其在电商设计方面的主要应用案例，帮助读者建立对该软件的初步认识。

第2章介绍 Cinema 4D 的工作界面和基础操作，并通过一些简单的案例，帮助读者快速掌握在 Cinema 4D 中建模，以及使用灯光、材质、贴图、摄像机、环境、标签和渲染器的方法。

第3章通过案例操作详细介绍使用 Cinema 4D 制作电商新品发售广告、产品宣传广告、商品轮播广告等动态产品广告的方法。

第4章通过具体的案例操作，介绍使用 Cinema 4D 制作情人节广告、双十一广告等静态电商广告的方法。

第5章通过案例操作详细介绍制作促销海报、科技芯片海报、香水海报等常见电商海报的方法。

教学资源

本书提供了丰富的教学资源，读者可登录人邮教育社区（www.ryjiaoyu.com），在本书页面中下载。

微课视频：本书所有案例均提供微课视频，扫描书中二维码即可观看。

案例资源：本书提供了所有案例需要的素材文件和效果文件，素材和效果文件均以案例名称命名。

素材文件　　　效果文件

教辅资源：本书提供PPT课件、教学大纲、教学教案、拓展案例、拓展素材等资源。

PPT课件　　教学大纲　　教学教案　　拓展案例　　拓展素材

编者

2024年1月

目 录

第3章

电商动态广告制作

第4章

电商静态广告制作

第5章

电商促销海报制作

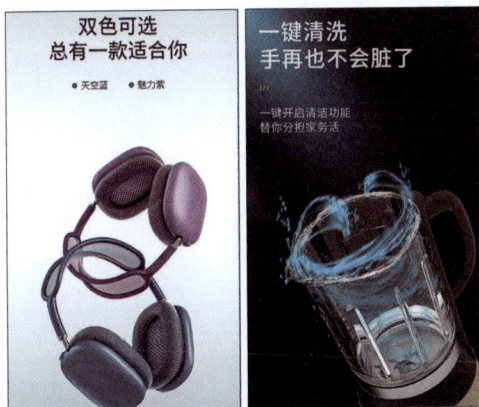

第 **1** 章 | Cinema 4D与电商设计

📎 **内容要点**

📑 Cinema 4D的基础知识
📑 Cinema 4D在电商设计中的应用
📑 Cinema 4D在电商设计中的创作流程

📎 **内容简介**

近年来，Cinema 4D（简称C4D）因其在电商设计方面的应用在国内掀起了热潮。从天猫、京东等官方平台购物节的设计中可以看出，越来越多的品牌banner页、创意海报和产品广告中融入了Cinema 4D的元素。同时，越来越多的品牌设计也纷纷加入Cinema 4D的行列，不仅限于电子类品牌，还扩展到汽车、服装、美妆、家居等各个行业。

本章将主要介绍Cinema 4D的特点、应用领域、创作流程，以及其在电商设计方面的主要应用案例，帮助读者建立对该软件的初步认识。

1.1 Cinema 4D基础知识

Cinema 4D是一款专业的三维设计和动画软件，广泛应用于电影、电视、广告和游戏等领域。它由德国Maxon公司开发，具有直观、友好的用户界面和丰富的功能，适用于各个层面的三维设计和创作。

1.1.1 Cinema 4D软件特点

Cinema 4D提供全面的三维建模工具，可以创建各种物体、角色和场景。Cinema 4D主要有以下几个特点。

1. 友好的用户界面

Cinema 4D采用直观、友好的用户界面（见图1-1），使得用户可以轻松上手并快速掌握软件的操作和功能。它提供了可定制的工作区和面板布局，以适应不同用户的工作习惯和需求。

2. 全面的建模工具

Cinema 4D提供了多种建模技术，包括多边形建模、NURBS建模和体积建模等。这些工具可以满足各种建模需求，从简单的几何图形到复杂的角色和场景都可以轻松实现，如图1-2

1

所示。

导航栏　　　　　视图窗口　　　　　布局选择栏

菜单栏

工具栏

"时间线"面板

"对象"面板

"属性"面板

图1-1　Cinema 4D的用户界面

图1-2　Cinema 4D建模作品

3. 强大的动画功能

Cinema 4D拥有出色的动画工具，能够实现各种动态效果。它支持关键帧动画、物理模拟、粒子系统等，并且具备丰富的动画曲线编辑和控制选项，方便用户精确控制动画的表现效果，其"时间线"面板如图1-3所示。

4. 先进的渲染引擎

Cinema 4D配备了高性能的渲染引擎，如Physical Render和ProRender。这些渲染引擎能够产生逼真的光影效果和高质量的渲染结果，支持全局照明、多通道渲染、物理材质等功能。Cinema 4D渲染设置和渲染效果如图1-4所示。

Cinema 4D R25电商美工视觉设计（全彩微课版）

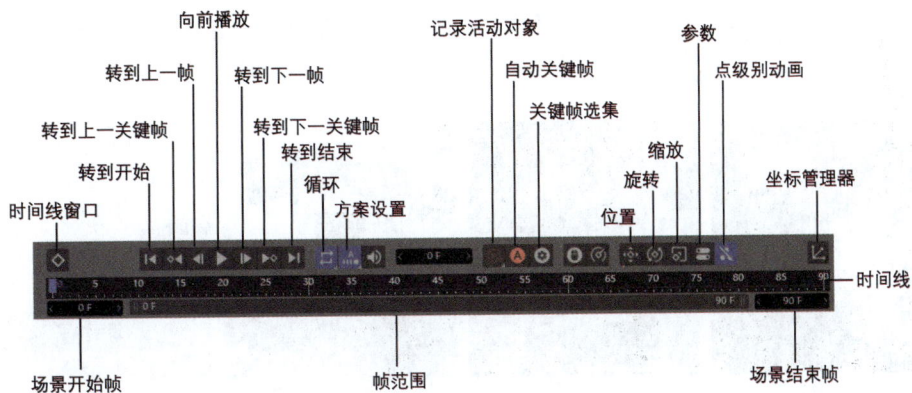

图1-3 Cinema 4D的"时间线"面板

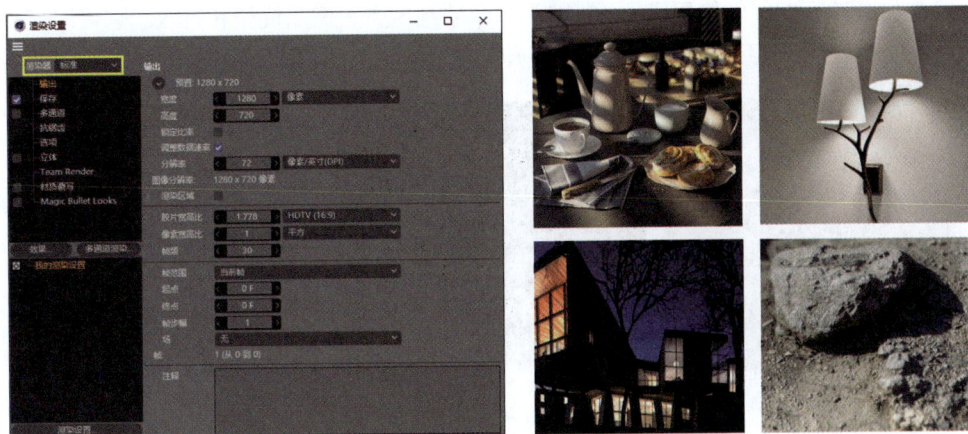

图1-4 Cinema 4D渲染设置与渲染效果

5. 优秀的模型和场景管理

Cinema 4D提供灵活且高效的模型和场景管理功能。它支持层级结构、对象组织和命名空间，使得项目的组织和管理更加方便，可快速定位和编辑需要的元素。

6. 与其他软件的兼容性

Cinema 4D支持插件和脚本的扩展，用户可以根据需要安装和使用各种第三方插件等，以扩展软件功能。此外，Cinema 4D与其他软件具有良好的兼容性，可与Adobe系列软件、渲染引擎、虚拟现实和增强现实等技术结合使用。

综上所述，Cinema 4D以其友好的用户界面、全面的功能和强大的性能，成为一款受欢迎的三维设计和动画制作软件。它提供了丰富的工具和功能，可以满足创作者的各种需求，并可与其他软件相互配合，实现更加出色的创作效果。

1.1.2 Cinema 4D应用领域

Cinema 4D被广泛应用于以下领域。

1. 电影和电视制作

Cinema 4D在电影和电视制作领域中被广泛使用。它可以用于制作特效、虚拟场景、动画角色和物体模型等，为电影和电视剧增加视觉上的冲击力和提高画面的逼真度，如图1-5所示。

图1-5　Cinema 4D用于电影和电视虚拟场景制作

2. 电商广告和营销

广告和营销行业经常使用Cinema 4D来制作动画广告、产品模型和特效。它可以产生引人入胜的视觉效果，吸引观众的注意力并提升品牌形象，如图1-6所示。

图1-6　Cinema 4D电商广告和营销作品

3. 游戏渲染和开发

Cinema 4D在游戏开发中也扮演着重要的角色。它可以用于游戏场景建模、角色设计、动画制作和特效生成，为游戏增添视觉上的吸引力和提升交互性，如图1-7所示。

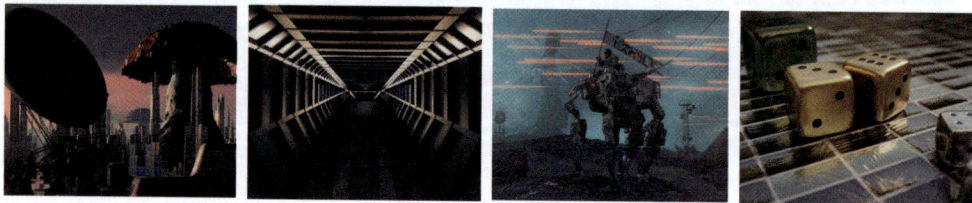

图1-7　Cinema 4D游戏渲染

4. 产品设计和工业设计

许多产品设计师和工业设计师使用Cinema 4D来创建和渲染产品模型。它可以用于展示产品的外观、质感和功能，帮助设计师呈现他们的创意，如图1-8所示。

除了上面提到的领域外，Cinema 4D还被应用于艺术创作、虚拟现实和增强现实体验、医学可视化、学术和教育、科学研究和其他各种领域。它的灵活性使得它成为一款多功能的三维设计和动画制作软件，可以满足不同行业的需求。

图1-8 Cinema 4D产品设计和工业设计作品

1.2 Cinema 4D电商应用

Cinema 4D作为一款强大的三维设计和动画制作软件，具备多种功能和工具，可以用于实现逼真的产品展示、营造独特的品牌形象，以及推动用户参与和增加互动体验。这些都有助于提升电商平台的用户体验，吸引消费者的关注并提高产品销量。

1.2.1 Cinema 4D电商应用场景

Cinema 4D在电商设计中应用广泛。以下是一些常见的应用场景。

1. 产品展示

Cinema 4D可以用于创建逼真的产品模型和渲染效果，展示产品的设计细节、材质质感和功能特点。通过精确建模和高品质渲染，可以让消费者更好地了解和欣赏产品，提升消费者的购买欲，如图1-9所示。

图1-9 电商产品展示

2. 广告宣传

借助Cinema 4D的强大动画功能和视觉效果，可以制作各种生动、引人入胜的广告宣传视频。通过极具创意的动画效果和视觉效果，能更好地吸引目标受众的关注，提高品牌曝光度和记忆度，如图1-10所示。

5

图1-10　电商广告宣传

3. 搭建虚拟场景

Cinema 4D能够构建真实感十足的虚拟场景，用于电商平台的虚拟店铺或产品展示空间，通过创建逼真的环境和灯光效果，提供更直观、全面的产品展示，可让消费者仿佛置身于实际的场景中，如图1-11所示。

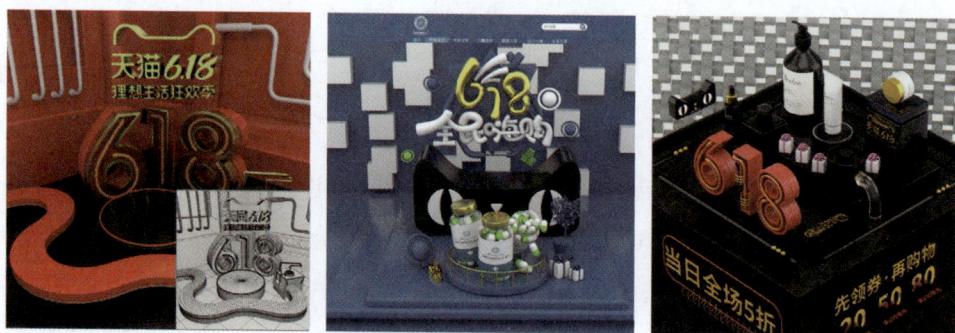

图1-11　电商虚拟场景

4. 增强视觉效果

在电商平台上，通过Cinema 4D的视觉效果增强功能，可以为产品展示、广告宣传或用户体验添加特殊效果，如粒子效果、物理模拟、变形动画等。这些效果能够吸引用户的目光并提高其参与度，如图1-12所示。

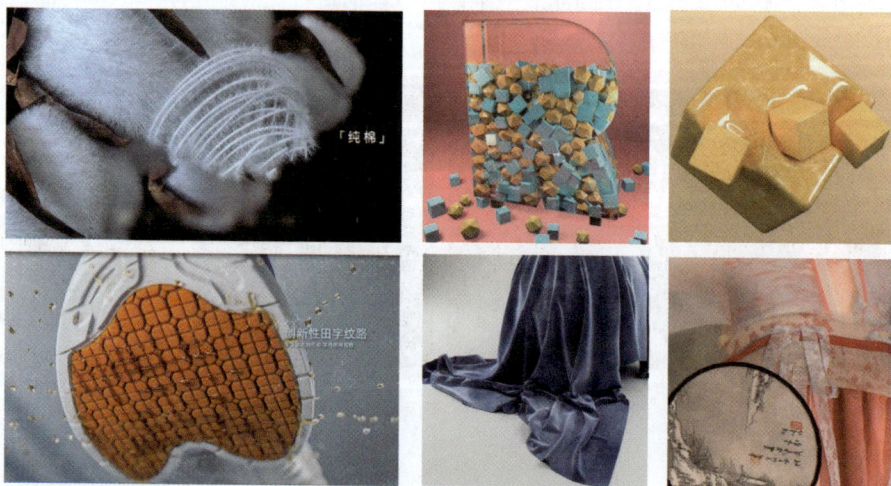

图1-12　增强产品的视觉效果

总而言之，Cinema 4D在电商设计中的应用可以提升产品展示的逼真度和吸引力，提高品牌曝光度和记忆度，提升用户体验和参与度，从而促进产品销量增长。

1.2.2　Cinema 4D电商应用优势

Cinema 4D在电商应用中具有以下优势。

- ❑ 逼真的产品展示。Cinema 4D可以创建高度逼真的产品模型和场景，使得在线商店中的产品展示更加真实、生动。通过精细的材质和光照设置，可以展示产品的外观、质感和细节，引发消费者的兴趣和购买欲望。
- ❑ 创新的产品演示。Cinema 4D提供了丰富的动画和特效功能，可以制作各种创新的产品演示视频，包括展示产品的功能、使用场景和变形效果等，通过视觉的冲击和动态的呈现，吸引消费者关注并留下印象。
- ❑ 个性化定制用户体验。Cinema 4D可以通过参数化建模和动画控制，实现产品的定制化展示。消费者可以根据自己的需求调整产品的各项参数，例如颜色、尺寸等，从而获得个性化的购物体验。
- ❑ 虚拟现实和增强现实。Cinema 4D可以结合虚拟现实和增强现实技术，打造沉浸式的购物体验。通过将产品模型和场景与虚拟现实设备或增强现实应用结合，消费者可以身临其境地感受产品的外观和使用效果，更好地了解产品特性和优势。
- ❑ 可定制的模型与动画。Cinema 4D提供了高效的建模、动画和渲染工具，能够快速制作高质量的电商内容。商家可以更快地展示新产品、促销活动或季节性商品，提高营销效果和销售速度。

1.2.3　Cinema 4D电商应用案例

借助Cinema 4D的强大功能和逼真的表现能力，电商平台可以提供更好的产品展示效果、个性化的购物体验和更高的销售转化率。以下是一些使用Cinema 4D的电商应用案例。

1. 家具和室内设计

有些家具和室内设计的电商平台使用Cinema 4D来展示逼真的家具模型和室内场景。通过精细的渲染和动画效果，为消费者提供真实的室内体验和购买参考，如图1-13所示。

图1-13　Cinema 4D设计家具和室内场景

2. 珠宝和首饰设计

珠宝和首饰行业使用Cinema 4D来创建精美的珠宝模型，并展示其质感、宝石光环和细节。该技术可以帮助消费者更好地了解珠宝产品，从而提升在线销售的可信任度，如图1-14所示。

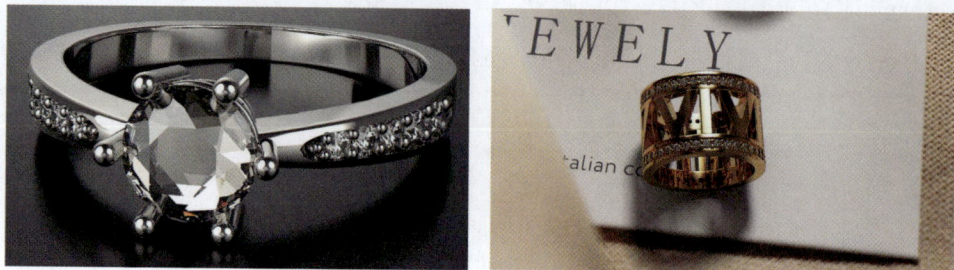

图1-14　Cinema 4D设计珠宝首饰类商品

3. 化妆品和服装设计

服装品牌利用Cinema 4D来创建虚拟时装模特和服装模型，展示服装的流线设计、织物材质和穿着效果。这为消费者提供了更直观、生动的购物体验，提高了线上购物的吸引力和便利性，如图1-15所示。

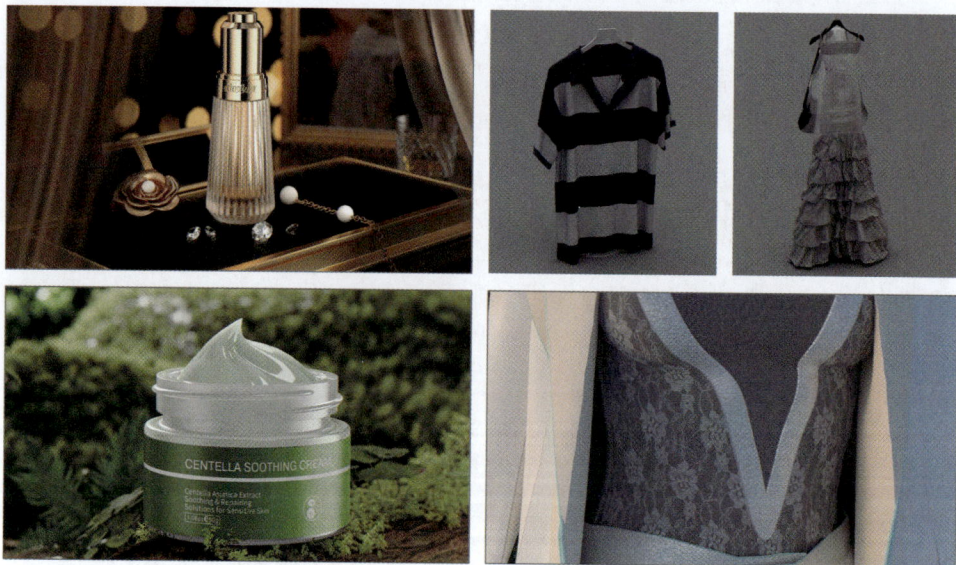

图1-15　Cinema 4D设计化妆品和服装类商品

4. 鞋类和运动装备设计

鞋类和运动装备品牌使用Cinema 4D来展示产品的设计细节、外观和功能。通过精准的建模和渲染，消费者可以更好地了解产品的舒适度、支撑性和外观效果，增加对产品的兴趣，如图1-16所示。

5. 食品和饮品设计

食品和饮品品牌可以利用Cinema 4D创建美味的食品和饮品模型，并将其呈现在令人垂涎欲滴的虚拟场景中。通过精细的材质和光照设置，营造出逼真的食物质感和色彩，引起消费者的食欲和购买欲望，如图1-17所示。

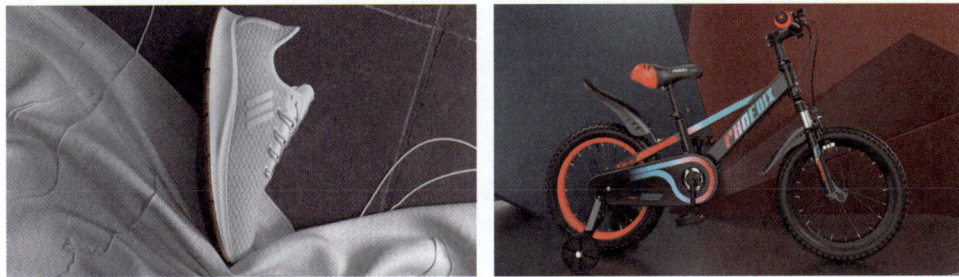

图1-16 Cinema 4D设计鞋类和运动类商品

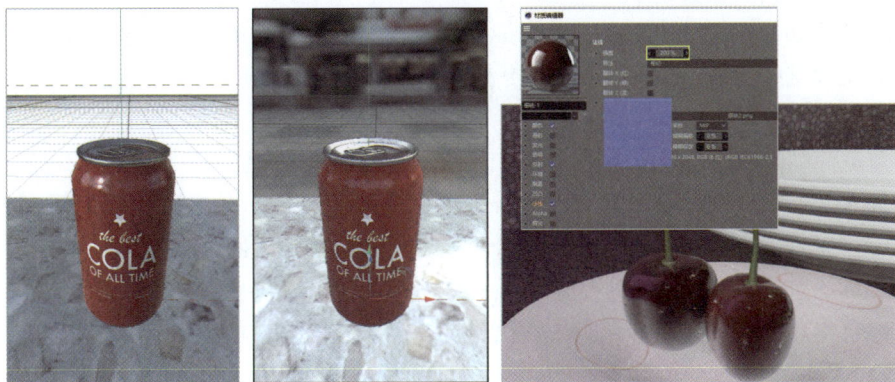

图1-17 Cinema 4D设计饮品和食品类商品

从以上案例中可以看到Cinema 4D在电商应用中的优势，该软件可以创建逼真的产品模型、打造沉浸式的购物体验和提供高质量的产品展示，从而增加消费者的购买意愿。

1.3 Cinema 4D电商设计流程

Cinema 4D电商设计的创作流程可以分为确定设计目标、三维建模、材质和纹理制作、灯光和环境设置、设计动画效果、渲染和输出作品、后期处理等几个主要步骤。

1.3.1 确定设计目标

在开始创作之前，需要明确电商设计的需求，了解品牌定位、产品特点以及目标受众，确定需要表达的信息和情感。

1. 明确电商设计需求
要明确电商设计的需求，可以从以下几个方面着手。

- 确定电商品牌的形象和定位，包括品牌的价值观、目标受众、风格和声音等。这将引领设计者在设计过程中选择合适的色彩、字体、图形等元素，确保设计与品牌形象和定位一致。
- 了解目标受众，包括他们的喜好、购物习惯、设备偏好等。根据这些内容，确保电商网站或应用的设计能够提供良好的用户体验，包括简洁的导航、易于浏览的产品页面、方便的购物和结账流程等。

❑ 考虑到用户在不同设备上访问电商平台的需求，应确保设计是响应式的，能够适应不同屏幕尺寸和分辨率。这意味着设计需要具备良好的可读性，图像和布局要适应各种屏幕大小，让用户能够轻松浏览和购买产品。

❑ 设计电商界面时，确保能够清楚而有效地展示产品。考虑使用高质量的产品图片和适当的产品分类与筛选功能，使消费者能够轻松找到他们想要的产品。

❑ 在电商设计中，安全与信任是至关重要的。确保整个购物流程以及支付过程是安全可靠的，可使用SSL（Secure Socket Layer，安全套接字层）证书、加密技术等保证用户信息的安全性。此外，应在设计中体现出品牌信誉度，包括客户评价和评级、品牌认证等。

❑ 考虑如何在设计中融入营销和推广元素，例如特价促销、优惠券、推荐商品等。确保这些营销元素能够吸引消费者的注意。

2. 了解电商品牌定位

了解电商品牌的定位是成功设计Cinema 4D电商作品的关键之一，可以使用以下方法更好地理解电商品牌的定位。

❑ 了解电商品牌的使命、愿景和价值观。这些内容可以通过品牌官方网站、社交媒体、宣传资料和报道等渠道得到。

❑ 通过市场调研、用户调查或数据分析，了解他们的需求、喜好、行为和购买决策过程。了解这些可以帮助精确定位电商品牌，满足目标受众的需求。

❑ 对竞争对手进行全面研究，了解他们的品牌定位、目标受众、市场份额和独特卖点。通过与竞争对手的比较，找出电商品牌在市场中的差异化和独特之处。

❑ 评估产品或服务的特点和优势。确定电商品牌在哪些方面可以提供独特的价值和竞争优势（这有助于确定品牌在市场中的定位）。

❑ 通过用户反馈和市场调研，了解用户对品牌的认知和感知，用户如何看待品牌，以及他们如何与之互动（这会为Cinema 4D设计提供宝贵的信息）。

3. 熟悉电商产品特点

熟悉电商产品特点能够有效地进行产品定位和促销。下面列举的方法可以帮助Cinema 4D设计师更好地熟悉电商产品的特点。

❑ 仔细研究产品的细节和特点。了解产品的功能、性能、材质、尺寸、用途等方面的信息。通过分析产品的独特之处以及与竞争对手的比较，确定电商产品的特点和竞争优势。

❑ 查看用户对产品的反馈和评价。通过在线评论、社交媒体反馈或用户调查等途径，了解用户对产品的感受和意见。通过用户调研和购买者访谈，直接向目标用户了解产品特点和他们的需求，了解他们对产品的期望、喜好和不满意之处，以便针对用户需求进行产品改进和定位。

❑ 了解竞争对手的产品特点和卖点。通过市场调研和对竞争品牌的分析，找出其与竞争对手的电商产品相比的差异和优势，这可以帮助确立Cinema 4D设计产品在市场中的特点。

❑ 参加行业相关的展会、会议和活动，深入了解行业趋势和新兴技术。与同行业专业人士和业内人士交流，了解他们对产品特点的观点和见解。

❑ 利用数据分析工具，评估产品在市场中的表现。通过分析销售数据、用户行为和趋势等，了解产品的热门特点和趋势，以确定进一步的产品定位和促销策略。

4. 确定要表达的信息

确定Cinema 4D电商作品要表达的信息，可以考虑以下几个方面。

- ❑ 通过Cinema 4D作品展示产品的外观、功能、材质、使用场景等，突出产品的独特之处和吸引力。
- ❑ 通过Cinema 4D作品传达品牌的核心价值观、使命和愿景，帮助用户建立对品牌的认知和产生情感共鸣。
- ❑ 通过Cinema 4D作品展示产品的使用场景和用户体验。通过动态模拟、虚拟展示等方式，让潜在客户能够感受和体验产品的优势和功能。
- ❑ 如果想在Cinema 4D作品中宣传促销活动或提供优惠信息，应确保这些信息清晰明了、突出，并能够激发用户的购买欲望。
- ❑ 在Cinema 4D作品中传达品牌的形象和建立信任。通过视觉元素、场景设定、色彩搭配等手段，塑造品牌的专业性和可靠性，体现品牌产品的品质。
- ❑ 在Cinema 4D作品中包含明确的营销信息和呼吁行动，激发潜在客户的购买欲，包括购买链接、优惠码、限时促销等。

综合考虑以上因素，可以确定Cinema 4D电商作品要表达的具体信息。确保信息明确、个性突出、与目标受众相关，并使Cinema 4D作品符合电商品牌的形象和市场营销策略。

1.3.2　三维建模

使用Cinema 4D进行三维建模，创建产品的模型，可以选择从头开始建立模型，或者对现有模型库中的模型进行修改和调整，确保模型的准确性和细节还原度。

在Cinema 4D中，用户可以使用多种方法进行建模。其中一种常见的方式是使用基本几何体（如立方体、球体和圆柱体）作为起点开始构建模型。通过调整这些基本几何体的参数和变换相关属性，如缩放、旋转等，可以塑造出所需的形状，如图1-18所示。

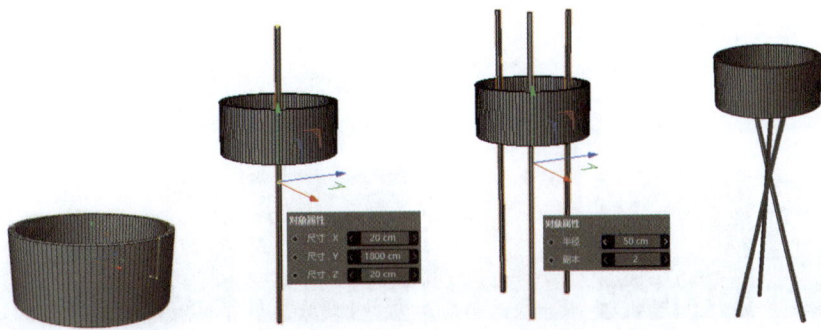

图1-18　Cinema 4D几何体建模

Cinema 4D还提供了各种建模工具和技术，如多边形建模、生成器、变形器和运动图形等。其中，多边形建模是最常用的建模方法之一，它允许用户通过添加、删除和编辑顶点、边和面，精确地控制模型的细节和形状，如图1-19所示。

Cinema 4D支持参数化建模和参数化对象。通过调整相关参数和设置，可以快速创建各种形状和复杂结构，而无须手动建模，如图1-20所示。

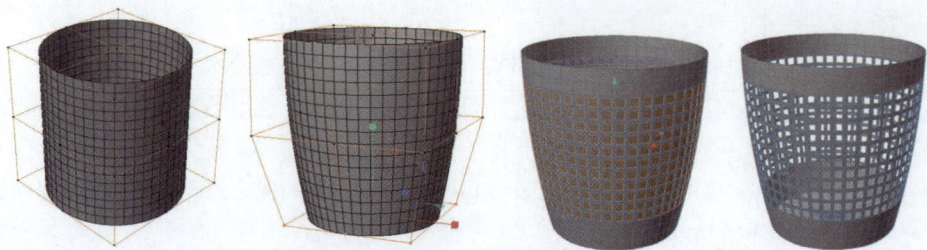

图1-19　Cinema 4D多边形建模

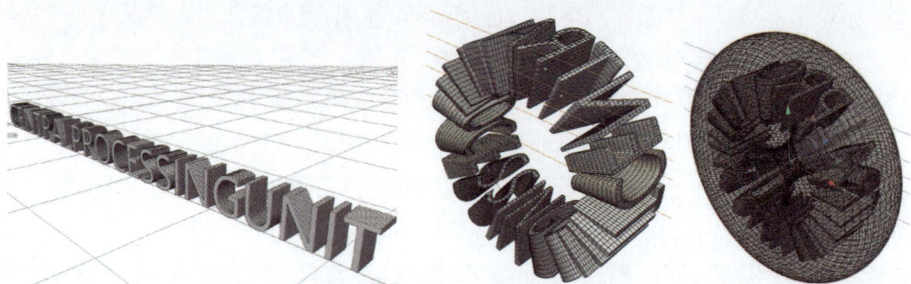

图1-20　Cinema 4D参数化建模

熟练掌握Cinema 4D的建模功能后，用户可以实现自己的电商设计创意，创造出令人惊叹的三维作品。

1.3.3　材质和纹理制作

材质（material）是指用于描述物体外观和表面特性的属性集合。它决定了物体在渲染时的颜色、反射、折射、透明度、光泽度等视觉特征。在Cinema 4D中，材质被应用于模型的表面以模拟真实世界中的物质属性。

纹理（texture）是指应用于模型表面的图像或图案，用于增加模型的细节和真实感。纹理可以包含颜色信息、表面细节、法线贴图、置换贴图、透明度等。将纹理应用于材质，可以赋予模型具体的视觉效果，如木纹、石头纹理、纹理细节等，如图1-21所示。

图1-21　材质和纹理

简单来说，材质是描述模型外观和表面特性的属性集合，而纹理是应用于模型表面的图像或图案，用于增加模型的细节和真实感。

在Cinema 4D中制作材质和纹理，可以赋予三维模型逼真的外观。根据产品的特性和材质，选择合适的纹理贴图，并进行调整和优化，可以显著提高模型的视觉效果，如图1-22所示。

图1-22 在Cinema 4D中根据产品特性制作材质和纹理

将制作的材质和纹理赋予三维模型后，可以对模型进行渲染，如图1-23所示。制作材质和纹理是创造令人印象深刻的渲染效果的关键步骤。

图1-23 模型添加材质和纹理后的渲染效果

1.3.4 灯光和环境设置

设置合适的灯光可以创造逼真的光影效果，如图1-24所示。使用Cinema 4D的渲染器，可对场景进行渲染，生成高质量的图像或动画。

Cinema 4D中的灯光是用来模拟真实世界中的光照情况的元素。Cinema 4D提供了多种灯光类型，如点光源、聚光灯、平行光、环境光等。每种灯光类型都有不同的属性，可以产生不同的照明效果。通过调整灯光的亮度、颜色、阴影和衰减等属性，可以精确控制场景中的光照和阴影效果。

环境在Cinema 4D中是指场景背景和全局光照的设置。环境可以包括背景图片、天空盒、全局光照、环境反射等。通过设置环境，可以赋予场景特定的氛围和色彩。例如，可以使用环境贴图来模拟真实的天空或添加背景图片来创造特定的场景背景。全局光照可以影响整个场景的亮度和颜色，为模型和物体提供整体的光照效果。

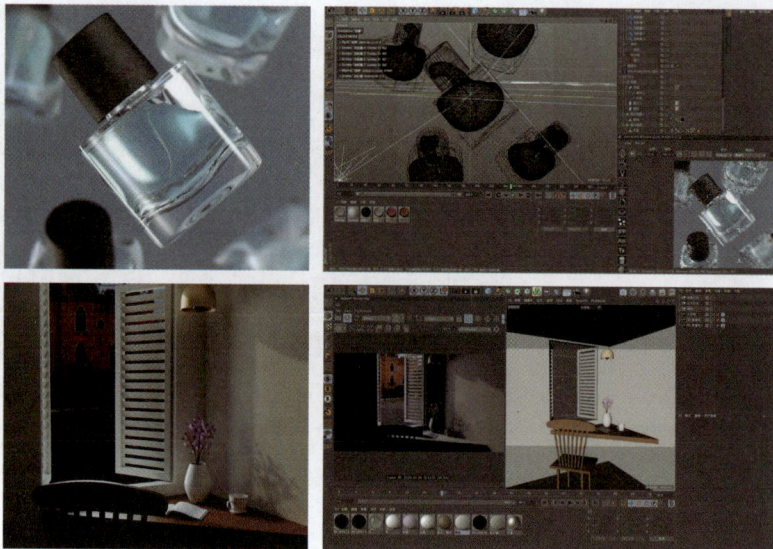

图1-24　Cinema 4D灯光设置

1.3.5 设计动画效果

Cinema 4D是一款功能强大的三维建模、动画制作和渲染软件，该软件提供了各种工具和选项用于创建各种各样的动画效果，列举如下。

- ❑ Cinema 4D支持关键帧动画制作，用户可以在场景中的指定时间点设置关键帧，Cinema 4D会自动计算中间的过渡帧，并创建平滑的动画效果。
- ❑ Cinema 4D支持使用曲线编辑器、时间线和函数曲线来精确调整和控制动画。这些工具可以让用户更加细致地控制动画的速度、变化和缓入缓出效果，从而创造出更加流畅和逼真的动画。
- ❑ Cinema 4D提供了一套强大的动力学系统，允许模拟真实世界中的物理运动和碰撞效果。通过应用重力、摩擦、碰撞等动力学属性，可以精确模拟物体的运动，从而创建出栩栩如生的物理动画。
- ❑ Cinema 4D提供了各种特效和插件，如粒子系统、液体模拟、布料模拟等，可以扩展动画制作的可能性。这些工具和效果可以帮助用户创造出令人惊叹的特殊效果和动态场景，使得动画更加生动和吸引人。

在Cinema 4D中，用户可以创建产品的展示动画、交互效果或其他视觉效果，以吸引消费者的注意力，如图1-25所示。

图1-25　Cinema 4D设计电商动画

1.3.6 渲染和输出作品

渲染和输出是将三维场景转换为最终图像或视频的关键步骤。

Cinema 4D拥有强大的渲染引擎，可以高效地将场景与所有的材质、灯光和效果合成为最终的视觉图像。Cinema 4D的渲染引擎支持多种渲染技术，包括实时预览渲染、光线追踪渲染以及物理渲染。这些技术可以根据用户的需求和场景要求，产生逼真、高品质的渲染结果，如图1-26所示。

图1-26　Cinema 4D渲染输出作品

将设计作品渲染、输出为合适的文件格式，并根据需要发布到电商平台或其他媒介上，确保设计能够在目标平台上展现出最佳的效果。

1.3.7 后期处理

使用Photoshop进行Cinema 4D后期处理可提供更高的灵活性和更强的控制力，通过色彩校正、合成、特效和滤镜等工具和功能，可以创造出更加出色和个性化的渲染效果。该流程结合了Cinema 4D和Photoshop各自的优势，使得渲染结果可以在后期处理中得到进一步优化，以满足电商设计中特定的需求和创意要求，如图1-27所示。

图1-27　经过后期处理的Cinema 4D作品

表1-1所示的是一些常见的使用Photoshop对Cinema 4D渲染图进行后期处理的技术。

表1-1　Cinema 4D后期渲染技术

后期处理	说　　明
色彩校正和调整	使用Photoshop的色彩校正工具，如曲线、色阶和色相/饱和度等，可以微调渲染图的颜色和对比度，使其更加丰富和饱满
图像修复和清理	使用Photoshop的修复工具和克隆工具，可以修复渲染图中的瑕疵和杂点，使图像更加清晰和干净
添加特效和滤镜	使用Photoshop的滤镜和特效功能，如模糊、锐化、光斑和浮雕等，可以添加一些独特的效果，增强渲染图的视觉吸引力
设置图层和蒙版	将渲染图放置在不同的图层上，并使用蒙版来控制图像的不同部分，可以实现更精细的调整和修饰。这将使用户能够在不影响原图像的情况下，对细节进行更精确的处理
制作文字和标注	如果需要在渲染图上添加文字或标注，可以使用Photoshop的文本工具和图层样式功能。这对于展示和说明图像的各个部分和特征非常有用

第2章 Cinema 4D操作入门

内容要点

- 熟悉Cinema 4D工作界面和基础操作
- 掌握Cinema 4D视图控制
- 熟悉Cinema 4D核心操作

内容简介

认识Cinema 4D的工作界面，并掌握Cinema 4D的基础操作，是使用该软件设计各类电商广告、海报、视频的前提。本章将通过一些简单的案例，帮助读者快速掌握在Cinema 4D中建模，以及使用灯光、材质、贴图、摄像机、环境、标签及渲染器的方法，为接下来使用Cinema 4D制作各种电商广告、海报、视频（动画）等夯实基础。

2.1 Cinema 4D工作界面

启动Cinema 4D后将进入其工作界面。Cinema 4D的工作界面分为多个区域，包括菜单栏、工具栏、视图窗口、"对象"面板、"属性"面板、"时间线"面板、导航栏等，如图2-1所示。

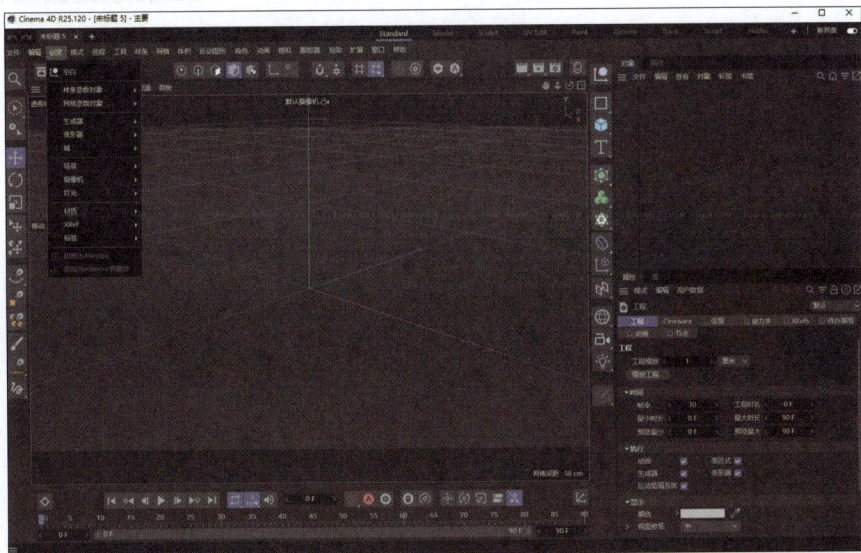

图2-1　Cinema 4D工作界面

Cinema 4D的菜单栏包括"文件""编辑""创建""模式""选择""工具""样条""网格""体积""运动图形""角色""动画""模拟""跟踪器""渲染""扩展""窗口"等菜单，这些菜单中基本包含Cinema 4D所有的工具和命令。下面将主要介绍菜单栏中比较重要的几个菜单的功能。

1. "文件"菜单

打开"文件"菜单，可以对场景文件进行新建、保存、合并和退出等操作，如图2-2所示。其中重要命令的功能说明如表2-1所示。

表2-1 "文件"菜单中的命令

命　令	说　明
新建项目	新建一个空白项目
打开项目	打开已有的项目
合并项目	将已有的项目或模型合并进现有的项目中
恢复保存的项目	返回项目的原始版本
关闭项目	关闭当前视图中显示的项目文件
关闭所有项目	关闭当前打开的所有项目文件
保存项目	保存当前项目
另存项目为	将当前项目保存为另一个文件
增量保存	将项目保存为多个版本
保存工程（包含资源）	保存场景文件，包含外部链接的资源文件
导出	将场景文件保存为其他三维软件的格式
退出	关闭Cinema 4D

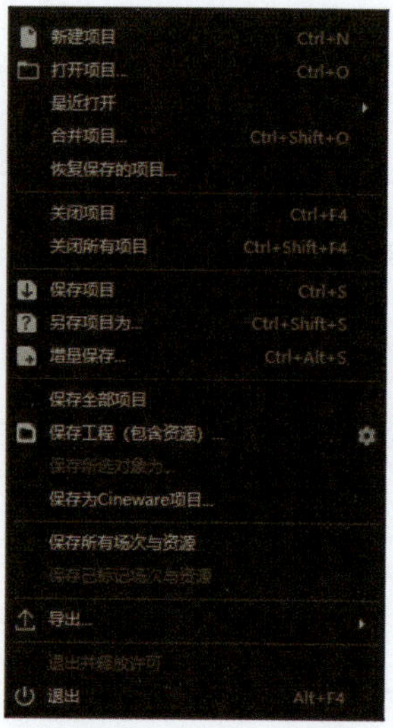

图2-2 "文件"菜单

2. "编辑"菜单

"编辑"菜单中的命令可以对场景或对象进行一些基本操作，如图2-3所示。其中重要命令的功能说明如下。

- ❑ 撤销：返回上一步操作。
- ❑ 复制：复制场景中的对象。
- ❑ 粘贴：粘贴复制的对象。
- ❑ 工程设置：打开图2-4所示的"工程"面板。在该面板中可以设置场景的一些通用参数，例如"工程缩放"可以设置场景单位（默认为"厘米"），"帧率"可以设置动画播放的帧率，"颜色"可以设置创建几何体的统一颜色（默认为"60%灰色"）。
- ❑ 设置：打开图2-5所示的"设置"面板。在该面板中可以设定软件的语言、显示字体及字号、软件界面颜色和文件保存等信息。关闭"设置"面板后，设置的信息将自动保存。若用户需要恢复Cinema 4D系统默认的设置，单击"设置"面板左下角的"打开配置文件夹"按钮，在打开的对话框中删除所有文件，然后重新启动Cinema 4D即可。

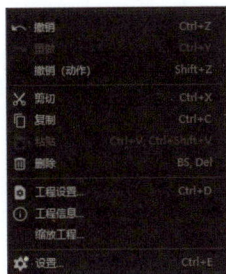

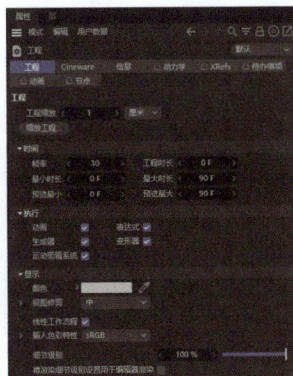

图2-3 "编辑"菜单　　　图2-4 "工程"面板　　　图2-5 "设置"面板

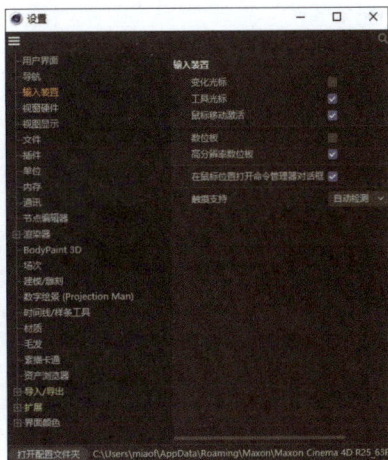

3. "创建"菜单

"创建"菜单用于创建Cinema 4D中的大部分对象，如图2-6所示。其中重要命令的功能说明如表2-2所示。

表2-2 "创建"菜单中的命令

命　令	说　明
网格参数对象	创建系统自带的参数化几何体
样条参数对象	创建系统自带的样条图案和样条编辑工具
生成器	创建系统自带的生成器，以编辑样条和对象的造型
变形器	创建系统自带的变形器工具，以编辑对象的造型
域	创建一个区域，该区域可以影响其中的对象，形成各种效果
场景	创建系统自带的场景工具，提供背景、天空和地面等工具
物理天空	创建模拟真实天空效果的物理天空模型
摄像机	创建系统自带的摄像机
灯光	创建系统自带的灯光对象
材质	创建新材质和系统自带的常见材质
标签	创建对象的标签属性
XRef	创建工作流程文件，方便管理和修改多项工程文件

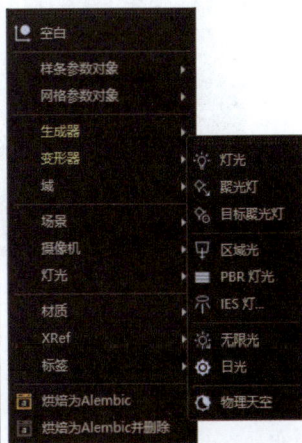

图2-6 "创建"菜单

4. "选择"菜单

"选择"菜单用于控制选择对象的具体方式，如图2-7左图所示。其中重要命令的功能说明如下。

❑ 实时选择：设置选择对象的类型。

- ❑ 框选：选取单个对象。
- ❑ 循环选择：选择对象周围一圈的点、边或多边形（常用于多边形建模）。
- ❑ 反选：选取除选择对象以外的所有对象。
- ❑ 选择过滤：在弹出的子菜单中可以设置选择对象的类型，如图2-7右图所示。

在实际工作中，选取"选择"菜单中的命令会降低工作效率，因此Cinema 4D提供了打开"选择"菜单的快捷方式：按V键将会在视图窗口中显示图2-8所示的菜单界面，其中提供了一些常用的命令。

5. "工具"菜单

"工具"菜单中提供了一些场景制作中的辅助工具，如图2-9所示。其中重要命令的功能说明如下。

- ❑ 命令器：选择该命令后，可以在打开的搜索框中输入需要的命令。
- ❑ 排列：对选中的对象按线性、圆环或参考样条的类型进行排列。
- ❑ 移动：移动对象。
- ❑ 旋转：旋转对象。

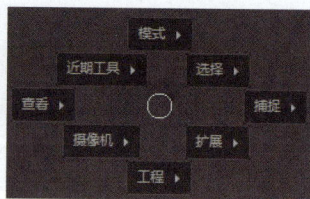

图2-7 "选择"菜单　　　图2-8 视图窗口菜单　　　图2-9 "工具"菜单

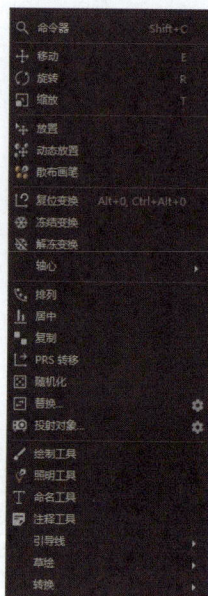

6. "网格"菜单

"网格"菜单针对可编辑对象提供了各种编辑命令，如图2-10所示。其中重要命令的功能说明如下。

- ❑ 多边形画笔：可以快速选中可编辑对象的点、边或多边形并进行移动。
- ❑ 线性切割：可为编辑对象添加任意方向的线段。
- ❑ 倒角：可为编辑对象增加倒角效果。
- ❑ 挤压：可为编辑对象增加挤压效果。

7. "体积"菜单

"体积"菜单的命令可为对象增加体积效果，从而实现更加复杂的模型制作，如图2-11所示。其中重要命令的功能说明如下。

- ❑ 体积生成：为对象添加"体积生成"生成器，将其转换为体积效果。

❑ 体积网格：将体积效果的对象转换为网格形式，只有在网格形式下，对象才可被渲染。

8."运动图形"菜单

"运动图形"菜单提供了多种组合模型的方式，为建模提供了非常大的便利，如图2-12左图所示。其中重要命令的功能说明如下。

❑ 效果器：提供图2-12右图所示的效果器列表，用于创建和控制各种特效和动画效果。

❑ 克隆：提供了"线性""放射""网格排列""对象""蜂窝阵列"5种克隆方式。

❑ 矩阵：类似"克隆"，应用矩阵后的对象无法被渲染，需要配合"克隆"使用。

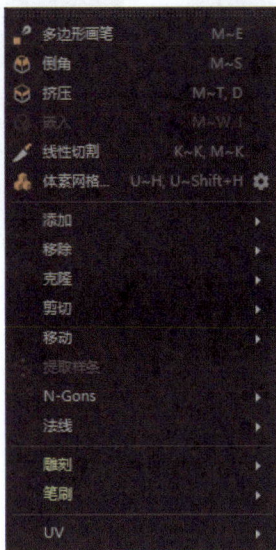

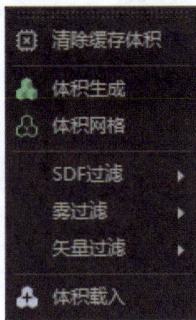

图2-10　"网格"菜单　　图2-11　"体积"菜单　　图2-12　"运动图形"菜单

❑ 破碎（Voronoi）：使对象以任意形式破碎。

❑ 实例：复制需要的对象，当修改原有对象的参数时，复制对象的参数也会一并修改。

❑ 追踪对象：显示运动对象的路径（在制作粒子特效时经常使用该命令）。

9."角色"菜单

"角色"菜单提供制作角色动画的模型、关节、蒙皮、肌肉和权重等工具，如图2-13所示。

10."动画"菜单

"动画"菜单中的命令可以控制制作动画时的各项参数，如图2-14左图所示。其中重要命令的功能说明如下。

❑ 播放模式：提供动画的播放模式，包括"简单""循环""往复"3种模式。

❑ 回放：选择该命令后，在弹出的子菜单中可以设置动画向前播放、向后播放和停止等，如图2-14右图所示。

❑ 记录：选择该命令后，在弹出的子菜单中提供了记录关键帧的各种方式。

❑ 帧频：选择该命令后，在弹出的子菜单中提供了多种动画播放的帧频，可用于控制动画播放速度。

11."模拟"菜单

"模拟"菜单提供了动力学、粒子和毛发对象的各种工具，如图2-15所示。

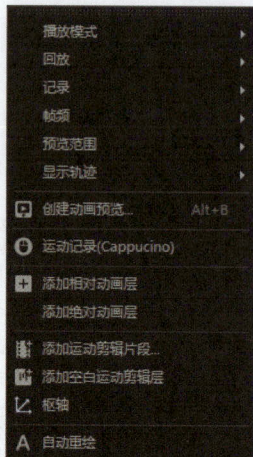

图2-13 "角色"菜单　　　　　图2-14 "动画"菜单　　　　　图2-15 "模拟"菜单

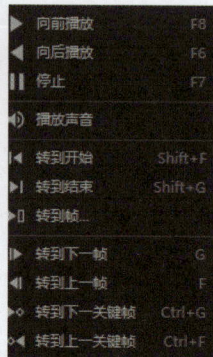

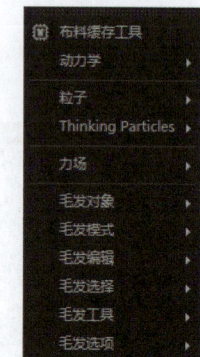

12. "渲染"菜单

"渲染"菜单中提供了渲染所需的各种工具，如图2-16所示。其中重要命令的功能说明如下。

❑ 渲染活动视图：在当前视图中显示渲染效果。

❑ 区域渲染：框选出需要渲染的位置单独渲染。

❑ 渲染到图像查看器：选择该命令后将打开"图像查看器"窗口显示渲染效果，如图2-17所示。

❑ 添加到渲染队列：将当前镜头添加到渲染队列等待渲染（该功能可以方便多镜头共同进行渲染）。

❑ 渲染队列：渲染队列中的所有镜头。

❑ 编辑渲染设置：选择该命令后，在打开的"渲染设置"窗口中可以设置渲染参数。

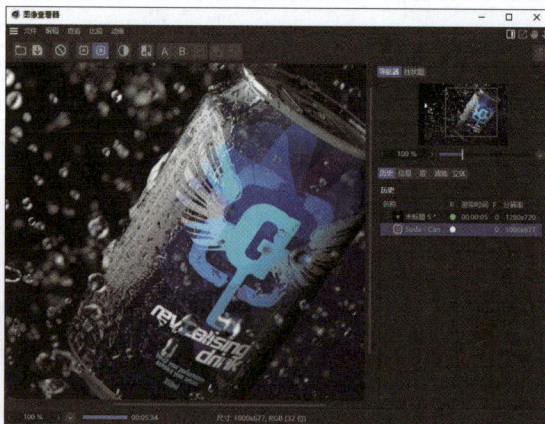

图2-16 "渲染"菜单　　　　　图2-17 "图像查看器"窗口

13."窗口"菜单

"窗口"菜单中罗列了Cinema 4D的各种面板,还能在打开的多个场景间自由切换,如图2-18所示。

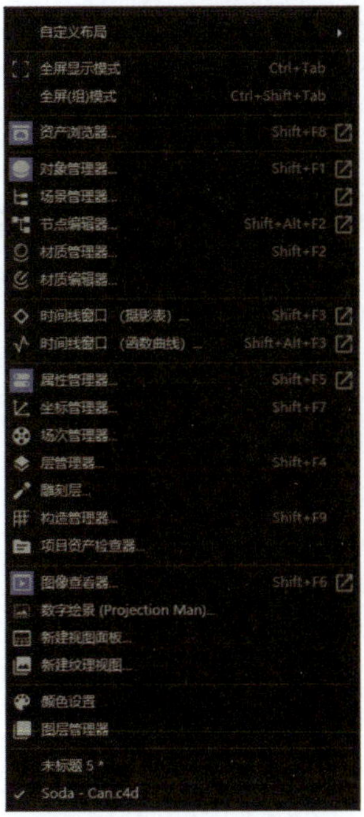

图2-18 "窗口"菜单

由于Cinema 4D更新速度非常快(目前一年更新两个版本),不同版本软件的工作界面布局存在一些差异,在实际工作中,用户可以在熟悉Cinema 4D工作界面后,通过"窗口"菜单中的"自定义布局"命令设置Cinema 4D工作界面的布局,还可以按照自己个人的习惯将一些命令单独放在工具栏中,以提高工作效率。

2.1.2 工具栏

Cinema 4D的工具栏对菜单栏中重要的功能进行了分类集合,并能根据工作界面的大小自动调整。若当前工作界面较小,那么界面上显示的工具栏就会不完整,一些图标会被隐藏。此时如果要显示被隐藏的图标,可以在工具栏的空白处单击,待鼠标指针变为抓手形状后,左右或上下拖动,如图2-19所示。

图2-19 显示工具栏中隐藏的图标

工具栏中的图标按照特点可以分为两类。一类是独立图标,单击这些图标按钮即可执行相应的命令,例如单击"材质管理器"按钮将打开"材质"面板,单击"坐标管理器"按钮将打开"坐标"面板,如图2-20左图所示。

另一类的图标以工具组的形式显示,将多个功能相似的工具集合在一个图标下。此类图标的右下角显示了一个三角形标记,如■、■、■、■等,长按这些图标将显示相应的工具组,如图2-20右图所示。

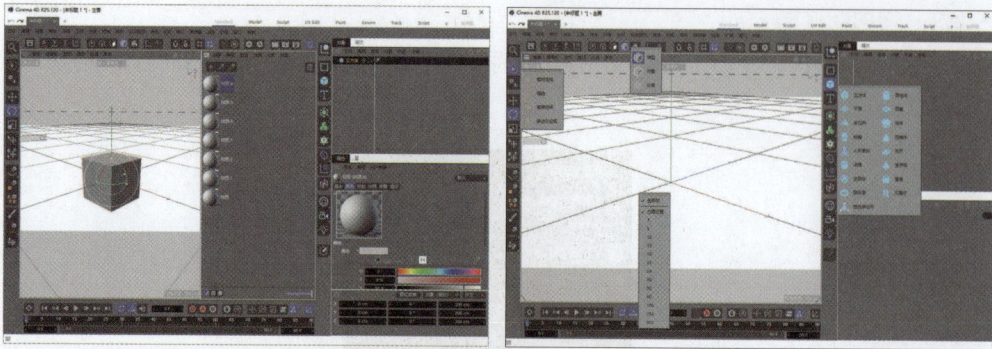

图2-20　工具栏中的两类图标按钮

2.1.3 视图窗口

视图窗口是编辑与观察模型的主要区域，Cinema 4D默认在视图窗口中显示透视视图，如图2-21所示。

2.1.4 "对象"面板

"对象"面板位于Cinema 4D工作界面的右上方，其中显示了视图窗口中所有的对象名称，并显示了各对象之间的层级关系，如图2-22所示。在"对象"面板中选择"场次"选项，还可以打开"场次"面板，该面板通常用于保存动画场景的参数。

2.1.5 "属性"面板

"属性"面板用于显示所有对象、工具和命令的参数，通常包括"基本""坐标""对象"3个选项卡，如图2-23所示。

在"属性"面板中选择"层"选项，将显示"层"面板，该面板用于新建与管理图层（其中包含"独显""查看""渲染""管理""动画""生成器""变形器""表达式""参考"等选项）。

图2-21　Cinema 4D视图窗口

图2-22　"对象"面板

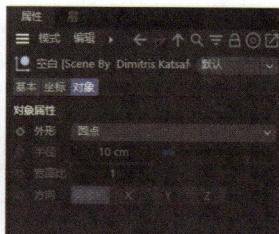

图2-23　"属性"面板

2.1.6 "时间线"面板

"时间线"面板是Cinema 4D控制动画效果的调节面板，如图2-24所示。其中包含播放动

Cinema 4D R25电商美工视觉设计（全彩微课版）

画、添加关键帧和控制动画速率等功能。

图2-24 "时间线"面板

2.1.7 "材质"面板

在Cinema 4D上方的工具栏中单击"材质管理器"按钮◙将打开"材质"面板。"材质"面板是场景材质图标的管理面板，双击该面板的空白区域可以创建新的默认材质，长按➕按钮，在弹出的列表中可以选择创建其他类型的材质，如图2-25所示。

双击"材质"面板中的材质图标，在打开的"材质编辑器"窗口中，可以调节材质的各种属性，如图2-26所示。

图2-25 "材质"面板

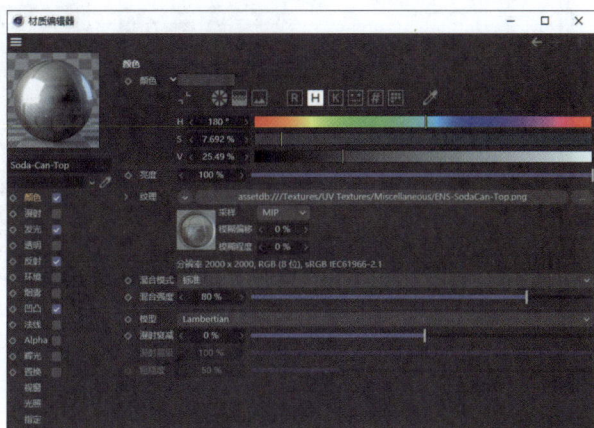

图2-26 "材质编辑器"窗口

2.1.8 "坐标"面板

单击Cinema 4D工作界面右下方工具栏中的"坐标管理器"按钮◪将打开"坐标"面板。在该面板中用户可以调节物体在三维空间中的坐标、尺寸和旋转角度，如图2-27所示。

图2-27 "坐标"面板

2.1.9 导航栏

导航栏位于Cinema 4D菜单栏的上方，包括"撤销"工具、"重做"工具、项目列表和界面布局列表，如图2-28所示。

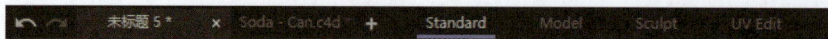

图2-28　导航栏

1. 撤销和重做工具

单击导航栏左侧的"撤销"按钮 （快捷键：Ctrl+Z）可以撤销已经执行的操作，单击"重做"按钮 （快捷键：Ctrl+Y）则可以恢复被撤销的操作。

2. 项目列表

单击导航栏中的"新项目"按钮 ，可以立即创建一个新的Cinema 4D项目，并以默认项目名称"未标题1""未标题2""未标题3"……显示在项目列表中。单击项目列表中的项目名称即可在多个项目之间切换。

3. 界面布局列表

如果用户在设置Cinema 4D界面时将界面布局弄乱了，可以通过导航栏右侧的界面布局列表快速恢复工作界面（其中Standard为Cinema 4D默认的标准界面布局），如图2-29所示。

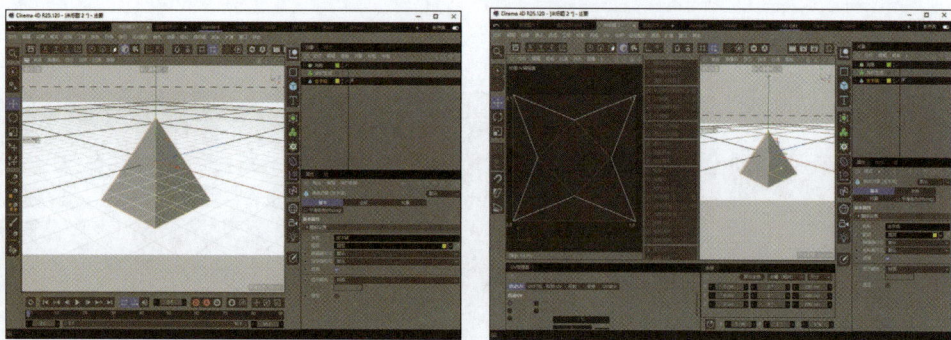

Standard界面布局　　　　　　　　　　　UV编辑器界面布局

图2-29　切换Cinema 4D界面布局

2.2　Cinema 4D基础操作

Cinema 4D的基础操作主要包括文件操作、对象操作和视图操作3部分。通过学习这些操作，我们能够初步掌握软件的基本使用方法。本节主要介绍文件操作与对象操作。

2.2.1　文件操作

文件基础操作是指对Cinema 4D文件的操作，包括打开、导出、导入、保存等。

1. 打开文件

用户可以使用多种方式打开Cinema 4D文件。

❏ 系统桌面：双击扩展名为".c4d"的Cinema 4D文件，如图2-30所示。

❏ 菜单栏：选择"文件"|"打开项目"命令，在打开的对话框中选择一个需要打开的Cinema 4D文件，然后单击"打开"按钮，如图2-31所示。

❏ 鼠标操作：将Cinema 4D文件拖动至Cinema 4D工作界面中。

❏ 快捷键：启动Cinema 4D后，按Ctrl+O组合键。

图2-30　Cinema 4D文件　　　　　　　　图2-31　打开Cinema 4D文件

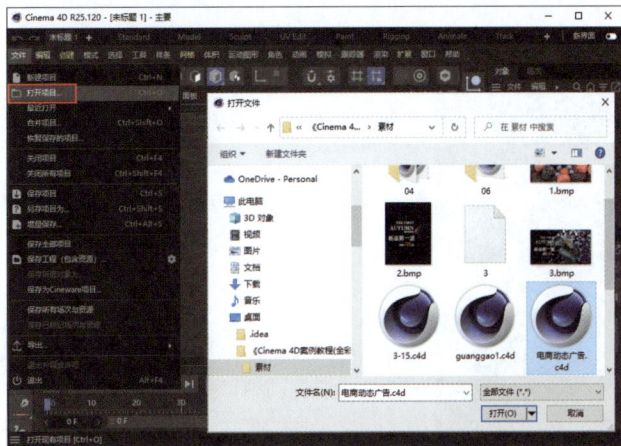

2. 导出文件

在使用Cinema 4D制作模型或动画时，可以将一些常用的模型导出，以便能够反复使用（常用的模型导出格式有.fbx、.obj、.3ds等）。

打开需要导出的Cinema 4D文件后，在菜单栏中选择"文件"|"导出"|"FBX（*.fbx）"命令，在打开的"FBX导出设置"对话框中单击"确定"按钮，在打开的"保存文件"对话框中设置导出文件的名称和保存位置后，单击"保存"按钮即可，如图2-32所示。

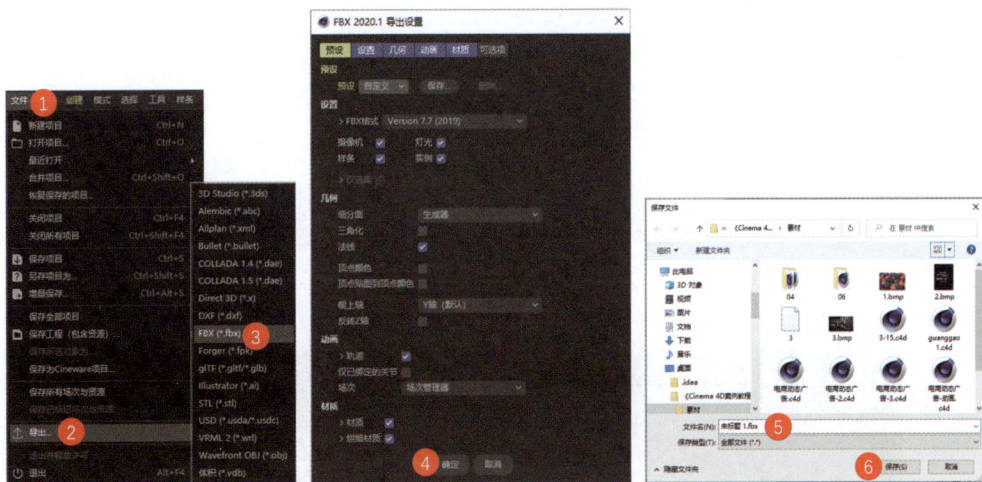

图2-32　导出Cinema 4D文件

3. 导入文件

在Cinema 4D中使用"合并项目"命令，可以将.fbx文件导入Cinema 4D中，也可以将.cad格式的文件合并到当前Cinema 4D文件中。

在菜单栏中选择"文件"|"合并项目"命令，在打开的"打开文件"对话框中选择一个导出的Cinema 4D模型文件（如导出的.fbx文件），然后单击"打开"按钮，打开"FBX导入设置"对话框，单击"确定"按钮即可，如图2-33所示。

4. 保存文件

在Cinema 4D中可以通过"保存项目"和"另存项目为"两种方式保存模型文件，前者直接保存已存在的文件，后者将打开对话框供用户选择保存路径等。

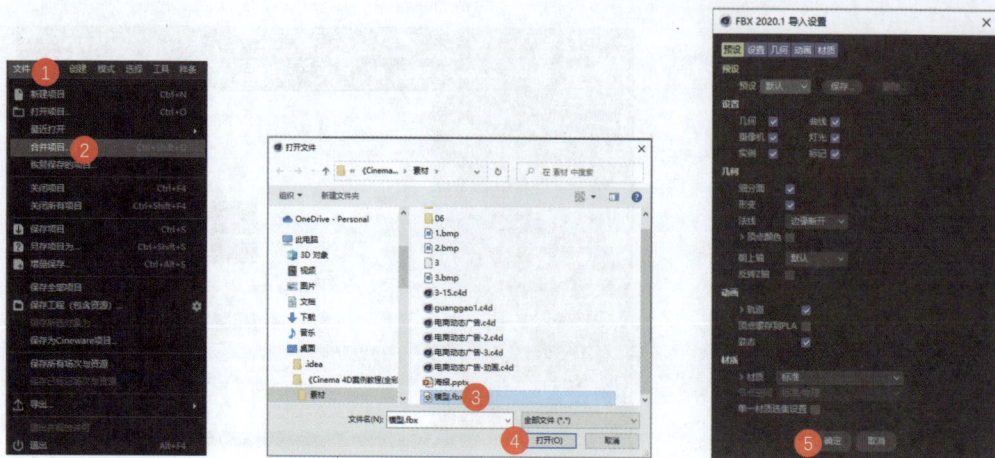

图2-33　导入Cinema 4D文件

❑ 菜单栏：选择"文件"|"保存项目"命令（或"另存项目为"命令），在打开的对话框中选择文件的保存路径，输入文件名称后单击"保存"按钮。

❑ 快捷键：启动Cinema 4D后，按Ctrl+S组合键（或按Ctrl+Shift+S组合键）。

5. 保存所有场次和资源

在使用Cinema 4D制作的场景中往往会存在很多模型、贴图、灯光等，在菜单栏中选择"文件"|"保存所有场次和资源"命令，打开"保存文件"对话框设置文件的保存位置和名称后，单击"保存"按钮，可以将这些资源快速打包在一个文件夹中。

6. 设置自动保存文件

在Cinema 4D中设置自动保存文件，可以让软件按设定的时间频率将打开的文件自动保存至指定的文件夹中。

在菜单栏中选择"编辑"|"设置"命令，在打开的"设置"窗口中选择"文件"选项卡，然后选中"自动保存"选项区域中的"保存"复选框，即可在激活的选项区域中设置自动保存文件，如图2-34所示。

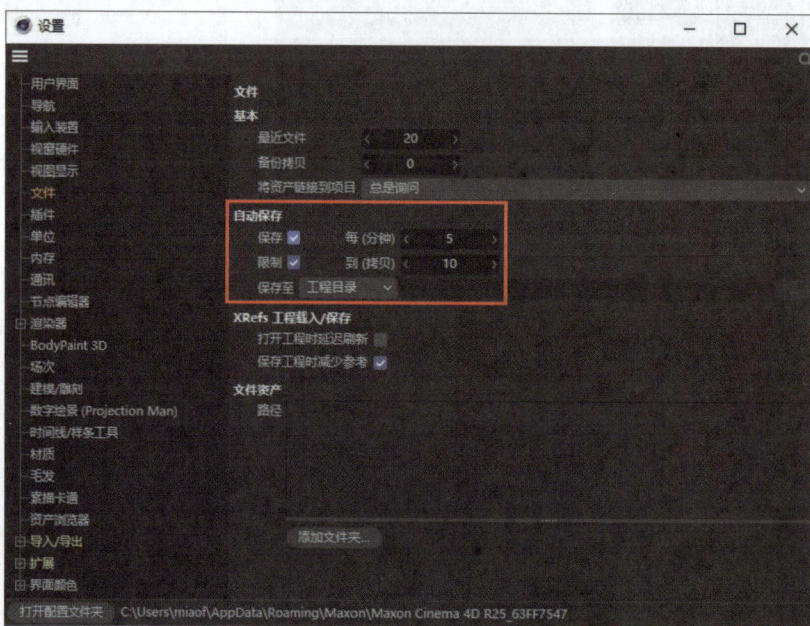

图2-34　设置Cinema 4D自动保存文件

2.2.2 对象操作

Cinema 4D中对象基础操作是指对场景中的模型、灯光、摄像机等对象进行创建、选择、复制、修改、编辑等操作。下面将通过创建一组模型来介绍对象操作的具体方法。

【例2-1】学习使用Cinema 4D对象的基础操作，掌握创建模型并修改模型参数的方法。

例2-1

（1）单击工具栏中的"立方体"按钮 ，创建一个立方体模型，如图2-35所示。

（2）长按"立方体"按钮 ，在弹出的面板中选择"平面"工具 ，在场景中创建一个平面，然后在"属性"面板的"对象"选项卡中设置平面的"宽度"和"高度"为1200cm，此时平面将变大，如图2-36所示。

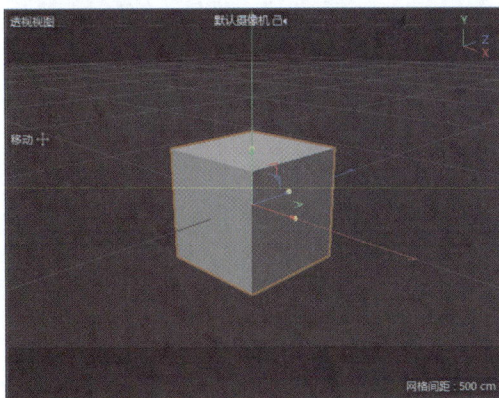

图2-35　创建立方体

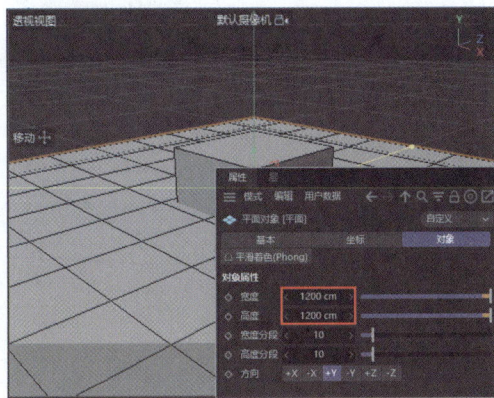

图2-36　创建并设置对象属性

（3）在场景中选择步骤（1）创建的立方体，在工具栏中选择"移动"工具 ，沿 Y 轴移动立方体模型。单击"坐标管理器"按钮 ，打开"坐标"面板，在Y输入框中输入100cm，如图2-37所示。

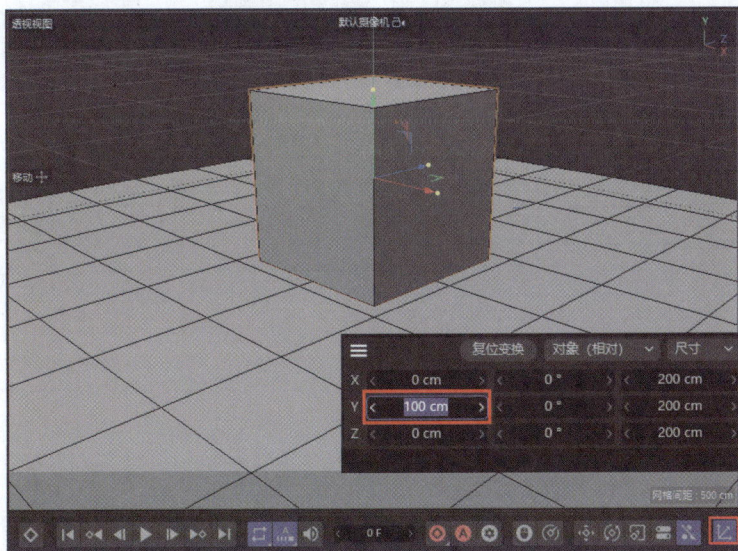

图2-37　沿 Y 轴移动立方体模型

（4）保持"立方体"模型对象处于选中状态，按Ctrl+C组合键复制对象，然后按Ctrl+V组合键粘贴复制的对象。此时，"对象"面板中将自动创建一个名为"立方体1"的新对象，而在场景中两个立方体重合显示为一个立方体（如图2-38左图所示）。

（5）再次使用工具栏中的"移动"工具 ✛，沿*X*轴调整场景中"立方体"和"立方体1"对象的位置，如图2-38右图所示。

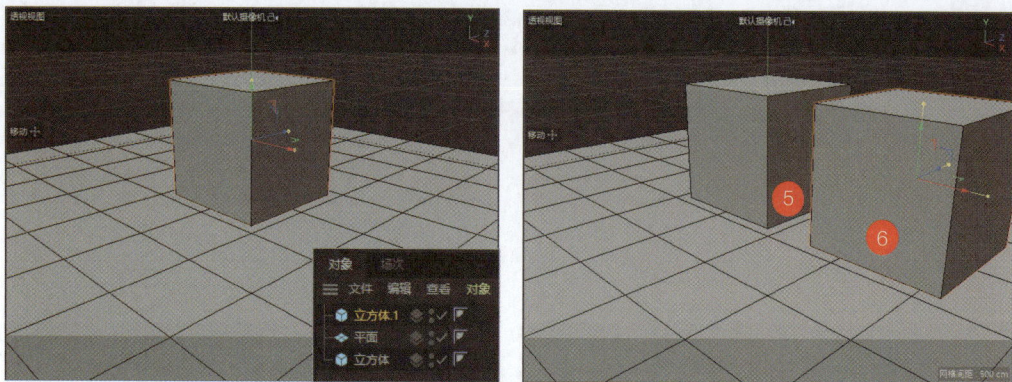

图2-38　复制单个对象并移动位置

（6）按住Shift键同时选中场景中的"立方体"和"立方体1"两个对象（如图2-39左图所示），使用步骤（4）和步骤（5）的方法，将选中的两个对象各复制两次，并调整它们在场景中的位置。

（7）此时，场景效果如图2-39右图所示，"对象"面板中将自动创建"立方体2""立方体3""立方体4""立方体5"等对象。

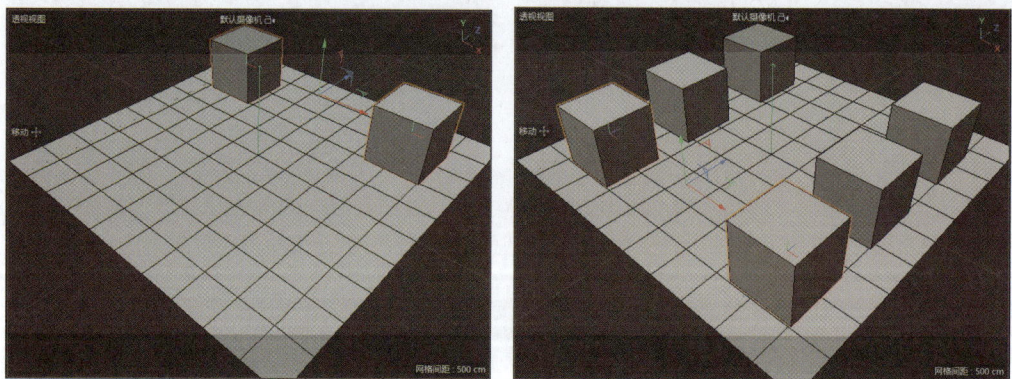

图2-39　复制多个对象并移动位置

（8）按住Shift键选中场景中所有"立方体"对象，然后右击，从弹出的菜单中选择"群组对象"命令，将选中的所有对象创建为一个群组。此时"对象"面板中的所有立方体对象将被合并为一个名为"空白"的对象。选中"空白"群组对象，可以同时移动场景中所有立方体的位置。

1. 删除对象

删除对象是Cinema 4D的基础操作之一。通常在场景中选中某个对象后，按Delete键即可将其删除。除此之外，还可以选择多个模型对象后进行删除。

❑　在场景中或"对象"面板中选中某个对象后，按Delete键，可以将选中的对象删除。

❑　在场景中或"对象"面板中按住Shift键选中多个对象后，按Delete键，可将选中的所有对象删除。

2. 移动对象

使用工具栏中的"移动"工具➕可以移动场景中的对象。在Cinema 4D中，可以将对象沿单一轴向进行移动，也可以沿多个轴向进行移动。

在场景中或"对象"面板中选中一个（或多个）模型对象后，单击工具栏中的"移动"按钮➕，将在对象上显示坐标指针。单击"坐标管理器"按钮📐，打开"坐标"面板将显示选中对象的坐标，如图2-40左图所示。将鼠标指针放置在对象的坐标指针上，拖动即可移动对象（红色坐标指针为X轴，绿色坐标指针为Y轴，蓝色坐标指针为Z轴），如图2-40右图所示。

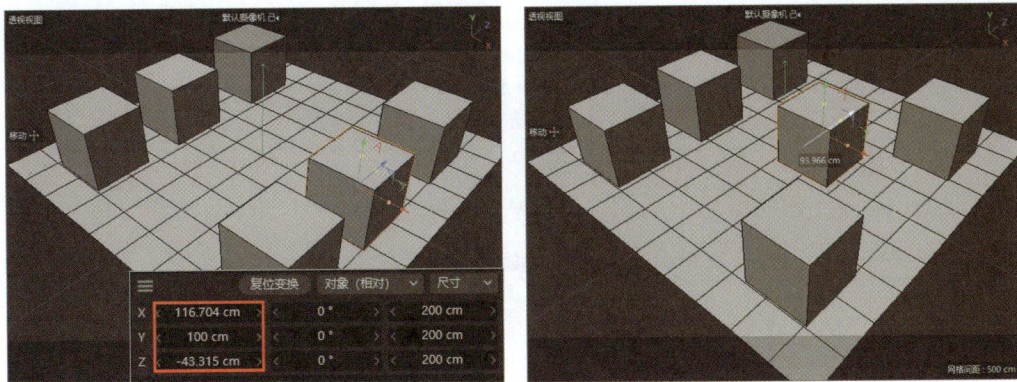

图2-40　移动场景中的模型

用户也可以在选中对象后，在图2-40左图所示的"坐标"面板的X、Y、Z输入框中输入数值，精确控制对象的移动位置。

在建模时，若不沿坐标指针移动对象（如沿X、Y、Z这3个轴移动），很容易出现移动后对象位置错误的情况，这种错误在透视视图中往往无法观察到。此时，需要在4个视图中观察模型对象，检查模型的位置是否正确（切换视图的方法将在2.3节详细介绍）。

3. 旋转对象

使用工具栏中的"旋转"工具◎可以将模型进行旋转，"旋转"工具◎的使用方法与"移动"工具➕类似。

在场景中或"对象"面板中选中一个（或多个）模型对象后，单击工具栏中的"旋转"按钮◎，将在对象上显示旋转轴（绿色为X轴，红色为Y轴，蓝色为Z轴），在图2-41左图所示的"坐标"面板中，可以通过输入参数值，设定对象按指定角度旋转。将鼠标指针放置在旋转轴上，按住鼠标左键，则可以通过拖动鼠标的方式旋转模型对象，如图2-41右图所示。

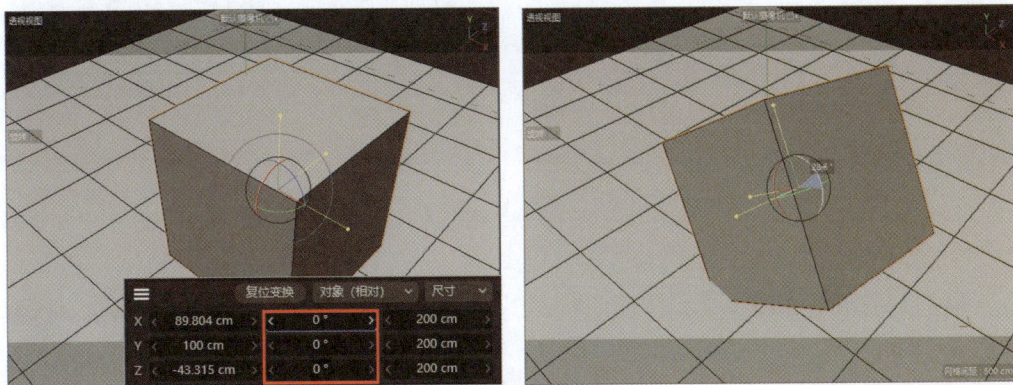

图2-41　旋转场景中的模型

使用"旋转"工具 📷 时，将鼠标指针放置在旋转轴以外的位置，按住鼠标左键并拖动，可以使模型朝多个方向旋转。

4. 缩放对象

使用工具栏中的"缩放"工具 📷 可以将场景中的对象沿3个轴向缩小或放大（沿一个轴向缩小或放大模型，即可在该轴向压扁或拉长模型）。

在场景中或"对象"面板中选中一个（或多个）模型对象后，单击工具栏中的"缩放"按钮 📷，将在对象上显示坐标指针。此时，在"坐标"面板中可以通过输入参数值，设定对象按指定大小缩放，如图2-42左图所示。按住鼠标左键，则可以通过拖动鼠标的方式缩放模型对象，如图2-42右图所示。

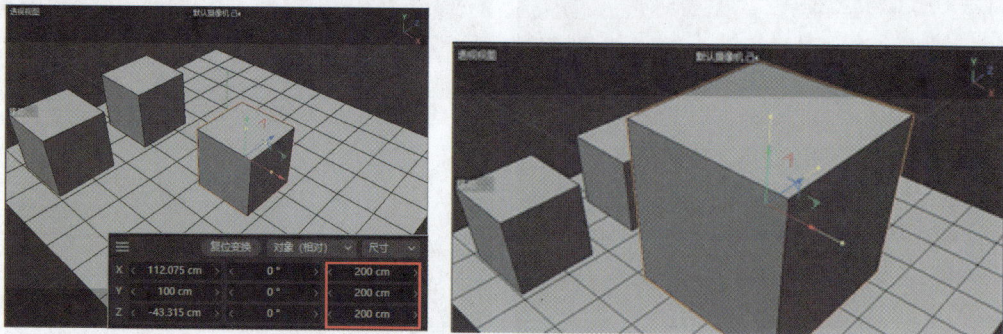

图2-42　缩放场景中的对象

5. 调整对象轴心位置

在建模时，使用工具栏中的"启用轴心"工具（快捷键：L），将模型对象的轴心设置在模型的中线位置，可以方便对模型进行移动、旋转、缩放等操作。

选中场景中的模型对象后，按C键将其转换为可编辑对象，然后单击工具栏中的"启用轴心"按钮 📷，使其变为 📷，即可调整模型对象的轴心位置，如图2-43所示。

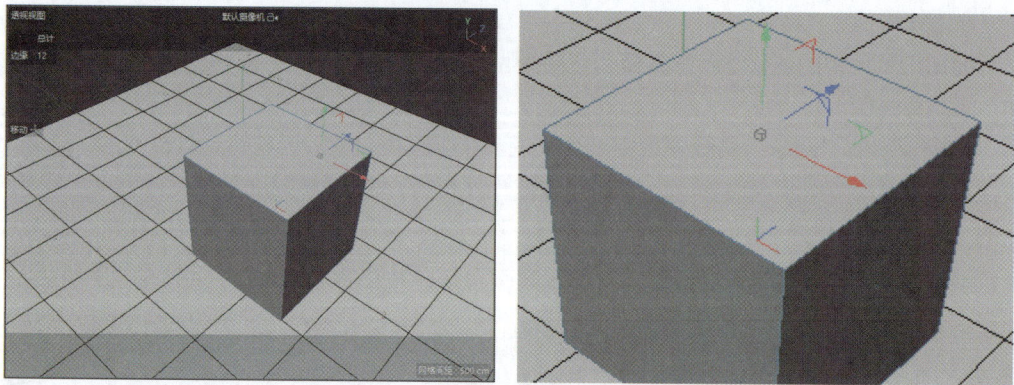

图2-43　调整模型对象的轴心位置

6. 复制文件和模型

在Cinema 4D中有多种复制方法，本例将介绍最常用的几种复制操作，帮助用户掌握复制文件与模型的方法。

- ❑ 拖动复制：选择工具栏中的"移动"工具 📷 后，选择场景中的模型对象，按住Ctrl键拖动模型，即可复制模型，如图2-44所示。
- ❑ 原地复制：在场景中选中模型对象后，按Ctrl+C组合键复制，然后按Ctrl+V组合键粘贴，即可将选中的对象原地复制。此时，"对象"面板中将显示复制模型的名称，使用工具栏中的"移动"工具 ✛ 移动模型，即可看到复制的模型。

❑ 沿直线复制：选择模型后，在菜单栏中选择"工具"｜"复制"命令（此时模型并没有被复制），在"属性"面板中可以看到复制的参数，设置"模式"为"线性"、"副本"数量（例如8）以及"移动"参数（例如300），即可沿着直线复制出8个模型，如图2-45所示。

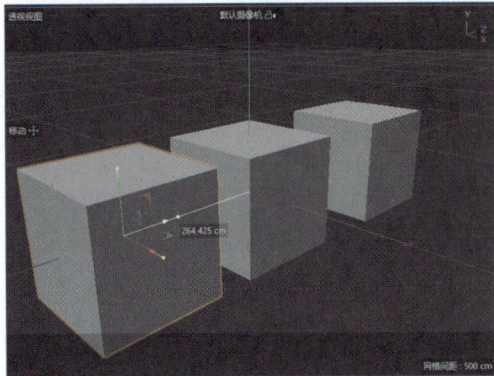

图2-44　拖动复制模型　　　　　　　　　　图2-45　沿直线复制模型

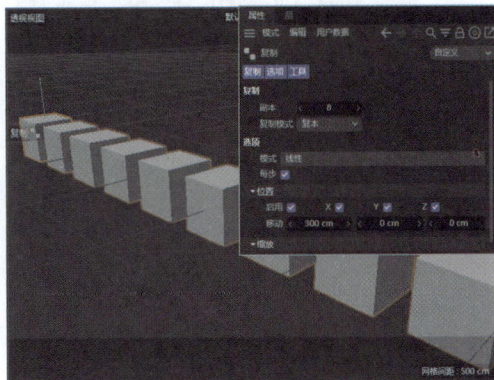

❑ 沿圆复制：选择模型后，在菜单栏中选择"工具"｜"复制"命令。在"属性"面板中设置"模式"为"圆环"，可以设置模型沿圆复制，如图2-46所示。

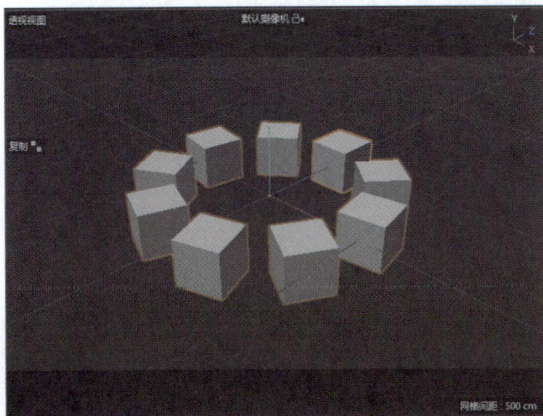

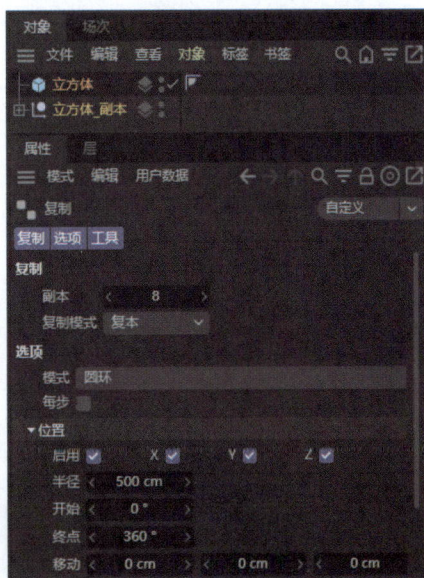

图2-46　沿圆复制模型

❑ 沿样条路径复制：使用工具栏中的"样条画笔"工具 在顶视图中绘制一个曲线样条，然后选择模型，在菜单栏中选择"工具"｜"复制"命令，在"属性"面板中设置"模式"为"沿着样条"，在"对象"面板中拖动"样条"至"属性"面板的"样条"选项框中，并设置"副本"数量（例如3），即可使模型沿着绘制的样条路径复制，如图2-47所示。

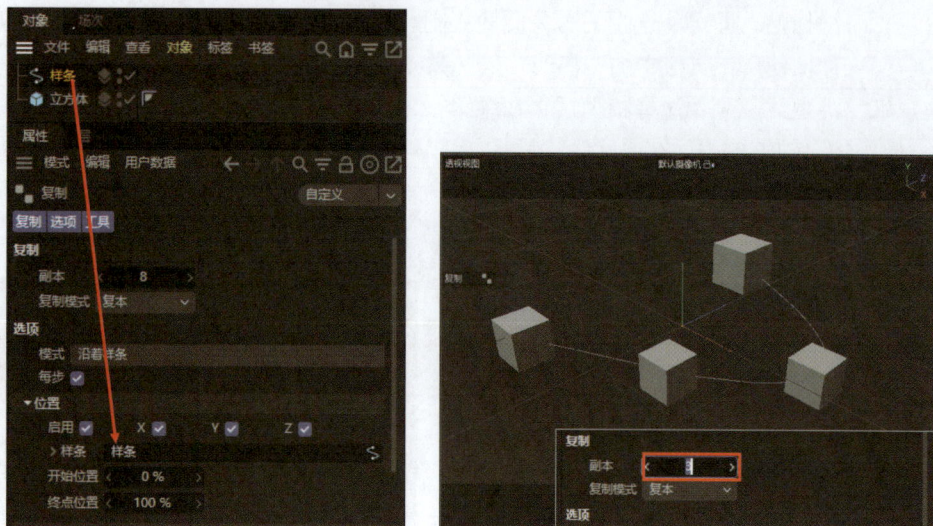

图2-47 沿样条路径复制模型

7. 捕捉对象

Cinema 4D中有很多种捕捉工具，用户可以利用捕捉工具捕捉模型的顶点、边、多边形、轴心等。

单击工具栏中的"启用捕捉"按钮 🔘，使其变为 🔘，激活"捕捉"工具，然后单击"建模设置"按钮 🔘，在打开的"捕捉"面板中设置"模式"为"3D捕捉"，"捕捉半径"为30，"引导线角度"为90°，并选中"点"复选框，指定使用"点"模式，如图2-48所示。然后在图2-49左图所示的场景中移动球体，当球体接近立方体模型顶部时，将自动被吸附到立方体模型顶部的点上，如图2-49右图所示。

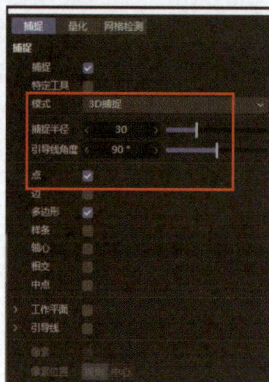

图2-48 "捕捉"面板

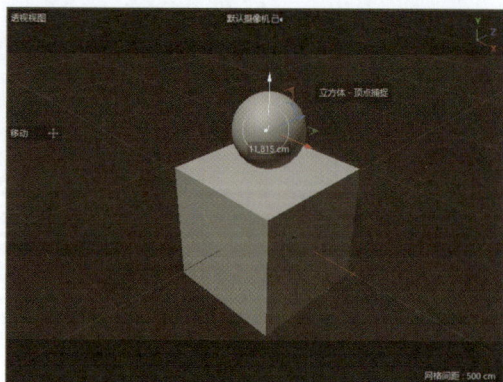

图2-49 顶点捕捉

8. 隐藏和显示对象

隐藏和显示模型对象也是Cinema 4D的基础操作之一。本例将介绍最常用的两种方法。

❑ 方法1：在"对象"面板中单击模型名称后的 🔘 按钮，第一次单击该按钮后，按钮颜色变为绿色，如图2-50左图所示；第二次单击该按钮后，按钮颜色变为红色，如图2-50中图所示，此时模型在场景中被隐藏；第三次单击该按钮后，按钮颜色恢复为灰色，模型在场景中重新显示，如图2-50右图所示。

图2-50　通过"对象"面板隐藏与显示模型对象

□ 方法2：在场景中选择模型后，单击工具栏中的"视窗独显"按钮 🔘，使其变为 🔘，此时场景中除被选中的模型对象以外的所有对象都将被隐藏。取消"视窗独显"工具的激活状态，则可以重新显示场景中的所有模型对象。

2.3 Cinema 4D视图控制

Cinema 4D中的基本视图控制一般会配合Alt键操作，如表2-3所示。

表2-3　Cinema 4D的基本视图控制操作

视图控制	操作	效果
旋转视图	Alt+鼠标左键	
移动视图	Alt+鼠标中键	
缩放视图	Alt+鼠标右键（或滚动鼠标滚轮）	
切换四视图	单击鼠标中键（或按F5键）	

此外，通过Cinema 4D视图窗口四周的各类按钮，用户还可以对视图的显示方位、显示模式、显示元素、显示布局进行自由切换。

2.3.1 视图显示方位

在视图窗口的左上角菜单栏中选择"摄像机"菜单，在弹出的菜单界面中可以选择用于切换不同方位视图的命令，如图2-51所示。

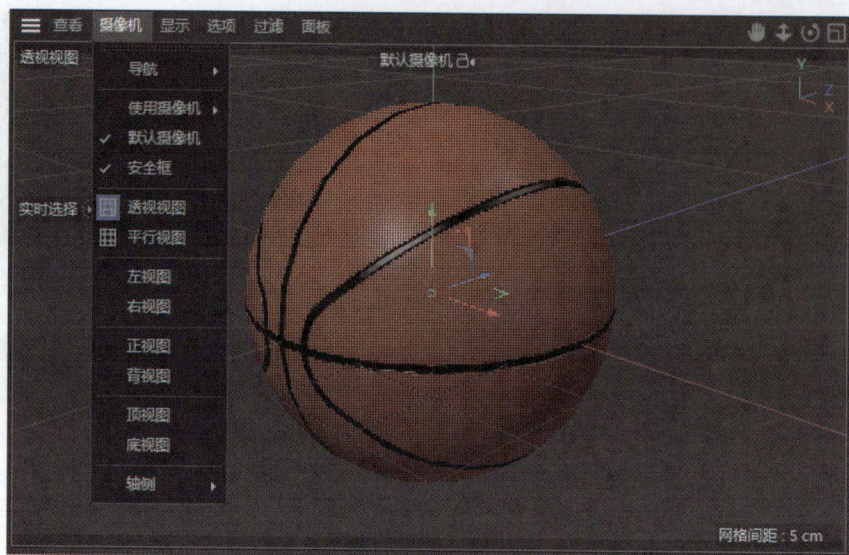

图2-51 切换视图

按F1键可以快速切换到透视视图，按F4键可以快速切换到正视图。

2.3.2 视图显示模式

在视图窗口菜单栏中选择"显示"菜单，从弹出的菜单界面中可以选择视图的不同显示方式，如图2-52所示。其中重要命令的功能说明如表2-4所示。

表2-4　"显示"菜单中的各项命令

命 令	说 明	效 果
光影着色	仅显示对象的颜色和明暗效果	
光影着色（线条）	不仅显示对象的颜色和明暗效果，还显示对象的线框	
常量着色	仅显示对象的颜色，不显示明暗效果	
线条	仅显示对象的线框	

图2-52 "显示"菜单

在"显示"菜单中每种显示效果后面都跟着一组字母,例如"光影着色N~A","光影着色(线条)N~B",这些字母是对应命令的快捷键。当我们需要切换视图显示模式时,先按住N键,然后再按A键将切换到"光影着色"显示模式。在按住N键后按B键则会切换到"光影着色(线条)"显示模式。

2.3.3 视图显示元素

在视图窗口菜单栏中选择"过滤"菜单,在弹出的菜单界面中可以控制视图中的显示元素,如图2-53所示。例如,取消"过滤"菜单中"工作平面"命令的激活状态,将在视图窗口中关闭视图的栅格显示,效果如图2-54所示。

图2-53 "过滤"菜单

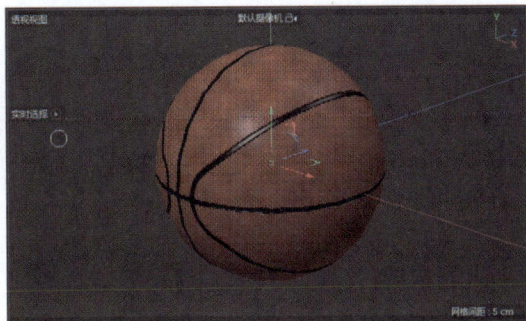

图2-54 不显示工作平面

2.3.4 视图显示布局

在Cinema 4D视图窗口中除了可以切换四视图(单击鼠标中键或按F5键)以外,还可以选择其他视图布局模式。在视图窗口菜单栏中选择"面板"菜单,从弹出的菜单界面中可以选择视图的布局模式,如图2-55左图所示。其中重要命令的功能说明如表2-5所示。

表2-5 "面板"菜单中的各项命令

命 令	说 明
排列布局	选择该命令后,在弹出的子菜单中提供了多种视图布局模式,如图2-55右图所示
新建视图面板	选择该命令后,将创建一个独立的视图窗口面板,用户可以在该面板中切换不同的显示模式、显示元素和显示布局
视图1/视图2/视图3/视图4	用于快速切换4种基本视图,用户可以按F1~F4键快速执行这4个命令
全部视图	选择该命令后,将快速切换至四视图布局

图2-55 "面板"菜单

几何体建模、样条建模、生成器建模、变形器建模、多边形建模、灯光、动画制作、材质和贴图、摄像机、渲染器是学习Cinema 4D时需要掌握的核心操作。

2.4.1 参数化建模

建模，就是建立模型。Cinema 4D提供了强大的参数化建模功能，允许用户使用参数来创建自定义的几何体和形状。

1. 几何体建模

在Cinema 4D中有很多种建模方式，其中几何体建模是最简单的建模方式。通过Cinema 4D内置的几何体（如立方体、球体、平面、圆柱体、圆锥体等），用户可以完成对几何形体的创建、修改，并通过几何体的组合，制作出一些简单的模型。

在Cinema 4D工具栏中长按"立方体"按钮 ⬛，系统将弹出图2-56所示的"对象"面板。单击该面板中的图标即可在视图中直接创建Cinema 4D内置的各种几何体模型，如表2-6所示。几何体多用于简易模型的创建，如桌子、路障、篮球、水果、沙发、首饰、镜子、灯具、地形、气球等。在图2-56所示的内置几何体面板中，立方体、圆锥体、圆柱体、平面、球体、圆环面、管道、地形等是比较常用的建模工具。

表2-6　Cinema 4D内置的几何体模型

工具名称	说　明	图　例
立方体	创建由6个完全相同的正方形面组成的正六面体	
平面	创建一个有限大小的平面	
多边形	创建由3条或3条以上的线段首尾顺次连接而形成的平面图形	
胶囊	创建由一个单位长度的圆柱和两个半单位长度的半球组成的胶囊体	
人形素体	创建一个人形素体模型	
油桶	创建一个油桶模型	
宝石体	创建一个宝石体模型	
圆环面	创建一个圆绕平面上与圆不相交的一个轴旋转而形成的旋转曲面	
空白多边形	空白多边形只有一个原点和坐标轴，其作用是作为辅助的空对象使用（也可将其作为创建多边形填充的基础）	

图2-56　内置几何体面板

工具名称	说　　　明	图　　例
圆柱体	创建一个由两个大小相等、相互平行的圆形以及连接两个底面的一个曲面围成的几何体模型	
圆盘	创建一个圆盘	
球体	创建一个球体	
圆锥体	创建一个圆锥体模型	
地形	创建山地、丘陵等地形地貌模型	
金字塔	创建一个金字塔模型	
管道	创建一个管道模型	
贝塞尔	创建一个由一组控制点定义的贝塞尔曲线	

【例2-2】使用宝石体结合多边形建模命令等，制作一个足球模型。

（1）单击工具栏中的"立方体"按钮，从弹出的面板中选择"宝石体"工具，在场景中创建一个宝石体。在"属性"面板中将"类型"设置为"碳原子"，此时场景中宝石体模型对象的效果如图2-57所示。

例2-2

（2）选中创建的宝石体模型对象，按C键将其转换为可编辑对象，然后在工具栏中单击"边"按钮，切换为"边"模式。

（3）在菜单栏中选择"选择"|"选择平滑着色断开"命令（快捷键：U+N），在"属性"面板中单击"全选"按钮，如图2-58所示。

（4）在菜单栏中选择"选择"|"反选"命令（快捷键：U+I）。

（5）在场景中右击，在弹出的菜单中选择"消除"命令，消除多余的线。

（6）在"属性"面板中再次单击"全选"按钮，选中宝石体模型对象上所有的线。

（7）在工具栏中单击"多边形"按钮，切换为"多边形"模式，然后按Ctrl+A组合键选中模型对象上所有的面。

（8）在场景中右击，在弹出的菜单中单击"细分"命令右侧的图标，打开"细分"面板，设置"细分"参数为3后单击"确定"按钮，如图2-59所示。

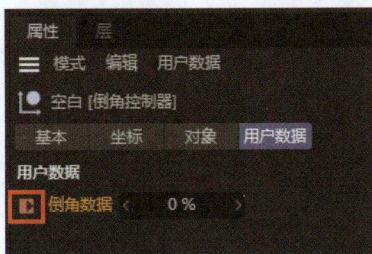

图2-57　宝石体　　　　　　图2-58　"选择平滑着色断开"　　　　　　图2-59　"细分"面板

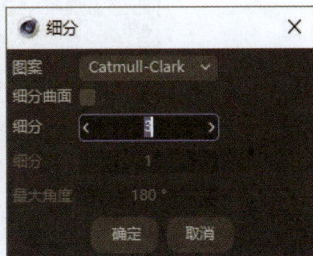

（9）在工具栏中长按"弯曲"按钮 ，从弹出的面板中选择"球化"工具 ，添加"球化"变形器，在"对象"面板中将"球化"变形器放置在"宝石体"的子层级，如图2-60左图所示；在"属性"面板中将"强度"设置为100%、"半径"设置为100cm，如图2-60中图所示。此时，场景中"宝石体"模型对象的效果如图2-60右图所示。

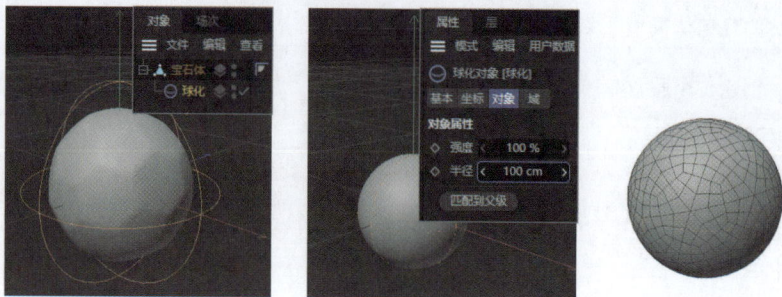

图2-60 为"宝石体"对象添加"球化"变形器

（10）在"对象"面板中按住Shift键选中所有对象，右击，从弹出的菜单中选择"连接对象+删除"命令。

（11）在工具栏中单击"边"按钮 ，切换到"边"模式，按T键执行"缩放"命令，在场景中拖动鼠标使选中的边向内缩小一点，如图2-61所示。

（12）在场景中右击，从弹出的菜单中选择"倒角"命令，在"属性"面板中将"偏移"设置为0.5cm，如图2-62所示。

（13）在工具栏中单击"多边形"按钮 ，切换到"多边形"模式，在菜单栏中选择"选择"|"反选"命令（快捷键：U+I），选中图2-63所示的倒角面。

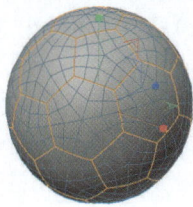

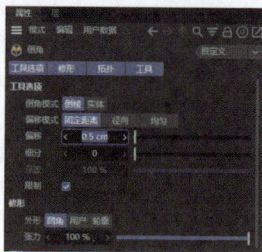

图2-61 向内缩小　　　图2-62 设置"偏移"值　　　图2-63 选择倒角面

（14）在场景中右击，从弹出的菜单中选择"挤压"命令，在"属性"面板中设置"偏移"为-1cm，如图2-64所示。

（15）按住Alt键单击工具栏中的"细分曲面"按钮 ，为场景中的宝石体添加一个"细分曲面"生成器，完成足球模型的制作，如图2-65所示。

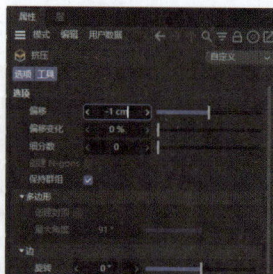

图2-64 设置"偏移"为-1cm　　　图2-65 添加"细分曲面"生成器

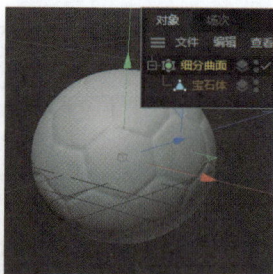

2. 样条建模

Cinema 4D中的样条是二维图形，它是一个没有深度的连续线，可以是打开的，也可以是封闭的。创建二维样条线对一些三维模型来说十分重要，例如使用样条线制作玻璃杯、钟表、三维艺术字、眼镜等。

在Cinema 4D中，可以通过以下几种方法创建样条。

❑ 方法1：在Cinema 4D工具栏中长按"样条画笔"按钮，系统将弹出图2-66所示的面板。单击该面板中的图标可以选择使用样条画笔、草绘、平滑样条、样条弧线工具，在场景中绘制任意形状的二维线（这些二维线的形状不受约束，可以封闭也可以不封闭，拐角处可以是尖锐的也可以是圆滑的），如表2-7所示。

表2-7 Cinema 4D样条绘制工具

工具名称	说　　明	
样条画笔	用于绘制线性、立方、Akima、B-样条、贝塞尔等5种类型的样条线	
草绘	用于通过拖动鼠标的方式绘制自由的线（类似画笔）	
样条弧线工具	用于精确绘制弧线形状	
平滑样条	用于使绘制的样条线变得更加平滑	图2-66　样条工具

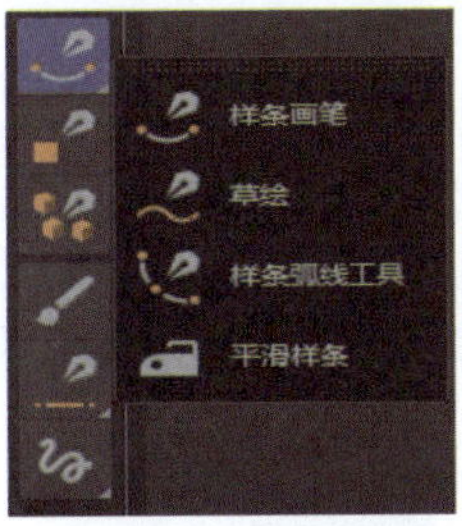

❑ 方法2：长按工具栏中的"矩形"按钮，系统将弹出图2-67所示的面板。单击该面板中的图标可以在场景中直接绘制相应的图形，如表2-8所示。

表2-8 Cinema 4D内置样条工具

工具名称	说　　明	图　　例	
弧线	用于绘制圆弧、扇区、分段、环状等各种类型的弧线图案		
螺旋线	用于绘制螺旋线图案		
矩形	用于绘制矩形图案		
四边	用于绘制四边形图案		
齿轮	用于绘制齿轮图案		
花瓣形	用于绘制各种类型的花瓣图案		
星形	用于绘制各种类型的星形图案		
空白样条	用于创建一个只能通过原点和轴来辨识的空白样条线对象		
圆环	用于绘制圆、椭圆和圆环图案		图2-67　内置样条工具
多边	用于绘制各种多边形图案		
蔓叶线	用于绘制蔓叶线图案		
摆线	用于绘制摆线、外摆线和内摆线图案		
轮廓	用于绘制H、L、T、U、Z等轮廓线图案		
公式	利用数学公式创建几何曲线		

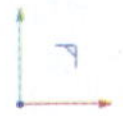

❑ 方法3：单击工具栏中的"文本样条"按钮■，可以在场景中插入文字对象，利用该对象可以制作出各种立体字。

Cinema 4D中的"样条画笔"工具类似于3ds Max中的"线"工具，但"样条画笔"工具不能像"线"工具一样直接按住Shift键绘制水平或垂直的直线。用户若想要在Cinema 4D中绘制直线，可以采用以下两种方法。

❑ 单击工具栏中的"启用捕捉"按钮■和"网格点捕捉"选项，然后用样条画笔沿着背景栅格就可以绘制出垂直或水平的直线。

❑ 选中一条样条直线上的两个点，然后在"坐标"面板中设置两个点的X轴参数为0，即可使样条线变为垂直的。

【例2-3】使用"螺旋线""花瓣""圆锥体"等工具制作一个三维甜筒模型。

（1）长按工具栏中的"矩形"按钮■，从弹出的面板中选择"螺旋线"工具■，在场景中创建一个螺旋线样条。在"属性"面板中设置螺旋线的"起始半径"为50cm、"开始角度"为-400°、"终点半径"为0cm、"结束角度"为720°、"半径偏移"为50%，"高度"为100cm、"高度偏移"为40%、"平面"为XY，如图2-68所示。

（2）长按工具栏中的"矩形"按钮■，从弹出的面板中选择"花瓣形"工具，在场景中创建一个花瓣形样条，在"属性"面板中设置"内部半径"为10cm、"外部半径"为20cm、"花瓣"数量为6，如图2-69所示。

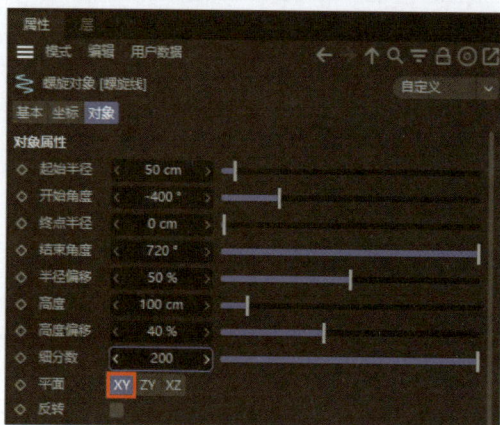

图2-68 设置螺旋线参数

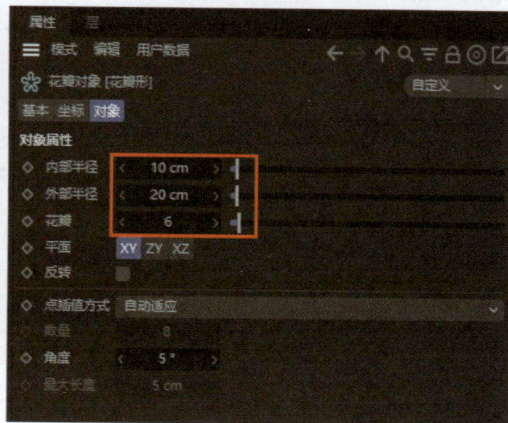

图2-69 设置"花瓣形"属性

（3）长按工具栏中的"细分曲面"按钮■，从弹出的面板中选择"扫描"工具■，添加"扫描"生成器，在"对象"面板中将"螺旋线"和"花瓣形"对象放在"扫描"生成器的子层级。

（4）在"对象"面板中选中"扫描"对象，在"属性"面板中展开"细节"选项区域，调整"缩放"和"旋转"细节，如图2-70所示。

（5）此时，场景中的甜筒奶油部分的模型效果如图2-71所示。

（6）长按工具栏中"立方体"按钮■，从弹出的面板中选择"圆锥体"工具■，在场景中创建一个圆锥体模型，在"属性"面板中设置"底部半径"为50cm、"方向"为-Y，如图2-72所示。

（7）长按工具栏中的"立方体"按钮■，从弹出的面板中选择"胶囊"工具■，在场景中创建一个胶囊模型，在"属性"面板中设置"半径"为2cm、"高度"为10cm。

（8）在"对象"面板中选中"胶囊"对象，按住Alt键，单击工具栏中的"克隆"按钮，在"对象"面板中将"克隆"作为"胶囊"对象的父层级。

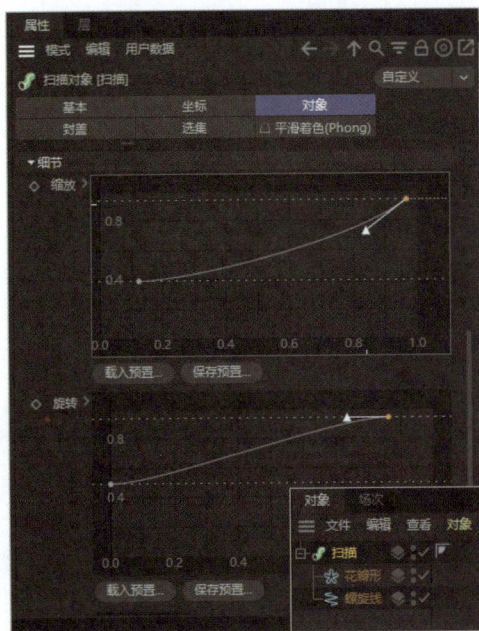

图2-70　"细节"选项区域

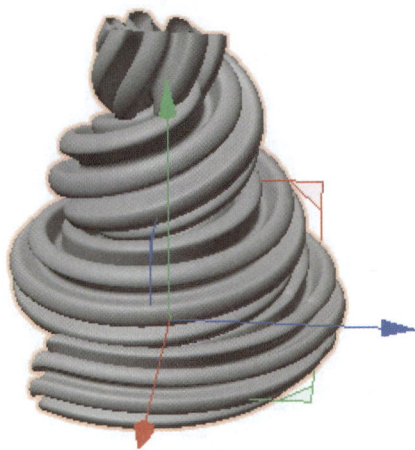

图2-71　奶油模型

（9）在"属性"面板中将"克隆"模式设置为"对象"、"对象"设置为"扫描"、"数量"设置为180，完成甜筒模型的制作，如图2-73所示。

图2-72　圆锥体模型参数

图2-73　甜筒模型效果

3. 生成器建模

生成器建模通过为三维对象添加生成器（例如细分曲面、布料曲面、布尔、连接、阵列、晶格等），使其产生相应的效果。

在Cinema 4D工具栏中长按"细分曲面"按钮 ，系统将弹出图2-74所示的生成器面板，单击该面板中的图标即可为选中对象添加相应的生成器，如表2-9所示。

表2-9　Cinema 4D内置生成器

工具名称	说　明
细分曲面	使模型变得圆滑，同时增加分段线
挤压	给样条增加厚度
放样	将已有的样条生成模型
样条布尔	将样条进行计算
连接	将模型对象快速转换为多边形
对称	镜像复制模型
阵列	将模型按照指定形态复制排列
重构网络	在保持模型外形基本不变的情况下重新构成网格分布
融球	将多个模型相融，形成带有粘连效果的新模型
浮雕	用于产生浮雕效果
AI生成器	用于处理AI（Adobe Illustrator）文件
生长草坪	用于创建草坪
Python生成器	用于辅助设计出快捷的Python脚本
布料曲面	为单面模型增加厚度
旋转	将样条转换为圆柱体模型
扫描	根据截面样条生成模型
布尔	对模型进行布尔计算
实例	将模型原地复制一份
晶格	按照模型布线生成模型
减面	减少模型的布线
LOD	用于分级显示对象
矢量化	根据位图生成矢量样条线

图2-74　生成器面板

【例2-4】将"齿轮"和"圆环"样条等放样成一个牙膏模型。

（1）长按工具栏中的"矩形"按钮▣，从弹出的面板中选择"齿轮"工具▣，在场景中创建一个齿轮样条，在"属性"面板中选中"传统模式"复选框，

例2-4

然后将"齿"设置为40、"内部半径"设置为1.75cm、"中间半径"设置为1.8cm、"外部半径"设置为1.9cm、"平面"为XZ，如图2-75所示。

（2）按住Ctrl键拖动创建的齿轮样条，将其沿Y轴向上复制一份，如图2-76所示。

（3）选中复制的齿轮样条，单击工具栏中的"坐标管理器"按钮，打开"坐标"面板，在Y输入框中输入2。

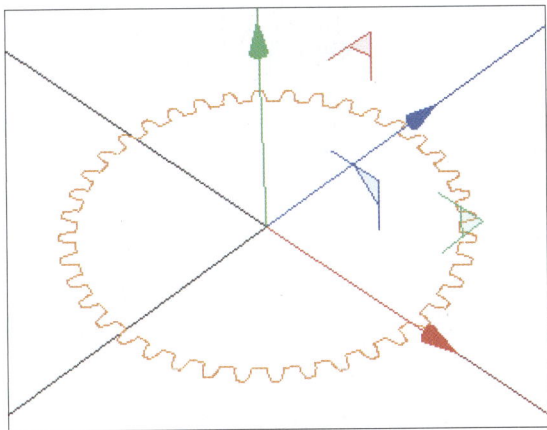

图2-75　创建齿轮样条

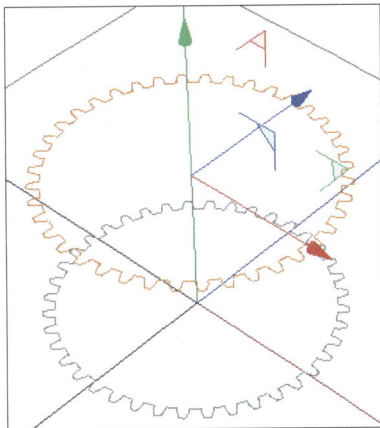

图2-76　复制齿轮

（4）长按工具栏中"细分曲面"按钮，从弹出的面板中选择"放样"工具，创建"放样"生成器，在"对象"面板中将"齿轮"和"齿轮1"对象放在"放样"的子层级，创建图2-77所示的放样效果。

（5）在"对象"面板中选中"放样"对象，在"属性"面板中将"网孔细分U"设置为200，放样效果如图2-78所示。

（6）长按工具栏中的"矩形"按钮，从弹出的面板中选择"圆环"工具，在场景中创建一个圆环样条，在"属性"面板中设置该圆环的"半径"为4、"平面"为XZ，使其效果如图2-79所示。

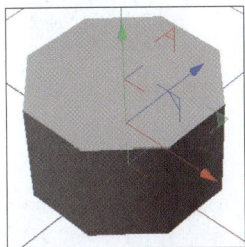

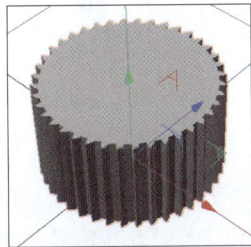

图2-77　放样效果　　　图2-78　调整放样效果　　　图2-79　创建圆环

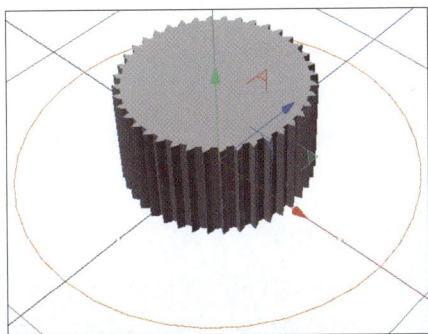

（7）按住Ctrl键沿Y轴移动场景中的圆环，将其复制一份。在"属性"面板中将复制圆环的"半径"设置为3.8，结果如图2-80所示。

（8）按住Ctrl键将复制的圆环沿Y轴再次移动，将其复制一份。在"属性"面板中选中"椭圆"复选框，将两个"半径"参数分别设置为3cm和3.8cm，结果如图2-81所示。

（9）使用同样的方法，通过复制操作沿Y轴创建更多的椭圆（其"半径"参数可由用户自行确定），如图2-82所示。

（10）长按工具栏中"细分曲面"按钮 ，从弹出的面板中选择"放样"工具 ，创建"放样1"生成器，在"对象"面板中将所有的圆环对象都放在"放样1"的子层级，创建图2-83所示的牙膏模型。

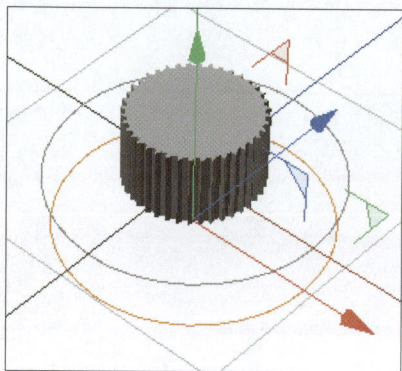

图2-80　复制圆环

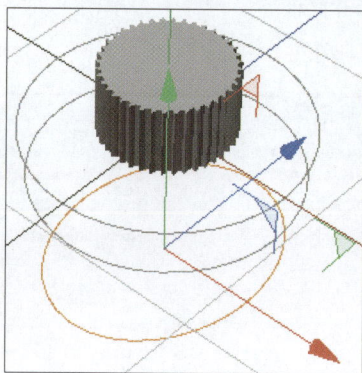

图2-81　创建椭圆

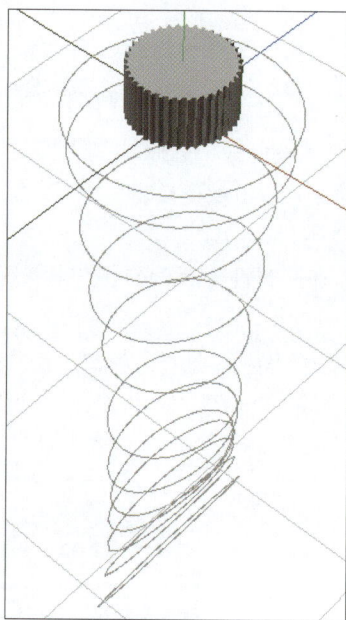

图2-82　复制更多椭圆

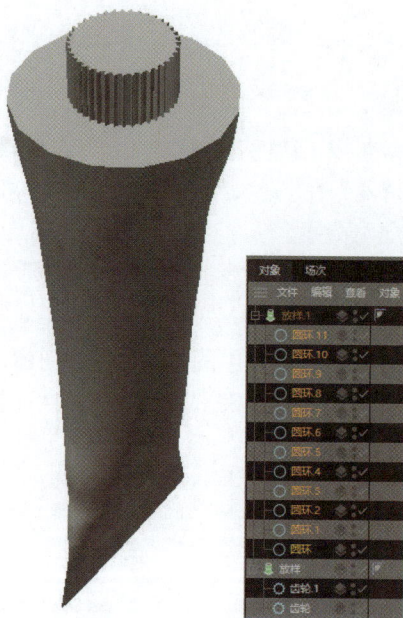

图2-83　牙膏模型

4. 变形器建模

Cinema 4D的变形器建模是一种为模型添加变形器并设置参数，从而产生新模型的建模方式。通过学习变形器建模，我们可以掌握通过变形器使对象产生形态变化的方法，例如应用"扭曲"变形器使模型产生扭曲效果，应用"融化"变形器使模型产生融化效果，应用"爆炸"变形器制作出爆炸特效等。

长按工具栏中的"弯曲"按钮 ，在弹出的面板中可以使用Cinema 4D自带的变形器，如图2-84所示。变形器通常用于改变三维模型的形态，使其形成弯曲、倾斜、旋转、扭曲、膨胀、爆炸、融化、减面、扫描等效果，如表2-10所示。

表2-10　Cinema 4D内置变形器

工具名称	说　　明
弯曲	用于制作弯曲变形效果的模型
斜切	用于制作倾斜变形效果的模型
扭曲	用于制作螺旋变形效果的模型
FFD	可通过移动点的位置改变模型，使模型变得柔软
修正	可通过移动点的位置改变模型，使模型变得坚硬
爆炸	用于制作模型爆炸后产生碎片的效果
融化	可制作出模型融化效果
颤动	可制作颤动效果动画
碰撞	可使模型与另一个模型产生碰撞效果
球化	可将模型变得类似球体般圆润
平滑	可将模型变得光滑
包裹	可使模型呈现柱状或球状形态
样条	可通过原始曲线和修改曲线改变平面形状
样条约束	可使三维对象以样条为走向，控制旋转效果
置换	可通过贴图使模型产生凹凸起伏效果
变形	用于制作动画中角色改变表情之类的效果
风力	用于制作风吹动模型的效果
倒角	用于模型的倒角处理
膨胀	用于扩大模型
锥化	将模型边缘或多边形的角转换为圆角或倒角效果
摄像机	可在透视视图中调整网点
网格	用于将两个模型合并在一起
爆炸FX	可制作模型爆炸后产生碎片的效果，比"爆炸"效果更强
碎片	用于制作模型破碎的效果
挤压&伸展	可使模型产生挤压、伸展的效果
收缩包裹	通过调整表面形状来使模型更加紧密地附着在目标物体上
Delta Mush	用于平滑网格
表面	让对象约束在另一个表面上
导轨	可通过2条或4条样条来确定三维模型的外观
公式	使用数学公式控制模型变化效果
点缓存	用于进行节点缓存处理

图2-84　变形器面板

【例2-5】使用"锥化"变形器、"膨胀"变形器等制作一个花瓶模型。

（1）长按工具栏中"立方体"按钮 ，从弹出的面板中选择"圆柱体"工具 ，在场景中创建一个圆柱体对象。在"属性"面板中设置"半径"为

60cm、"高度"为350cm、"高度分段"为50、"旋转分段"为40。

（2）长按工具栏中的"弯曲"按钮◎，从弹出的面板中选择"膨胀"工具◎，创建一个"膨胀"变形器，在"对象"面板中将"膨胀"放在"圆柱体"的子层级。在"属性"面板中将"尺寸"设置分别为100cm、250cm、100cm，将"膨胀"设置为80%，结果如图2-85所示。

（3）使用"移动"工具✛调整场景中"膨胀"边框的位置，结果如图2-86所示。

（4）按住Ctrl键的同时拖动"膨胀"边框，将其复制一份，在"属性"面板中将"强度"设置为-50%，此时模型效果如图2-87所示。

（5）长按工具栏中的"弯曲"按钮◎，从弹出的面板中选择"锥化"工具◼，添加"锥化"变形器，在"对象"面板中将"锥化"放在"圆柱体"的子层级。

图2-85　添加"膨胀"变形器　　图2-86　调整"膨胀"边框　　图2-87　复制"膨胀"边框

（6）在"对象"面板中选中"锥化"对象，在"属性"面板中将"尺寸"设置为200cm、50cm、200cm，将"模式"设置为"框内"，将"强度"设置为10%。

（7）调整场景中"锥化"边框的位置，制作图2-88所示的花瓶底座效果。

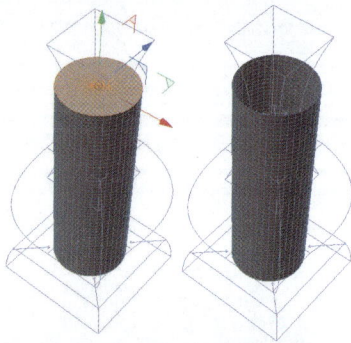

（8）在"对象"面板中选中"圆柱体"对象，按C键将其转换为可编辑对象，然后在工具栏中单击"多边形"按钮◼，进入"面"编辑模式，选中圆柱体顶部的面，按Delete键将其删除，如图2-89所示。

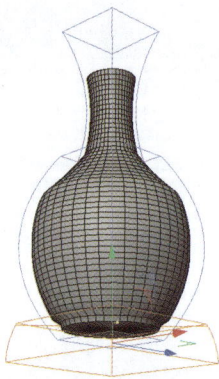

图2-88　花瓶底座效果　　　　图2-89　删除圆柱体顶部的面

（9）在工具栏中单击"模型"按钮◎，即可得到图2-90左图所示的空心花瓶模型。按住Alt键，长按工具栏中的"细分曲面"按钮◎，从弹出的面板中选择"布料曲面"工具◻，为圆柱体添加一个"布料曲面"生成器，在"属性"面板中将"厚度"设置为5，使空心花瓶具有厚度，效果如图2-90中图所示。

（10）为制作的模型赋予玻璃材质后，按Ctrl+R组合键渲染图形，效果如图2-90右图所示。

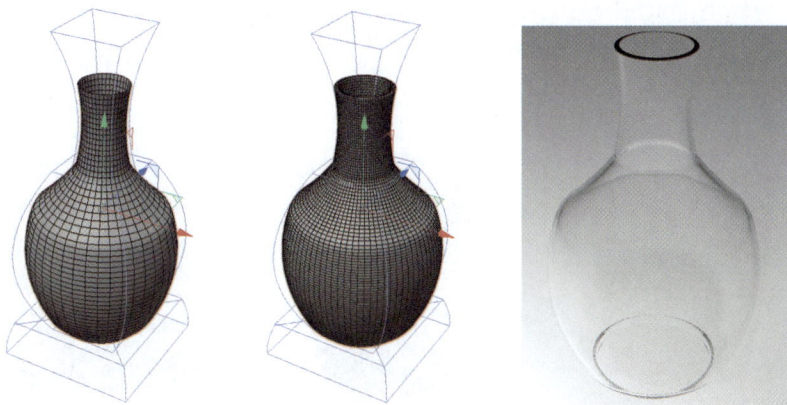

图2-90 花瓶模型

5. 多边形建模

多边形建模是一种非常复杂和重要的建模方式。在Cinema 4D中将对象转换为可编辑对象，编辑对象的点、边和多边形效果，从而一步步地将简单的对象调整为复杂精细的模型。

在使用Cinema 4D制作模型的过程中，一些复杂的模型（例如产品、植物、立体文字、卡通角色、家具、电器、建筑、CG模型等）很难用几何体建模、样条建模、生成器建模、变形器建模等建模方式制作，这时就可以考虑使用多边形建模方式。多边形建模可以通过对多边形的点、边、多边形3种模式的操作，使对象产生变化，从而得到精细化的复杂模型效果。

【例2-6】制作一个垃圾篓，掌握通过多边形建模的"多边形"和"点"模式制作镂空模型的方法。

（1）长按工具栏中"立方体"按钮 ，从弹出的面板中选择"圆柱体"工具 ，在场景中创建一个圆柱体，在"属性"面板中将"高度"设置为 100cm、"高度分段"设置为16、"旋转分段"设置为48。

例2-6

（2）单击工具栏中的"转为可编辑对象"按钮 （快捷键：C），将圆柱体转换为可编辑对象，然后单击工具栏中的"多边形"按钮 ，切换到"多边形"模式，选择"选择"|"循环选择"命令选中圆柱体顶部的多边形，如图2-91左图所示，按Delete键将其删除，结果如图2-91右图所示。

（3）按住Shift键的同时长按工具栏中的"弯曲"按钮 ，从弹出的面板中选择FFD工具，为"圆柱体"添加FFD变形器，如图2-92所示。

（4）单击工具栏中的"点"按钮 ，切换到"点"模式，选择"选择"|"框选"命令，框选FFD变形器底部所有的点，如图2-93所示。

图2-91 删除顶部的面　　　　　图2-92 添加FFD变形器　　　　　图2-93 框选点

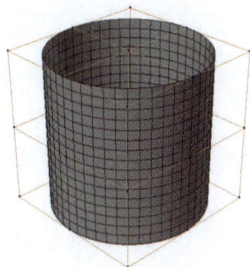

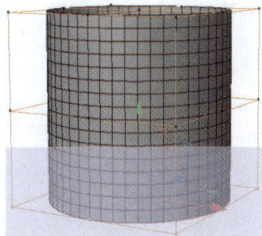

（5）使用"缩放"工具 收紧模型的底部，结果如图2-94所示。

（6）在"对象"面板中选中并右击"圆柱体"，从弹出的菜单中选择"连接对象+删除"命令，得到图2-95所示的模型。

（7）切换到"多边形"模式，使用"框选"命令在正视图中选中图2-96所示的多边形。

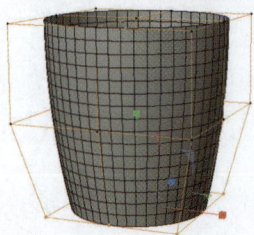

图2-94　收紧模型底部　　　图2-95　连接对象+删除　　图2-96　选择中间的多边形

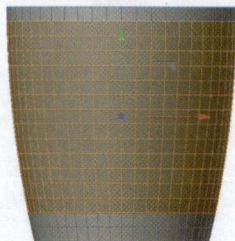

（8）切换到透视视图，在场景中右击，从弹出的菜单中选择"嵌入"命令，在"属性"面板中将"偏移"设置为1cm、"偏移变化"设置为0%、"细分数"设置为1，取消选中"保持群组"复选框，然后单击"应用"按钮。

（9）完成嵌入操作后，模型效果如图2-97左图所示，按Delete键删除选中的多边形，模型效果如图2-97右图所示。

（10）单击工具栏中的"边"按钮■。切换到"边"模式，然后按Ctrl+A组合键选中模型上所有的边，右击，从弹出的菜单中选择"挤压"命令，在"属性"面板中将"偏移"设置为-2cm后，按Enter键将模型向内挤压2cm。

（11）按住Alt键的同时单击工具栏中的"细分曲面"按钮■，为模型添加"细分曲面"生成器，如图2-98所示。

（12）按Shift+F2组合键创建塑料材质（具体方法可参见本书第5章相关案例），然后将材质赋予模型。按Ctrl+R组合键渲染模型，效果如图2-99所示。

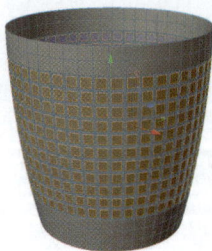

图2-97　删除选中的多边形　　　图2-98　添加"细分曲面"生成器　　图2-99　模型渲染效果

2.4.2　动画制作

在Cinema 4D中，用户可以实现多种动画效果。

- ❏ 关键帧动画：Cinema 4D支持基于关键帧的动画制作，用户可以在时间线上设定关键帧，定义物体的位置、旋转、缩放等属性，并在关键帧之间进行插值处理，使物体产生平滑的动画效果。

- ❏ 实时动力学模拟：Cinema 4D内置了强大的动力学引擎，可以模拟物体之间的物理行为，如重力、碰撞、刚体动力学等。用户可以使用动力学功能创建逼真的物体交互和碰撞效果。

- ❑ 形状和变形动画：Cinema 4D提供了各种形状和变形工具，让用户可以创造独特的动画效果。用户可以使用模型变形器、形状关键帧、蒙太奇等工具来对物体进行形状的改变，实现各种有趣的动画效果。

- ❑ 运动图形（MoGraph）：Cinema 4D的MoGraph工具集提供了复杂的运动图形效果制作功能，可以快速生成重复运动、粒子效果、文本动画等。用户可以使用MoGraph效果器和效果器堆栈来创建令人惊叹的动画效果。

【例2-7】通过制作一个球体的倒角变形效果，学习使用关键帧动画制作倒角分形动画的方法。

（1）创建一个球体，在"属性"面板中将"类型"设置为"二十面体"，将"分段"设置为12，结果如图2-100所示。

（2）长按工具栏中的"弯曲"按钮 ，从弹出的面板中选择"倒角"工具 ，创建一个"倒角"变形器，然后在"对象"面板中按住Shift键同时选中"倒角"和"球体"，按Alt+G组合键群组对象，如图2-101所示。

（3）在"对象"面板中选中"倒角"，在"属性"面板中按住Shift键同时选中"选项"和"多边形挤出"选项卡，将"构成模式"设置为"多边形"，将"偏移模式"设置为"按比例"，将"挤出"设置为0，取消选中"保留组"复选框，将"偏移"设置为50%，如图2-102所示。

图2-100　创建球体　　　图2-101　群组对象　　　图2-102　设置"倒角"属性

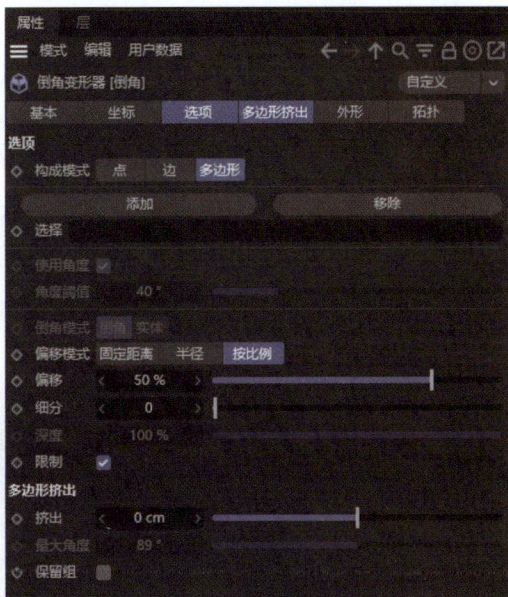

（4）在"对象"面板中选中"倒角"，然后选择"编辑" | "复制"命令（见图2-103）将其复制，再选择"编辑" | "粘贴"命令将其粘贴。

（5）在"对象"面板中选中"空白"和复制的"倒角"，按Alt+G组合键群组对象。

（6）重复步骤（4）、步骤（5）的操作，创建图2-104所示的群组对象。

（7）双击步骤（6）创建的"空白"群组对象，将其重命名为"倒角控制器"，然后在"属性"面板中选择"用户数据" | "增加用户数据"命令，如图2-105所示。

（8）打开"编辑用户数据"面板，在"名称"文本框中输入一个名称（例如"倒角数据"），然后单击OK按钮。

图2-103 复制"倒角" 图2-104 创建群组对象 图2-105 增加用户数据

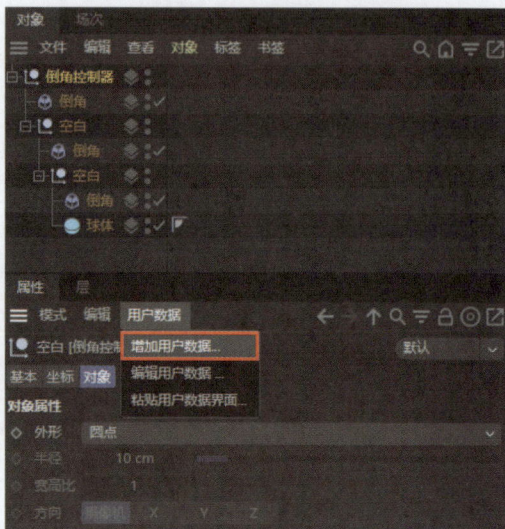

（9）在"对象"面板中右击"倒角控制器"，从弹出的菜单中选择"编程标签"｜XPresso命令，打开"XPresso编辑器"窗口，然后将"对象"面板中的"倒角控制器"拖动至"XPresso编辑器"窗口的"群组"区域中。

（10）在"属性"面板中选择"用户数据"选项卡，将步骤（8）创建的"倒角数据"拖动至"XPresso编辑器"窗口的"倒角控制器"中，如图2-106所示。

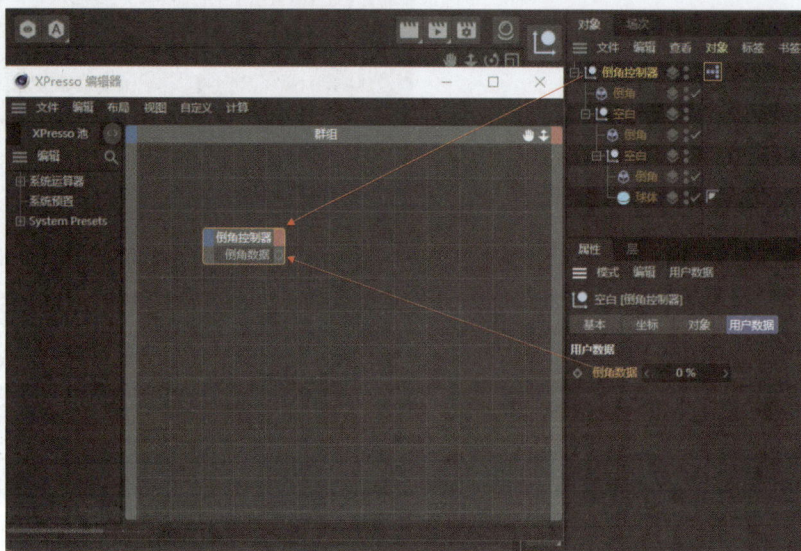

图2-106 "XPresso编辑器"窗口

（11）将"对象"面板中的3个"倒角"对象也拖动至"XPresso编辑器"窗口，然后将"倒角控制器"下的"倒角数据"拖动至"倒角"标签上，当出现绿色连接线时释放鼠标，在弹出的菜单中选择"选项"｜"偏移"命令，如图2-107所示。

（12）链接"倒角控制器"与"倒角"的结果如图2-108所示。

（13）在"属性"面板中选择"用户数据"选项卡，将"倒角数据"设置为0%，然后单击该选项左侧的 按钮，使其变为 ，在"时间线"面板的第0F创建一个关键帧，如图2-109所示。

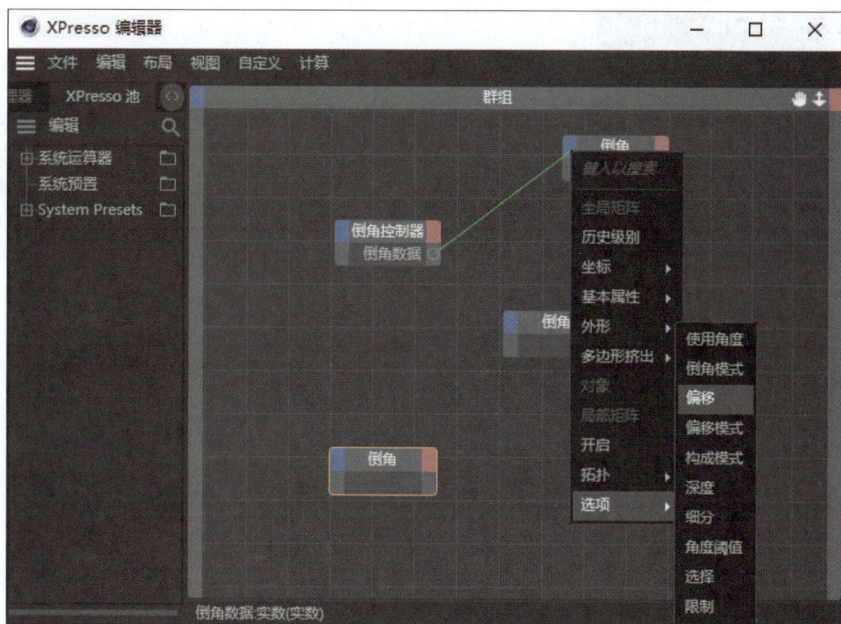

图2-107　链接"倒角控制器"与"倒角"

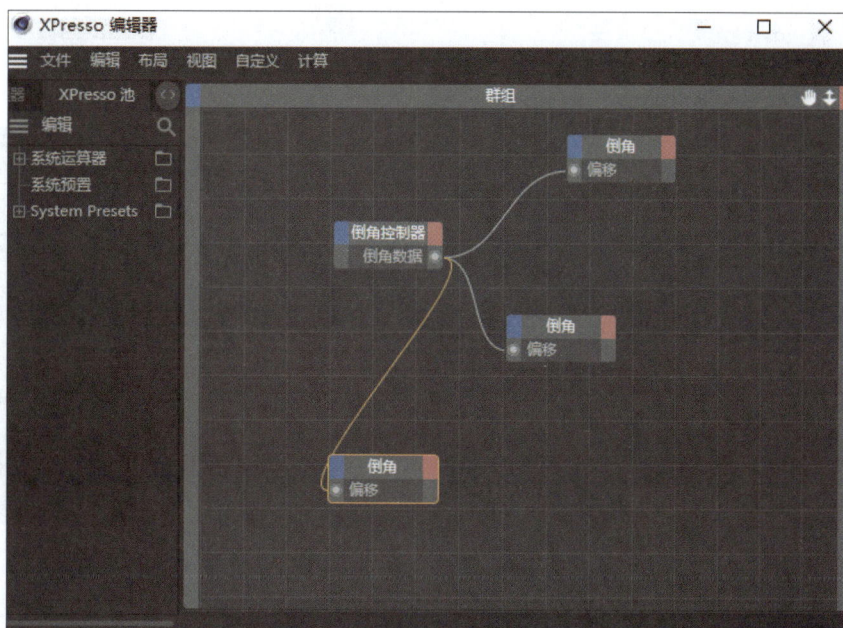

图2-108　链接结果

（14）在"时间线"面板中将"时间线"滑块 移动至最后一帧，在"属性"面板中将"倒角数据"设置为100%，然后单击该选项左侧的 按钮，使其变为 ，在"时间线"面板的最后一帧插入一个关键帧。

（15）在"对象"面板中选中3个"倒角"对象，在"属性"面板中将"挤出"设置为5cm。

（16）为场景中的模型赋予材质，然后单击"时间线"面板中的"向前播放"按钮 （快捷键：F8）播放动画，效果如图2-110所示。

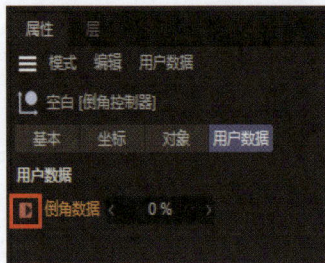

图2-109 设置关键帧

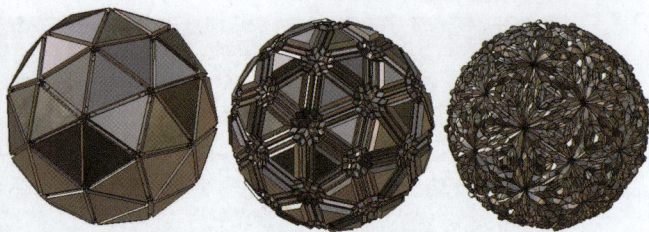

图2-110 动画播放效果

2.4.3 灯光设置

光是人们能够看清世界的前提条件，如果没有光的存在，一切将不再美好。在Cinema 4D中，灯光常常贯穿项目，可以创造出各种不同的气氛和多重意境。灯光可以说是一个较灵活且富有趣味的设计元素，它可以成为气氛的催化剂，也能加强现有画面的层次感。

在工具栏中长按"灯光"按钮，将弹出图2-111所示的灯光面板。单击该面板中的图标即可在场景中创建相应的灯光（不同灯光类型会产生不同的灯光效果），如表2-11所示。

表2-11 Cinema 4D内置灯光类型

工具名称	说 明
灯光	用于创建灯光效果
聚光灯	用于创建类似探照灯的光照效果
目标聚光灯	用于创建沿目标点方向发射的聚光效果
区域光	用于创建面光源效果
PBR灯光	用于创建PBR灯光效果
IES灯	用于创建模拟台灯或壁灯效果的IES灯光
无限光	用于创建带方向的直线光
日光	用于创建模拟太阳光
物理天空	用于创建物理天空

图2-111 灯光面板

【例2-8】为电商广告产品展示场景制作灯光。

（1）打开场景文件后单击"摄像机"按钮，在场景中创建一个摄像机。

（2）单击工具栏中的"灯光"按钮，在场景中创建一个灯光，在"属性"面板的"常规"选项卡中设置颜色的RGB值为（255，255，255）、"强度"为100%、"投影"为"区域"，如图2-112所示。

（3）在"属性"面板中选择"细节"选项卡，设置"形状"为"球体""水平尺寸""垂直尺寸""纵深尺寸"均为100cm、"衰减"为"平方倒数（物理精度）""半径衰减"为180cm，如图2-113所示。

例 2-8

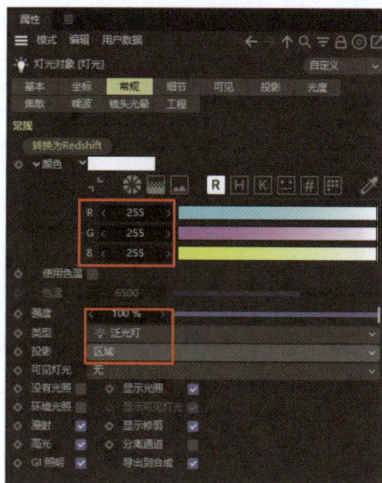

图2-112 设置"常规"参数　　　　图2-113 设置"细节"参数

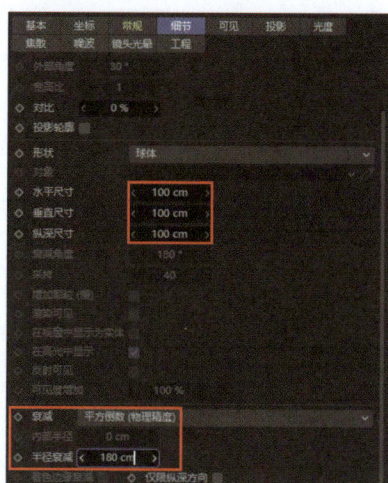

（4）使用"移动"工具➕将设置好的灯光移动至场景中合适的位置，如图2-114左图所示。进入摄像机视图，按Ctrl+R组合键渲染场景，效果如图2-114右图所示。

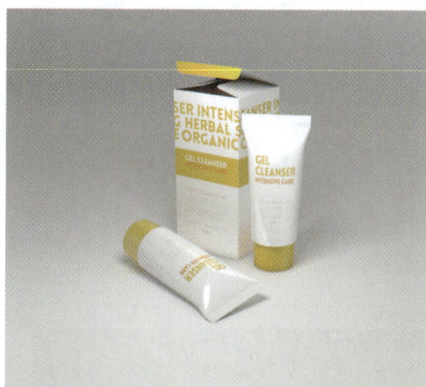

图2-114 调整灯光位置后渲染场景

2.4.4 材质与贴图设置

在Cinema 4D中，材质与贴图主要用于表现物体的不同质感。利用各种类型的材质可以制作出现实世界中任何物体的质感，例如金属质感、玻璃质感、陶瓷质感、丝绸质感、皮革质感、透明质感、发光质感等。

材质主要用于表现物体的颜色、纹理、质地、光泽度和透明度等物理特性，简单地说，使用材质就是为了让模型物体看上去更真实、可信，如图2-115所示。

贴图能够在不增加物体几何结构复杂程度的基础上增加物体的细节，其最大的用途是提高材质的真实程度。高超的贴图技术是制作仿真材质的关键，也是决定最后渲染效果的关键，如图2-116所示。

材质和贴图是不同的概念。贴图是指物体表面具有贴图属性，例如一个杯子（或瓶子）的表面有陶瓷、玻璃或印刷标志，一个桌子的表面有木纹贴图效果，一个皮包表面有皮革的凸起纹理。而材质就是指一个物体看起来是什么样的质地，例如闹钟看起来是黄色的，易拉罐看上去是金属的。颜色、反射、高光、透明等是材质的基本属性。

图2-115 材质

图2-116 贴图

【例2-9】使用"材质编辑器"窗口中的"反射"和"透明"属性制作一个透明玻璃材质，并将其赋予场景中的模型。

（1）在打开的"材质"面板中创建一个新的默认材质并将其重命名为"玻璃"。

例2-9

（2）双击"材质"面板中的"玻璃"材质，打开"材质编辑器"窗口，取消选中"颜色"复选框，选中"透明"复选框，在系统显示的选项区域中将"折射率预设"设置为"玻璃"。

（3）在"材质编辑器"窗口中选中"反射"复选框，添加GGX，在系统显示的选项区域中设置"粗糙度"为15%、"反射强度"为80%、"高光强度"为30%。展开"层菲涅耳"栏，将"菲涅耳"设置为"绝缘体"、"预置"设置为"玻璃"，如图2-117所示。

（4）将"材质"面板中制作的"玻璃"材质赋予场景中的玻璃容器模型，按Ctrl+R组合键渲染场景，效果如图2-118所示。

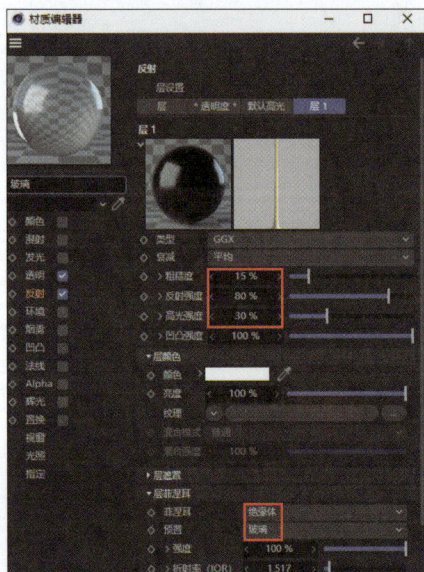

图2-117 设置"反射"属性

图2-118 场景渲染效果

【例2-10】使用"材质编辑器"窗口中的"反射""透明""凹凸"属性等制作出茶杯中的液体材质（为了突出液体材质，将赋予茶杯玻璃材质，并赋予茶杯托玉石材质）。

例2-10

（1）打开图2-119所示的场景文件后，在"材质"面板中创建一个名为"玻璃"的新材质。

（2）双击"玻璃"材质，打开"材质编辑器"窗口，选中"透明"复选框，在系统显示的选项区域中将"模糊"设置为15%、"折射率"设置为1.5。

（3）选中"反射"复选框，在系统显示的选项区域中单击"移除"按钮，删除"默认高光"，制作出图2-120所示的玻璃材质，并将其赋予场景中的"茶杯"模型。

（4）在"材质"面板中创建一个新的默认材质并将其重命名为"玉石"。

（5）双击"玉石"材质，打开"材质编辑器"窗口，选中"颜色"复选框，在系统显示的选项区域中将颜色的RGB值均设置为255。

（6）选中"反射"复选框，在系统显示的选项区域中单击"添加"按钮，添加GGX，然后将"粗糙度"设置为30%、"高光强度"设置为50%、"菲涅耳"设置为"绝缘体"、"预置"设置为"玉石"，制作出图2-121所示的白色玉石材质，并将其赋予场景中的"茶杯托"模型。

图2-119　打开场景文件　　　　图2-120　"玻璃"材质　　　　图2-121 "玉石"材质

（7）在"材质"面板中创建一个新的默认材质并将其重命名为"液体"。

（8）双击"液体"材质，打开"材质编辑器"窗口，选中"凹凸"复选框，在系统显示的选项区域中单击"纹理"选项后的■按钮，在弹出的下拉列表中选择"表面" | "水面"选项，然后将"强度"设置为15%，如图2-122所示。

（9）在"材质编辑器"窗口中取消选中"颜色"复选框，选中"反射"复选框，在系统显示的选项区域中单击"添加"按钮，添加一个"高光 – Blinn（传统）"类型的反射，如图2-123所示。

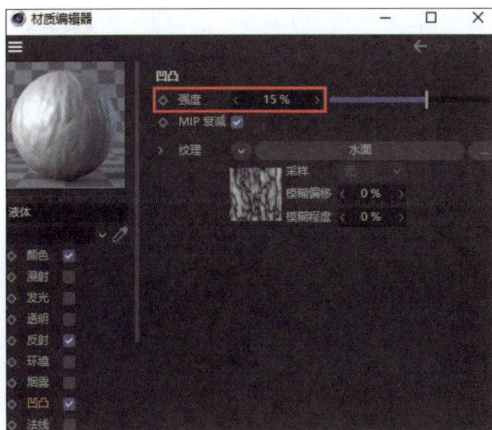

图2-122　设置"凹凸"属性　　　　　　图2-123　添加反射类型

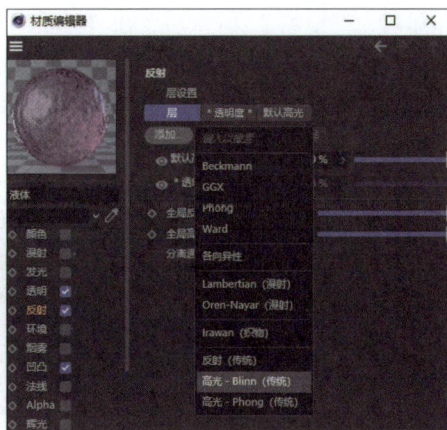

（10）选中"透明"复选框，将"折射率预设"设置为"水"，并设置"颜色"的RGB值为（251，211，233），如图2-124所示。

（11）将制作好的"液体"材质赋予场景中的"球体"对象，按Shift+R组合键打开"图像查看器"窗口，渲染场景，效果如图2-125所示。

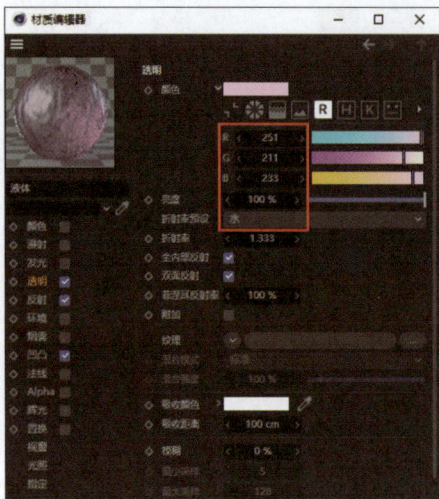

图2-124 设置"透明"属性

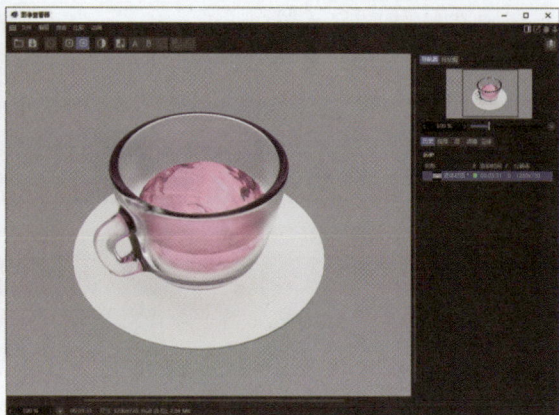

图2-125 场景渲染效果

【例2-11】使用"材质编辑器"窗口中的"反射"属性制作金色、银色和不锈钢金属材质,并将其赋予场景中的"杯子""水壶"等模型。

（1）打开场景文件后,按Shift+F2组合键打开"材质"面板,创建一个新的默认材质,并将其重命名为"不锈钢金属"。

例2-11

（2）双击"不锈钢金属"材质,打开"材质编辑器"窗口,取消选中"颜色"复选框。选中"反射"复选框,添加GGX,设置"粗糙度"为50%、"反射强度"为80%。展开"层菲涅耳"栏,将"菲涅耳"设置为"导体"、"预置"设置为"钢"。

（3）创建一个新材质并将其重命名为"金色金属"。然后双击"金色金属"材质,在打开的"材质编辑器"窗口中选中"颜色"复选框,将"颜色"的RGB值设置为（94,53,15）。

（4）选中"反射"复选框,单击"添加"按钮,添加GGX,将"粗糙度"设置为18%、"菲涅耳"设置为"导体"、"预置"设置为"金",制作出图2-126左图所示的金色金属材质。

（5）在"材质"面板中按住Ctrl键拖动"金色金属"材质,将其复制一份,并将复制的材质重命名为"银色金属",然后在"材质编辑器"窗口中将"银色金属"材质的"预置"设置为"银",制作出图2-126右图所示的银色金属材质。

（6）将本例制作的3种材质分别赋予场景中的水壶、杯子和煤气架,然后按Ctrl+R组合键渲染场景,效果如图2-127所示。

图2-126 制作金色和银色金属材质

图2-127 场景渲染结果

【例2-12】通过在"反射""法线""凹凸"属性中加载贴图，制作非常逼真的樱桃材质和樱桃枝材质。

例2-12

（1）打开图2-128所示的场景文件，并打开"材质"面板创建一个名为"樱桃-1"的新材质。

（2）双击"樱桃-1"材质，打开"材质编辑器"窗口，选中"颜色"复选框，在系统显示的选项区域中单击"纹理"选项右侧的■按钮，在弹出的下拉列表中选择"加载图像"选项，在打开的对话框中加载图2-129所示的贴图文件。

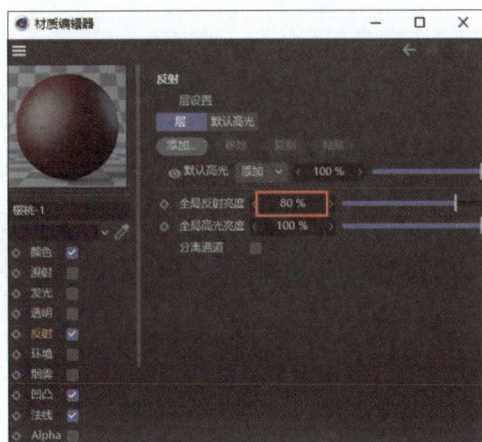

（3）选中"反射"复选框，将"全局反射亮度"设置为80%，如图2-130所示。

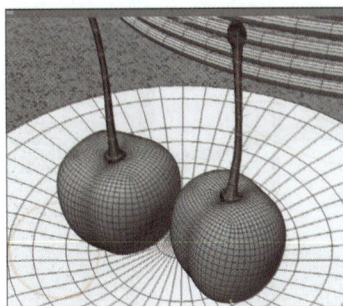

图2-128　打开场景文件　　图2-129　贴图文件　　图2-130　设置"全局反射亮度"

（4）单击"添加"按钮，添加"反射（传统）"。

（5）单击"层1"，设置"衰减"为"添加"，单击"纹理"选项右侧的■按钮，在弹出的下拉列表中选择"加载菲涅耳（Fresnel）"选项。

（6）选中"法线"复选框，在系统显示的选项区域中单击"纹理"选项右侧的■按钮，在弹出的下拉列表中选择"加载图像"选项，添加图2-131所示的位图贴图，并将"强度"设置为200%。

（7）选中"凹凸"复选框，在系统显示的选项区域中单击"纹理"选项右侧的■按钮，在弹出的下拉列表中选择"加载图像"选项，添加图2-132所示的位图贴图，并将"强度"设置为"10%"。

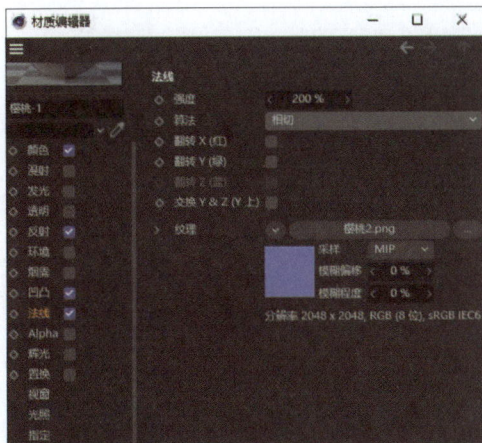

图2-131　"法线"选项区域　　　　　　　　图2-132　"凹凸"选项区域

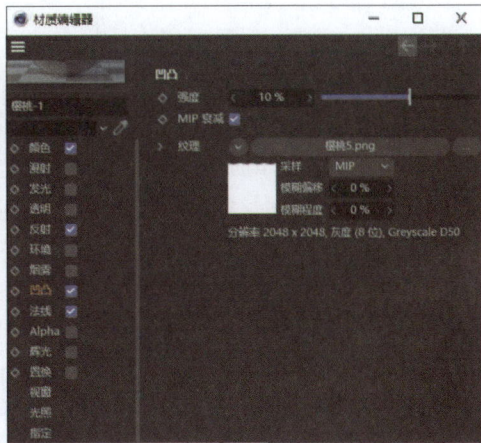

（8）关闭"材质编辑器"窗口，将"材质"面板中的"樱桃-1"材质赋予场景中左侧的樱桃模型。

（9）按住Ctrl键拖动"材质"面板中的"樱桃-1"材质，将该材质复制一份，并将复制的材质命名为"樱桃-2"。

（10）双击"樱桃-2"材质，重新打开"材质编辑器"窗口，选择"颜色"选项卡，单击"纹理"选项右侧的■按钮，在弹出的下拉列表中选择"加载图像"选项，选择图2-133所示的贴图文件作为"樱桃-2"材质的贴图文件。

（11）将"樱桃-2"材质赋予场景中右侧的樱桃模型。

（12）使用同样的方法，在"材质"面板中使用图2-134所示的贴图文件制作"樱桃枝"材质（只设置"颜色"和"反射"属性）。

（13）将材质赋予场景中的樱桃枝模型，按Ctrl+R组合键渲染场景，效果如图2-135所示。

樱桃-右.png

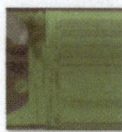
樱桃枝1.png

图2-133　更换贴图　图2-134　樱桃枝贴图　　　　图2-135　场景渲染结果

2.4.5　标签与环境设置

Cinema 4D中的标签可以为场景中的对象提供不同的属性，从而大大地方便三维模型的制作。环境是Cinema 4D中重要的部分，合理运用环境可以使场景的渲染效果更加真实，例如天空、地面、前景、背景等。

1. 标签设置

在Cinema 4D中，标签可以为场景中的对象提供不同的属性，从而方便进行模型和动画的制作。通常，为对象创建标签的方法有以下两种。

- ❑ 方法1：选中要添加标签的对象后，选择"创建"|"标签"命令，在弹出的菜单中选择需要添加的标签的种类，再选择相应的标签。
- ❑ 方法2：在"对象"面板中选中需要添加标签的对象后，右击，从弹出的菜单中选择需要添加的标签。

Cinema 4D提供的标签类型有其他标签、动画标签、建模标签、摄像机标签、材质标签、模拟标签、毛发标签、渲染标签、编程标签、装配标签、跟踪标签等，每种类型标签下又提供了多种具体的标签，以匹配不同的功能属性。其中比较常用的标签如表2-12所示。

表2-12　常用标签

标签名称	功能说明	图标
保护	将移动、缩放、旋转功能锁定（常用于锁定摄像机视角）	
合成	设置分层渲染或无缝背景等	
目标	添加目标对象	
振动	使对象产生抖动效果	
显示	设置对象的显示效果	
注释	为场景或对象添加备注	
对齐曲线	控制对象沿着链接的样条运动	

【例2-13】为场景添加摄像机，调整画面，并为摄像机对象添加保护标签，学习保护标签的使用方法。

（1）打开场景文件后，单击工具栏中的"摄像机"按钮，在场景中添加一个摄像机，如图2-136所示。

例2-13

（2）在"对象"面板中单击"摄像机"对象右侧的■按钮，使其变为■，进入摄像机视图调整摄像机的拍摄角度，如图2-137所示。

（3）在"对象"面板的"摄像机"对象上右击，从弹出的菜单中选择"装配标签"｜"保护"命令（如图2-138左图所示），为"摄像机"对象添加"保护"标签■。

（4）添加"保护"标签后，将无法移动摄像机，按Ctrl+R组合键渲染场景，效果如图2-138右图所示。

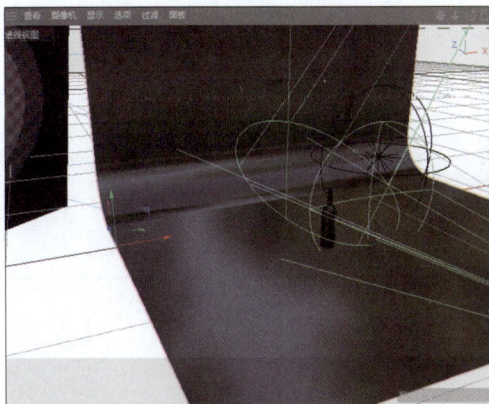

图2-136　创建摄像机

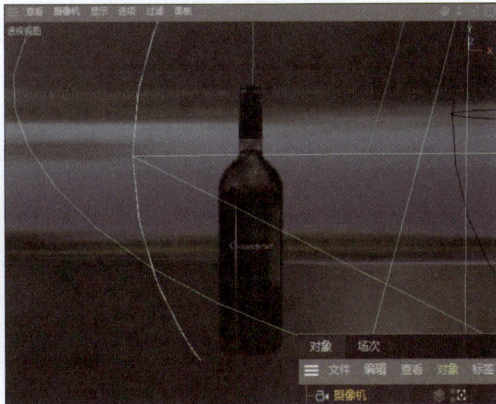

图2-137　调整摄像机拍摄角度

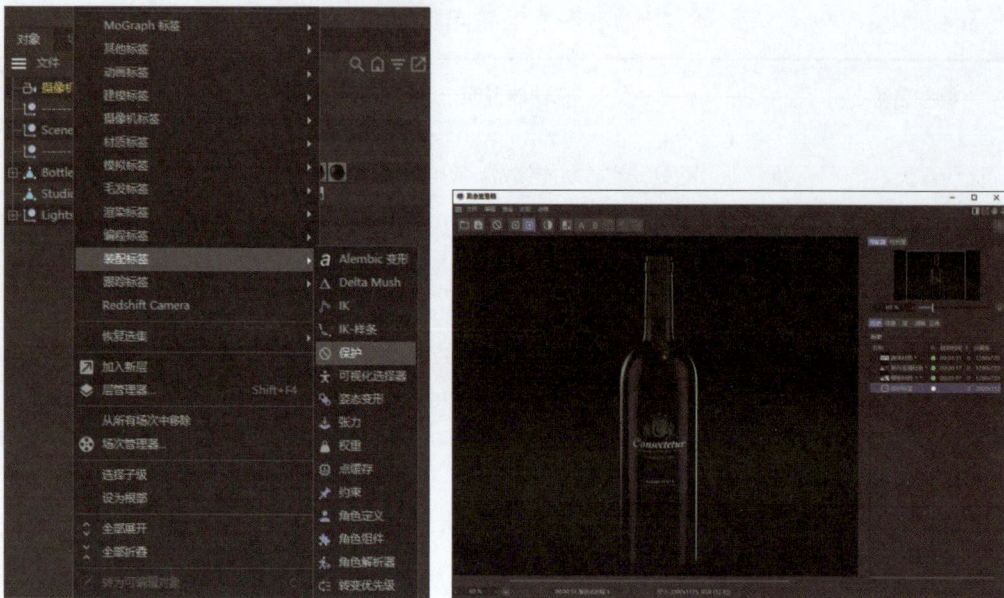

图2-138　为"摄像机"对象添加"保护"标签并渲染场景

2. 环境设置

环境是Cinema 4D中非常容易被忽略的功能，合理使用环境可以模拟出天空、地板、背景等效果，使场景的渲染效果更加真实。

与标签一样，在Cinema 4D中，为场景创建环境的方法也有以下两种。

❏ 方法1：在菜单栏选择"创建"｜"环境"命令，在弹出的菜单中选择需要添加的环境。

❏ 方法2：长按工具栏中的"天空"按钮◉，在弹出的面板中选择合适的环境工具。

Cinema 4D提供的环境工具包括天空、地板、环境、背景、前景、舞台等，其中比较常用的环境工具如表2-13所示。

表2-13　常用的环境工具

标签名称	功能说明	图　标
天空	用于创建一个无限大的球体来包裹场景	◉
地板	用于在场景中创建一个平面	▦
环境	用于设置环境颜色和雾效果	⬔
背景	用于设置场景的整体背景	🖼

【例2-14】添加"地板"和"背景"环境，并使用"合成"标签等制作无缝背景效果。

（1）打开场景文件后，长按工具栏中的"天空"按钮◉，在弹出的面板中选择"地板"工具▦，在场景中创建一个地板模型，如图2-139所示。

（2）长按工具栏中的"天空"按钮◉，在弹出的面板中选择"背景"工具🖼，创建背景，赋予地板白色材质后按Ctrl+R组合键渲染场景，效果如图2-140所示（背景为灰色）。

例 2-14

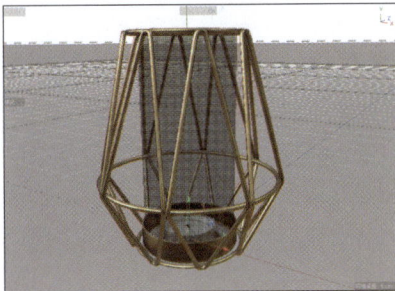

图2-139　创建地板

图2-140　地板渲染结果

（3）将白色材质也赋予"背景"，然后按Ctrl+R组合键渲染场景，效果如图2-141所示（背景和地板之间有一条缝，没有实现无缝效果）。

（4）在"对象"面板中按住Shift键选中"地板"和"背景"，右击，在弹出的菜单中选择"渲染标签"|"合成"命令，添加"合成"标签▦。

（5）按住Shift键选中"对象"面板中"背景"和"地板"对象的"合成"标签，在"属性"面板中选中"合成背景"复选框。

（6）按Ctrl+R组合键再次渲染场景，效果如图2-142所示。

图2-141　背景渲染结果

图2-142　无缝背景渲染效果

【例2-15】在场景中添加"天空"环境，并为天空赋予材质，为场景添加环境光效果。

（1）打开图2-143左图所示场景后按Ctrl+R组合键渲染场景，效果如图2-143右图所示。

例2-15

（2）单击工具栏中的"天空"按钮▦，在场景中创建一个天空，然后按Ctrl+R组合键渲染场景，效果如图2-144左图所示（可以观察到可乐罐顶部的金属部分反射了天空环境中的蓝灰色）。

（3）按Shift+F2组合键打开"材质"面板，将天空材质赋予"对象"面板中的"天空"对象。按Ctrl+R组合键渲染场景，效果如图2-144右图所示（可乐罐顶部的金属部分反射了材质贴图上的环境信息）。

图2-143　渲染场景

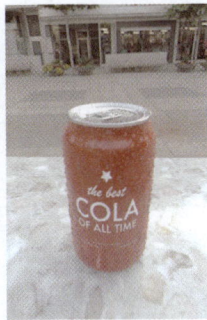

图2-144　创建天空后渲染场景

摄像机是许多三维设计软件常用的功能。在Cinema 4D中，摄像机不仅可以提供固定的视角，还可以设置各种特效和渲染效果。

渲染是指软件中根据模型生成图像的过程，它是设计模型时常用的表达手段。渲染器能让产品模型的效果图更加具有吸引力，看起来更真实、饱满、丰富。

1. 摄像机设置

在Cinema 4D中可以使用各种摄像机来进行镜头的调整，制作出视觉上更加舒适的画面、动画和视频效果。

不同于其他三维设计软件，在Cinema 4D中用户只需要在视图中找到合适的视角，单击工具栏中的"摄像机"按钮，即可完成摄像机的创建，创建的摄像机将显示在"对象"面板中。在场景中创建多个摄像机并分别为它们设置合适的角度后，在"对象"面板中单击某个"摄像机"对象右侧的"摄像机对象[摄像机名]"按钮，使其变为，即可进入摄像机视图。此时渲染场景可以快速得到预设角度的画面效果，如图2-145所示。

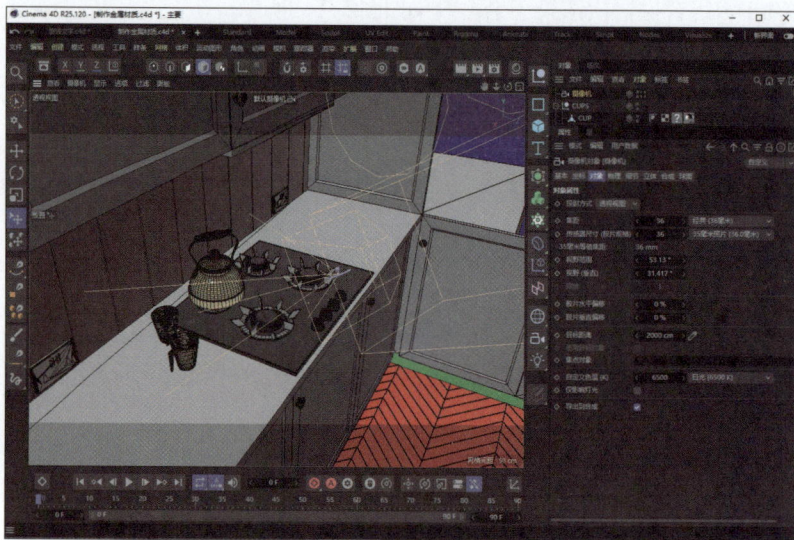

图2-145　在场景中设置摄像机

长按工具栏中的"摄像机"按钮，在弹出的列表中可以选择常用的摄像机工具，包括摄像机、目标摄像机、立体摄像机等，它们各自的功能说明如表2-14所示。

表2-14　常用的摄像机工具

摄像机名称	功能说明	图标
摄像机	用于对场景进行拍摄	
目标摄像机	用于对场景进行定向拍摄	
立体摄像机	用于创建3D摄像机	

【例2-16】在当前透视视图场景中建立摄像机。

（1）打开场景文件，在透视视图中进行移动直至找到合适的角度。

（2）单击工具栏中的"摄像机"按钮，场景中将自动添加一个摄像机，如

例2-16

图2-146所示。

（3）在"对象"面板中单击"摄像机"对象右侧的█按钮，使其变为█，将切换到摄像机视图，如图2-127所示。

图2-146　在场景中创建摄像机

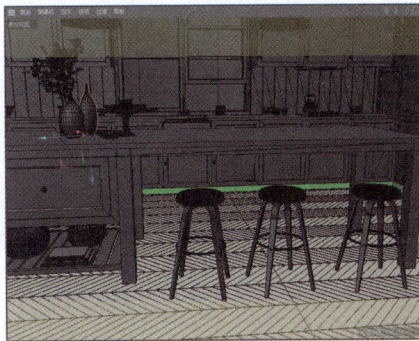

图2-147　切换到摄像机视图

（4）此时，按住鼠标左键拖动可以调整摄像机视图的水平或垂直角度，滚动鼠标滚轮，可以拉远或拉近视图，如图2-148所示。如果需要调整场景中的对象，但是不更改摄像机的角度，可以在"对象"面板中单击█按钮，使其变为█，表示退出摄像机视图，此时再进行操作将不会影响摄像机视角，如图2-149所示。

图2-148　调整摄像机视图的角度

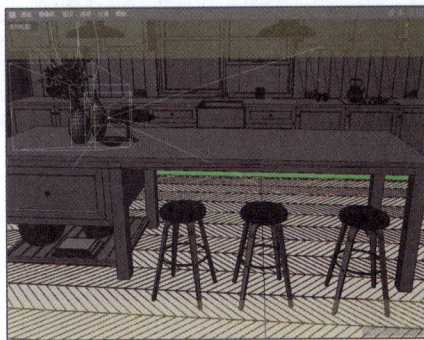

图2-149　退出摄像机视图

【例2-17】在Cinema 4D中通过设置摄像机制作景深特效。

（1）打开场景文件，在透视视图中移动视点，寻找摄像机的合适角度。

（2）单击工具栏中的"摄像机"按钮█，场景中将自动添加一个摄像机。

例2-17

（3）在"对象"面板中单击"摄像机"对象右侧的█按钮，使其变为█，按Ctrl+R组合键渲染场景，效果如图2-150所示（此时的渲染效果中没有"景深"效果）。

（4）在"对象"面板中选中"摄像机"对象，在"属性"面板中选择"对象"选项卡，然后单击"目标距离"选项右侧的█按钮，此时鼠标指针变为十字形。单击场景中的某个对象（例如近处的某个按钮），"目标距离"输入框中将显示摄像机到该对象之间的距离，如图2-151所示。

（5）单击工具栏中的"编辑渲染设置"按钮█（快捷键：Ctrl+B），打开"渲染设置"窗口，将"渲染器"切换为"物理"渲染器。

（6）选择Physical选项卡，在系统显示的选项区域中选中"景深"复选框，如图2-152所示。

（7）按Ctrl+R组合键渲染场景，效果如图2-153所示（渲染结果将具有"景深"效果）。

图2-150 无"景深"效果的场景渲染效果

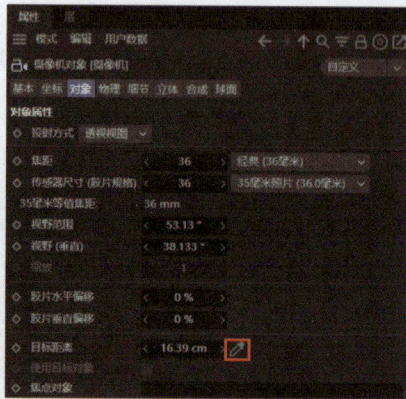

图2-151 测量目标距离

图2-152 切换为"物理"渲染器

图2-153 有"景深"效果的场景渲染效果

2. 渲染器设置

渲染器是3D引擎的核心部分，它可以使Cinema 4D场景细节呈现出最终的设计效果。

在Cinema 4D中，用户除了可以使用软件自带的渲染器以外，还可以加载一些外置插件类渲染器，下面将介绍几个Cinema 4D中的常用渲染器。

❏ 标准渲染器。单击Cinema 4D工具栏中的"编辑渲染设置"按钮▦（快捷键：Ctrl+B），将打开图2-154所示的"渲染设置"窗口，其左上角显示了当前使用的渲染器类型。其中默认的渲染器就是"标准"渲染器。标准渲染器可以渲染任何场景，但不能渲染景深和运动模糊等特殊效果，是Cinema 4D中比较常用的渲染器。

❏ 物理渲染器。在图2-154所示的"渲染器"窗口中单击"渲染器"下拉按钮，在弹出下拉列表中选择"物理"选项，可以使用"物理"渲染器。物理渲染器与标准渲染器的设置界面基本相同，只是多了图2-155所示的Physical选项卡。在该选项卡中可以设置景深或运动模糊渲染效果，以及抗锯齿的类型和等级。

❏ 视窗渲染器。视窗渲染器是Cinema 4D默认的渲染器之一。该渲染器的设置界面提供了图2-156所示的"视窗渲染器"选项卡，其中包括反射、景深、投影、透明、抗锯齿等渲染效果设置选项。

在Cinema 4D中，除了上面介绍的标准/物理/视窗渲染器以外，可以使用的渲染器还有很多，例如Octane、Arnold、Redshift等，它们有各自的适用环境。

图2-154 "渲染设置"窗口

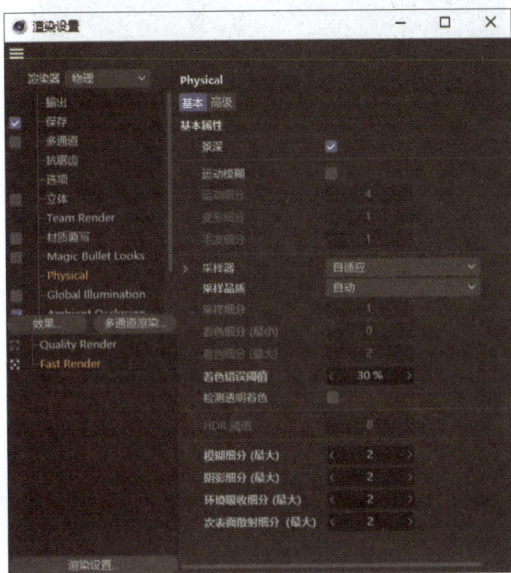

图2-155 Physical选项卡

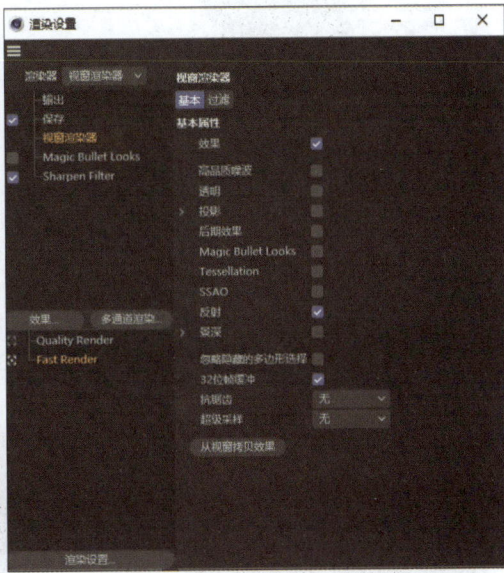

图2-156 视窗渲染器

- Octane渲染器：Octane渲染器（简称OC渲染器）是世界上第一个真正意义上的基于GPU、基于物理渲染的渲染器。该渲染器只需要使用计算机上的显卡，就可以获得更快、更逼真的渲染结果。
- Arnold渲染器：Arnold渲染器是基于物理算法的电影级别渲染引擎。该渲染器的渲染效果稳定、真实，但依赖CPU的性能。当CPU性能较低时，渲染玻璃或透明类材质速度会较慢。
- Redshift渲染器：Redshift渲染器是一款强大的GPU加速渲染器，专为满足当代高级渲染的特殊需求而打造。该渲染器给用户最直观的感受是渲染速度快，适合创作动画作品。

除了上面介绍的几款渲染器以外，VRay和Corona这两款3ds Max渲染器也开发了针对

Cinema 4D的版本。若用户掌握了这两种渲染器的使用方法，可以寻找相应的Cinema 4D版本安装使用。

用户可以通过网络下载上面介绍的几种渲染器。Cinema 4D渲染器一般分为CPU和GPU两类，如果计算机CPU性能较好，但是显卡性能一般，可以选用系统自带的标准/物理渲染器，也可以使用Arnold、VRay、Corona等渲染器；若计算机CPU性能一般，但是显卡性能较好，则可以使用Octane或Redshift渲染器。

【例2-18】渲染一个饮料广告场景，向用户演示设置与不设置全局光照效果时场景的渲染效果。

例2-18

（1）打开场景文件后，单击工具栏中的"摄像机"按钮 ，在场景中添加一个摄像机并设置合适的摄像机视图，如图2-157所示。

（2）按Ctrl+B组合键，打开"渲染设置"窗口，设置"输出""保存""抗锯齿"等选项后，按Ctrl+R组合键渲染场景，效果如图2-158所示。

图2-157 设置摄像机视图

图2-158 场景渲染效果

（3）返回"渲染设置"窗口，单击"效果"按钮，在弹出的下拉列表中选择"全局光照"选项，然后在系统显示的选项区域中设置"次级算法"为"光子贴图"、"采样"为"自定义采样数"、"精度"为75%、"采样数量"为128、"伽马"为8。

（4）按Ctrl+R组合键渲染场景，效果如图2-159所示。

图2-159 设置全局光照后的场景渲染效果

2.5 进阶练习

实训目的

- 使用"旋转"生成器等制作香水瓶产品模型
- 使用"样条约束"变形器等制作旋转文字广告动画
- 使用"体积生成"和"体积网格"等制作溶解金属效果

实训步骤

1. 制作香水瓶产品模型

（1）选择"摄像机"|"正视图"命令，切换到正视图。

（2）按Shift+V组合键，在正视图的"属性"面板中选择"背景"选项卡，然后单击"图像"输入框右侧的■按钮，在打开的对话框中选择一张香水瓶图片作为正视图的背景，如图2-160所示。

（3）长按工具栏中的"样条画笔"按钮■，在弹出的面板中选择"草绘"工具■，然后沿着场景中香水瓶的边缘，绘制香水瓶一半的轮廓，如图2-161所示。

（4）长按工具栏中的"样条画笔"按钮■，在弹出的面板中选择"平滑样条"工具■，然后在场景中沿着绘制的轮廓拖动，使轮廓变得平滑，如图2-162所示。

图2-160　香水瓶图片　　　图2-161　绘制一半的轮廓　　图2-162　平滑样条

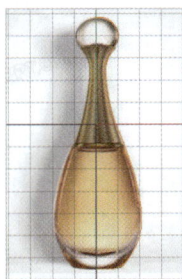

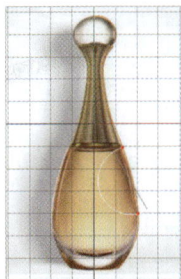

（5）在"对象"面板中选中绘制的样条，按住Alt键，长按工具栏中的"细分曲面"按钮■，从弹出的面板中选择"旋转"工具■，添加"旋转"生成器，并将"样条"放在"旋转"的子层级，如图2-163所示。

（6）选择"摄像机"|"透视视图"命令，切换回透视视图。模型效果如图2-164所示。

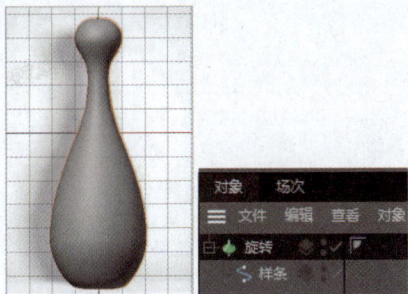

图2-163　添加"旋转"生成器　　　图2-164　香水瓶模型效果

2. 制作旋转文字广告动画

（1）长按工具栏中的"文本样条"按钮 $\mathbf{T}$ ，从弹出的面板中选择"文本"工具 ，在场景中创建文本对象，在"属性"面板的"文本样条"框中输入CENTRALPROCESSINGUNIT，将"深度"设置为100cm、"细分数"设置为100，将"点插值方式"设置为"统一"，如图2-165所示。

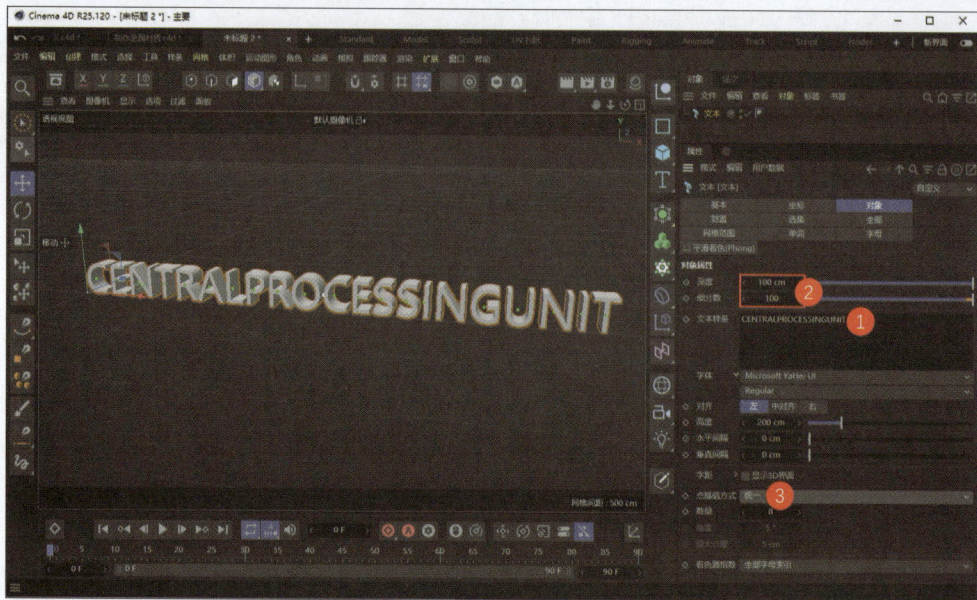

图2-165　创建文本对象

（2）在"属性"面板中选择"封盖"选项卡，将"封盖类型"设置为"常规网格"，并选中"四边面优先"复选框，如图2-166所示。

（3）按住Shift键的同时，长按工具栏中的"弯曲"按钮 ，从弹出的面板中选择"样条约束"工具 ，添加"样条约束"变形器，如图2-167所示。

（4）长按工具栏中的"矩形"按钮 ，从弹出的面板中选择"圆环"工具 ，在场景中创建一个圆环。在"对象"面板中选中"样条约束"，然后将"圆环"拖动至"属性"面板的"样条"选项中，如图2-168所示。

图2-166　设置封盖属性　　　　图2-167　添加"样条约束"变形器　　　　图2-168　设置"样条约束"

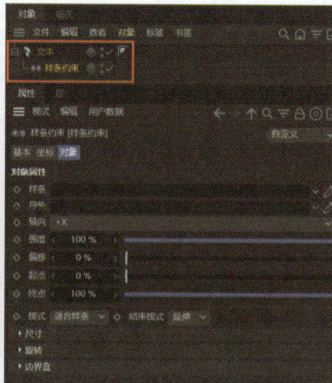

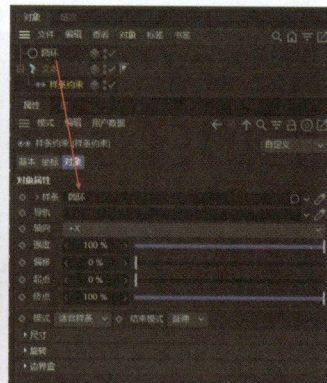

（5）此时，场景中文本的效果如图2-169所示。在样条约束"属性"面板中单击"偏移"输入框左侧的■按钮，使其变为◆，在"时间线"面板的第1帧处插入关键帧，如图2-170所示。

（6）在"时间线"面板中将当前帧移动到最后一帧，在"属性"面板中将"偏移"设置为100%，单击"偏移"输入框左侧的■按钮，使其变为◆，在最后一帧处插入关键帧。

（7）长按工具栏中的"立方体"按钮■，从弹出的面板中选择"圆环面"工具■，在场景中创建一个圆环面，使其包裹文本，如图2-171所示。

图2-169　文本效果　　　　图2-170　设置关键帧　　　　图2-171　创建圆环面

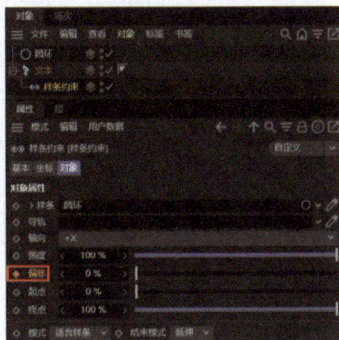

（8）单击"时间线"面板中的"向前播放"按钮▶（快捷键：F8）播放动画，即可观看旋转文字的动画效果。

3. 制作溶解金属块效果

（1）单击工具栏中的"立方体"按钮■，在场景中创建一个立方体，然后按住Alt键单击工具栏中的"体积生成"按钮■。

（2）在"对象"面板中选中"体积生成"，在"属性"面板中将"体素类型"设置为"雾"，然后按住Alt键，长按工具栏中的"体积生成"按钮■，在弹出的面板中选择"体积网格"工具■，添加"体积网格"，如图2-172所示。

（3）长按工具栏中的"线性域"按钮■，在弹出的面板中选择"随机域"工具，新建一个"随机域"，如图2-173所示，在"对象"面板中将"随机域"放在"体积生成"的子层级。

（4）在"属性"面板中将"随机域"的"噪波类型"设置为Poxo，将"空间"设置为"域"，将"比例"设置为15000%，如图2-174所示。

图2-172　添加"体积网格"　　图2-173　创建"随机域"　　图2-174　设置"随机域"属性

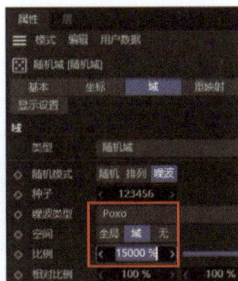

（5）单击工具栏中的"线性域"按钮■，创建一个"线性域"，将"对象"面板中的"线性域"拖入体积生成"属性"面板的"对象"列表中。

（6）在"对象"列表中将"随机域"的"模式"设置为"最小"，将"线性域"的"模式"设置为"加"，如图2-175所示。

（7）在"对象"面板中选择"体积网格"，在"属性"面板中展开"体素范围阈值"选项区域，选中"使用绝对数值（ISO）"复选框，将"表面阈值"设置为0.6，如图2-176所示。

（8）在"对象"面板中选择"体积生成"，在"属性"面板中将"体素尺寸"设置为5cm。

（9）为"体积网格"赋予材质后在场景中拖动"线性域"，可得到图2-177所示的溶解效果。

图2-175　设置域模式　　　　　图2-176　设置表面阈值　　　　　图2-177　溶解效果

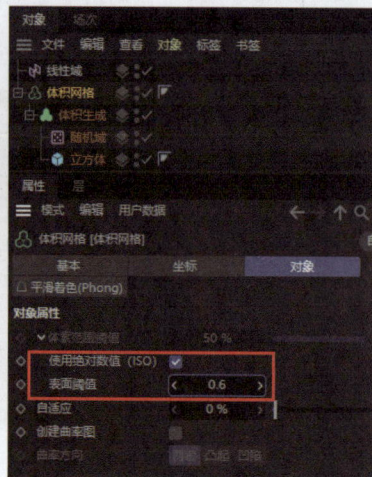

Cinema 4D R25电商美工视觉设计（全彩微课版）

第3章 电商动态广告制作

内容要点

- 应用几何体建模创建广告场景
- 根据场景模型制作材质
- 为场景设置灯光和摄像机
- 利用关键帧动画制作动态广告

内容简介

Cinema 4D作为一款易上手、功能强大的三维创作工具，近些年在国内不断掀起热潮，被广泛应用于电商设计中，如服饰、电器、美妆、家装、珠宝、食品、饮料等广告中大量应用Cinema 4D元素，常见的电商广告如图3-1所示。

图3-1 常见的电商广告

本章将通过案例操作详细介绍如何使用Cinema 4D制作广告效果，帮助读者掌握使用Cinema 4D制作动态广告的方法。

3.1 动态广告设计

在网络世界中，人们希望在做出决定之前从各个角度看到他们将要购买的产品。因此通过动态广告为观众带来身临其境的体验，是将更多潜在客户转化为客户的有效方法。

3.1.1 动态广告的应用领域

一提及动态广告，人们往往会联想到电商类平台，电商网站中的动态广告如图3-2所示，能很好地展示产品的外观与作用。

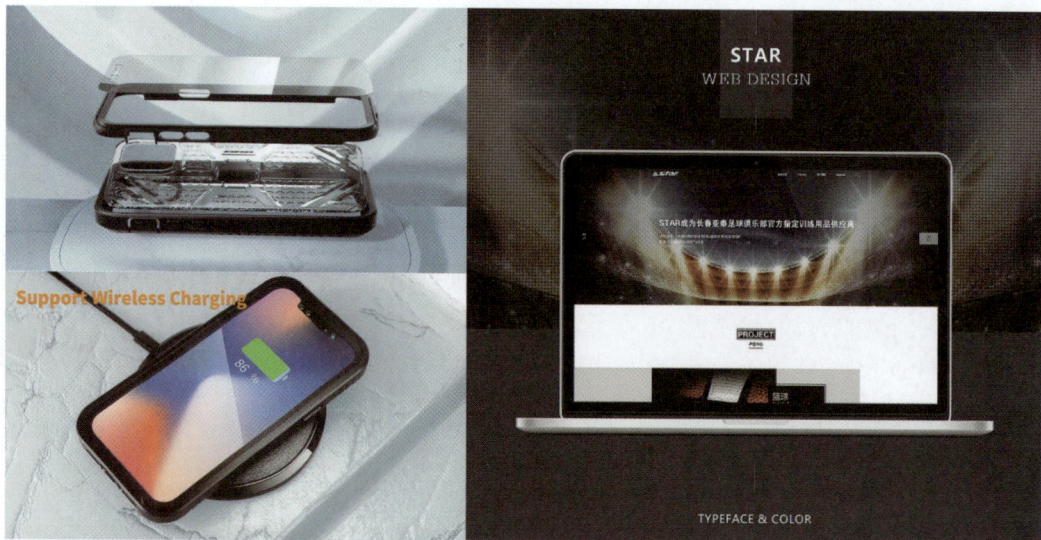

图3-2 电商网站中的动态广告

如果一个广告包含静态元素，如网站的Logo、一些营销文案和一个行为召唤按钮，它便会被营销人员基于得到的客户信息来完成投放。网站广告空位通常会填充用户添加在购物车中但还没有购买的那些产品，营销人员往往会使用相关技术来显示这些产品的信息，如价格、产品名称、颜色和品牌等。

因此，动态广告会成为解决用户遗留在购物车里的产品或向营销漏斗最下层未达成购买的那些客户进行宣传的一个很好的工具。比起网站展示的通用产品或服务，此类广告展示的内容与客户的相关性更高。

此外，动态广告也可被其他领域的营销人员有效地利用。

❏ 在餐饮类和住宿类平台的应用。在餐饮行业，餐饮外送App可利用地理位置信息和用户信息来很好地展示附近餐馆，提供用户最喜欢的美食推荐服务等。在住宿类行业，可使用搜索数据来了解哪些酒店更能引起用户的兴趣，这样App就不必再向这些即将出行的用户推送搜索量一般的度假目的地的酒店了。

❏ 对订阅类App的用户实现极其精准的市场沟通。对基于订阅的服务平台而言（如音乐平台），动态广告可被用于高度精准的宣传与推广。与其大范围地向不活跃的用户推送流行歌星和摇滚乐队的通用图片，不如采用动态广告来保证每个用户都能看到宣传他们喜爱的歌手或歌曲的banner。

- 通过精准推广来扩大品牌知名度。媒体平台和视频点播服务可以借助动态广告的力量来扩大品牌知名度。例如，利用用户的观看信息和点评记录，营销人员可以宣传用户喜欢的电视剧的续集或有相同参演人员的电视剧。

- 在游戏领域里，动态广告有着数不清的应用场景。游戏类App需要玩家具有较高的参与度，而非简单地浏览和购买。这样的参与度意味着大量的数据可被营销人员用于推广。动态广告可以准确地指出玩家停留在游戏的什么位置，从而激励玩家进一步参与游戏，避免玩家轻易地放弃游戏。

- 提高用户忠诚度。在建立动态广告的同时，电商产品推荐引擎可以立即查找该用户的购物记录，并显示用户感兴趣的相关产品，以提高用户忠诚度。这样做目的是让用户明白App不仅可以推荐他们喜欢的产品，还可以推荐与他们喜欢的产品搭配使用的相关产品，从而进一步提高用户的满意度、忠诚度。

与报纸、杂志、电视、广播等传统的传播媒体及户外广告相比，动态广告具有其特别的优势。动态广告不仅能够更直观地展示产品的信息，其制作相较于电视广告也更加简单。

3.1.2　动态广告的设计方法

当翻开一本版式明快、色彩鲜艳、文字流畅、设计精美的杂志时，许多人都有一种爱不释手的感觉，即使对其中的文字内容并没有什么兴趣，有些精致的广告也能吸引住他们。这就是平面设计的魅力，它能把一种概念、一种思想通过精美的构图、版式和色彩，传达给看到它的人。在电商广告设计中也一样，只要掌握一些平面设计的规律并灵活运用，就能做出美妙的动态广告。下面是一些常见的动态广告设计方法。

- 直接展示法。将某产品直接地展示在广告版面上，充分运用摄影或绘画等技巧的写实表现能力，细致刻画产品的质感、形态和功能用途，将产品精美的外观和优秀的质量巧妙地呈现出来，使消费者对所宣传的产品产生一种亲切感和信任感。

- 突出特征法。运用各种方式抓住和强调产品本身与众不同的特征，把它们鲜明地表现出来。将这些特征置于广告画面的主要视觉位置，或加以烘托处理，使观众在看到广告画面的瞬间对其产生兴趣，达到激发观众购买欲望的目的。

- 对比衬托法。将宣传产品的性质和特点置于与其他产品鲜明、直接的对比中，借此彰显它们之间的差异，实现集中、简洁、变化的表现效果。这种对比和差异的展现方式，使得产品的特点更加突出和引人注目。

- 合理夸张法。借助想象，对宣传产品的某个性质或特点进行明显又合理的夸大，以加深客户对这些特征的印象，如图3-3所示。

广告设计在很大程度上决定了产品的销售量和传播广度。读者可以结合本章所介绍的广告作品，举一反三，尝试构建属于自己的广告表现形式。

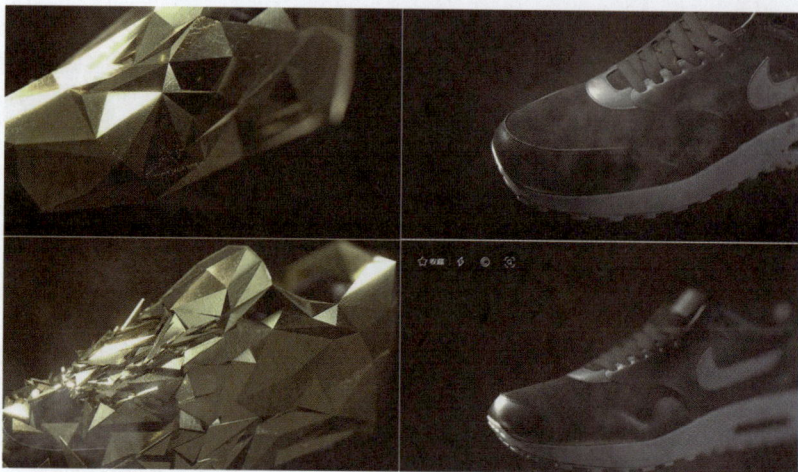

图3-3 广告中使用夸张的特效突出产品的特征

3.2 电商新品发售广告

本节将制作图3-1右下图所示的产品（汽水）动态广告，场景中包含的模型比较简单，只有平面和立方体两种几何体。在Cinema 4D中，几何体建模是最基础的建模，通过对几何体的创建、修改、组合，可以制作出一些简单的场景和模型。

3.2.1 制作平面

平面是只有高度和宽度的模型，常用于制作海报、背景、底面等模型对象。

1. 创建平面

【例3-1】在场景中创建一个平面，并通过鼠标和键盘调整当前视图。

（1）长按工具栏中的"立方体"按钮 ⬛ ，从弹出的面板中选择"平面"工具 ◆ ，在场景中创建一个平面，如图3-4左图所示。

（2）按住Alt键+鼠标左键旋转视图，使视图效果如图3-4右图所示。

例 3-1

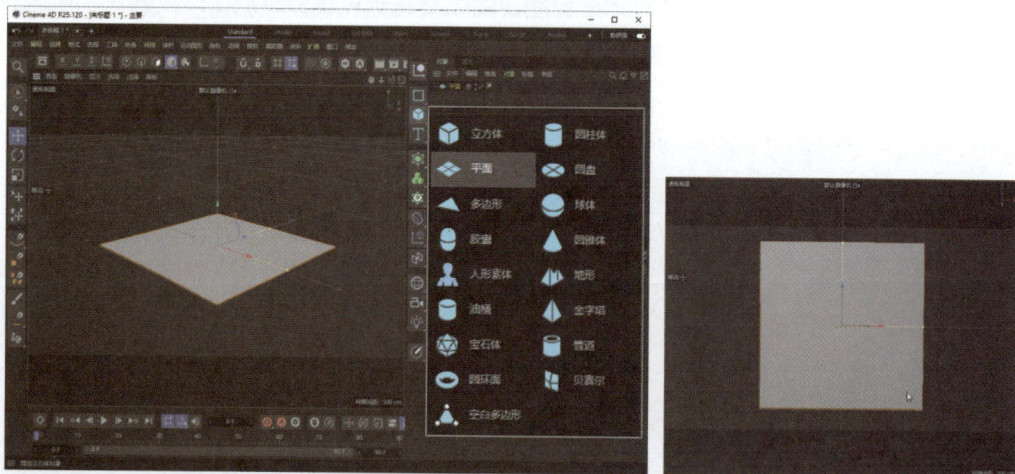

图3-4 创建平面并旋转视图

（3）在"属性"面板的"对象"选项卡中将"宽度"设置为610cm、"高度"设置为300cm，如图3-5左图所示。

（4）使用鼠标中键调整视图大小，按住Alt键+鼠标中键移动视图，效果如图3-5右图所示。

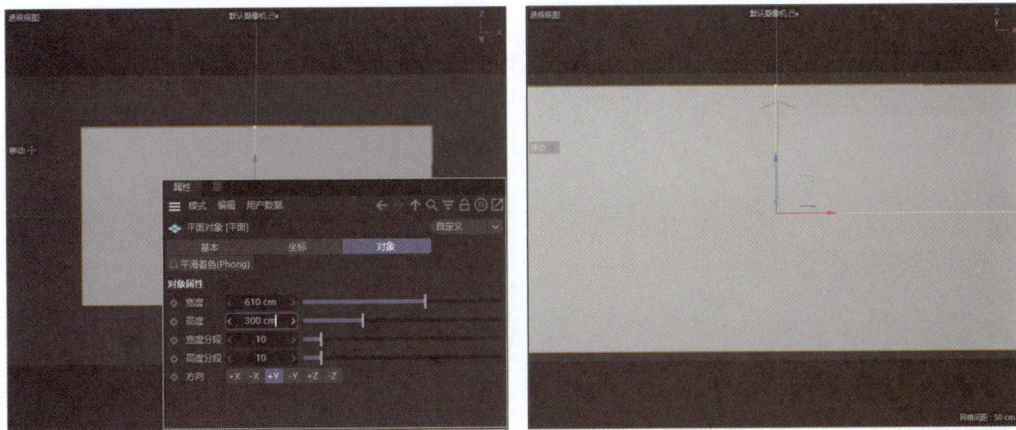

图3-5　设置平面大小并调整视图

2. 复制平面

【例3-2】将【例3-1】创建的平面复制一份，作为广告场景的背景。

（1）按F5键进入四视图，在工具栏中单击"移动"工具。

（2）在右视图中选中平面后，按住Ctrl键的同时向下拖动，将平面复制一份。此时，"对象"面板中将生成图3-6所示的"平面1"对象。

（3）单击透视视图右上角的"切换活动视图"按钮，切换回透视视图。

例 3-2

3.2.2　制作立方体

立方体是由长度、宽度、高度3个元素决定的模型，是几何体建模中常用的几何体。立方体常用于模拟方形物体，如桌子、冰块等。

1. 创建立方体

【例3-3】创建场景中作为冰块的立方体模型，并将其旋转一定角度。

（1）单击工具栏中的"立方体"按钮，在场景中创建一个立方体。

（2）在工具栏中单击"旋转"工具，此时立方体对象上将显示三色旋转轴（绿色为X轴，红色为Y轴，蓝色为Z轴），将鼠标指针放置在旋转轴上，按住鼠标左键并拖动，将立方体旋转一定角度，如图3-7所示。

例 3-3

2. 设置立方体尺寸和圆角

【例3-4】为立方体设置尺寸和圆角，使其外观类似冰块。

（1）选中场景中的立方体后，在"属性"面板中将"尺寸.X""尺寸.Y""尺寸.Z"都设置为110cm。

（2）选中"圆角"复选框，将"圆角半径"设置为13cm、"圆角细分"设置为5，如图3-8所示。

例 3-4

3. 复制并缩放立方体

【例3-5】将立方体复制多个，并使用"缩放"工具调整其大小。

例 3-5

（1）单击工具栏中的"移动"工具 ✛，按住Ctrl键的同时拖动立方体将其复制多个。

（2）单击工具栏中的"旋转"工具 ↻，调整每个复制的立方体的旋转角度。

（3）单击工具栏中的"缩放"工具 ▣，拖动立方体中心的坐标指针，缩放每个立方体对象，效果如图3-9所示。

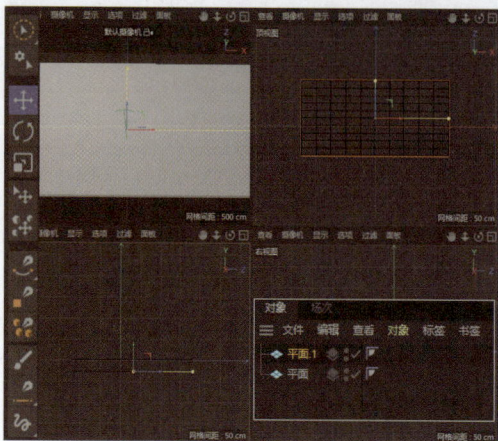

图3-6　复制平面

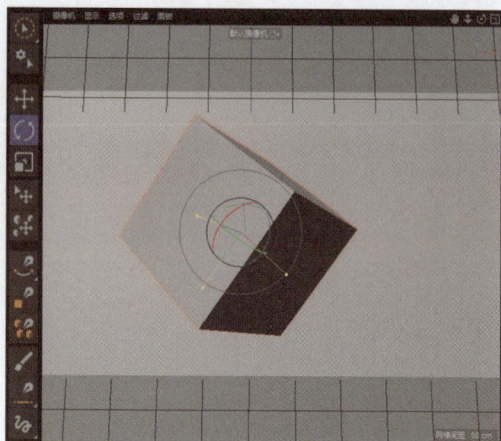

图3-7　旋转立方体

图3-8　设置立方体尺寸和圆角

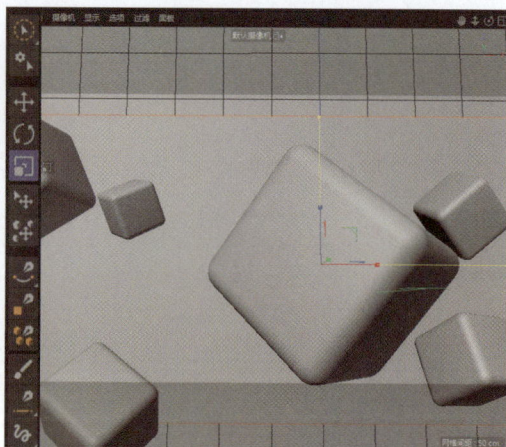

图3-9　缩放立方体

3.2.3 制作材质

在Cinema 4D中，材质与贴图主要用于表现不同质感的物体。

1. 玻璃材质制作

玻璃材质是一种常见且被广泛应用的材质类型，其在现实世界中存在各种形态和特性。在Cinema 4D中用户能够通过设置透明度、折射、表面反射、阴影投射、纹理等属性，创建逼真而引人注目的玻璃效果，如图3-10所示。

【例3-6】制作"玻璃"材质，并将其应用于场景中的冰块（立方体）模型。

（1）按Shift+F2组合键打开"材质"面板，然后双击面板空白位置创建一个空白材质，将其命名为"玻璃"。

例 3-6

图3-10 玻璃材质的应用效果

（2）双击"玻璃"材质，打开"材质编辑器"窗口，取消选中"颜色"复选框，选中"透明"复选框，将"折射率预设"设置为"玻璃"，如图3-11左图所示。

（3）选中"反射"复选框，单击"添加"按钮，在弹出的下拉列表中选择GGX选项，在显示的选项区域中将"粗糙度"设置为5%、将"反射强度"设置为100%、"高光强度"设置为50%、"凹凸强度"设置为100%，如图3-11右图所示。

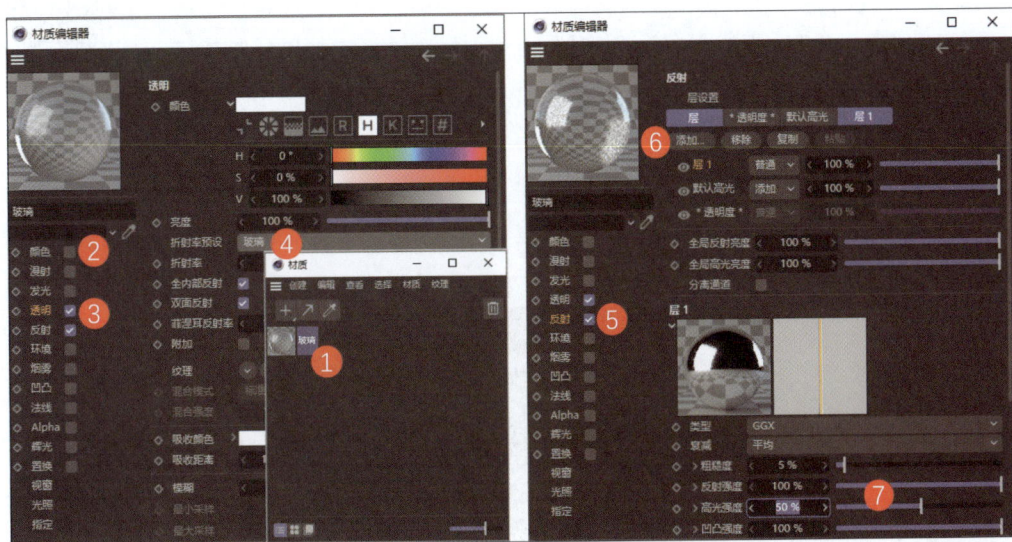

图3-11 创建"玻璃"材质

（4）关闭"材质编辑器"窗口，分别将"材质"面板中的"玻璃"材质拖动至"对象"面板的每个立方体上，为立方体应用"玻璃"材质，如图3-12所示。

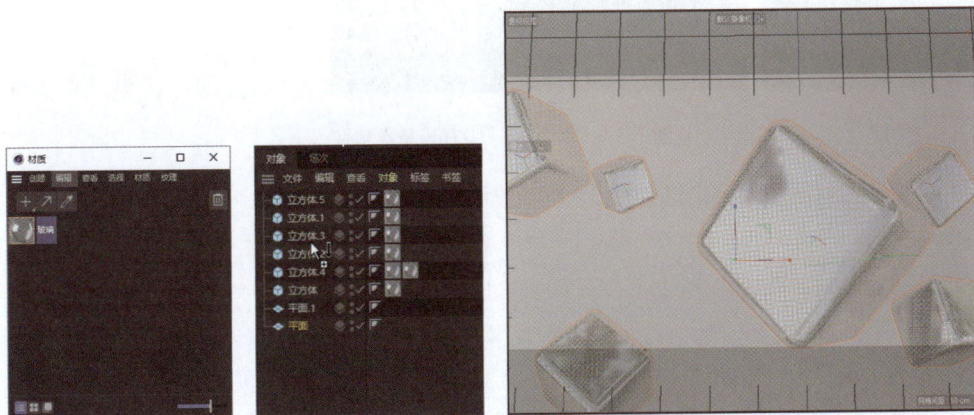

图3-12 为立方体应用"玻璃"材质

2. 海报贴图制作

在Cinema 4D中创建海报时，贴图是非常重要的一步，可以为海报添加纹理和细节，使其更加生动和真实，如图3-13所示。

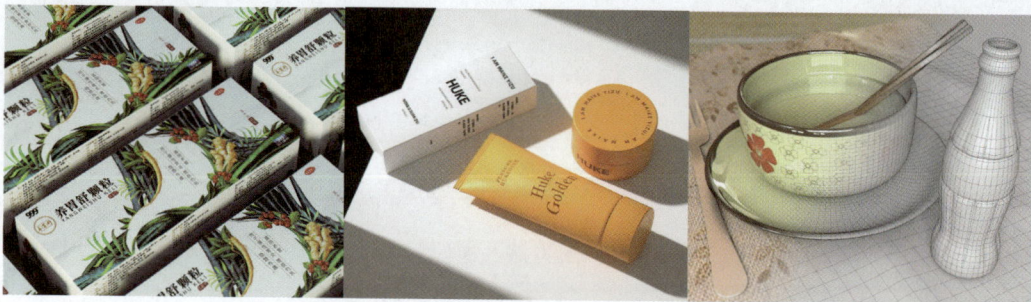

图3-13　贴图的应用效果

【例3-7】制作"海报"材质并为其添加贴图，再将其应用于场景中的平面模型。

（1）双击"材质"面板的空白位置创建一个空白材质，将其命名为"海报"。

（2）双击"海报"材质，打开"材质编辑器"窗口，取消选中"反射"复选框。

例3-7

（3）选中"颜色"复选框，在系统显示的选项区域中单击"纹理"选项右侧的按钮，在打开的对话框中选择制作好的海报图片，然后单击"打开"按钮，如图3-14所示。

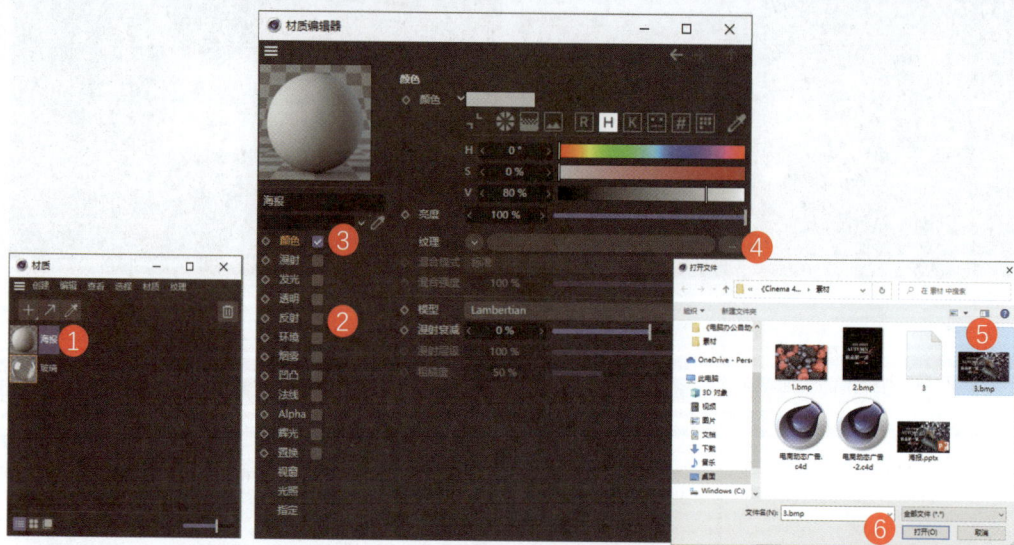

图3-14　为"海报"材质设置纹理贴图

（4）返回"材质"面板，将"海报"材质拖动至场景中的平面上，赋予其材质，如图3-15左图所示。

3. 黑色材质制作

在"材质"面板中创建一个名为"黑色"的材质，在"材质编辑器"窗口中将"颜色"设置为黑色，然后将"黑色"材质应用于作为场景背景的"平面1"模型上。此时，广告场景的效果如图3-15右图所示。

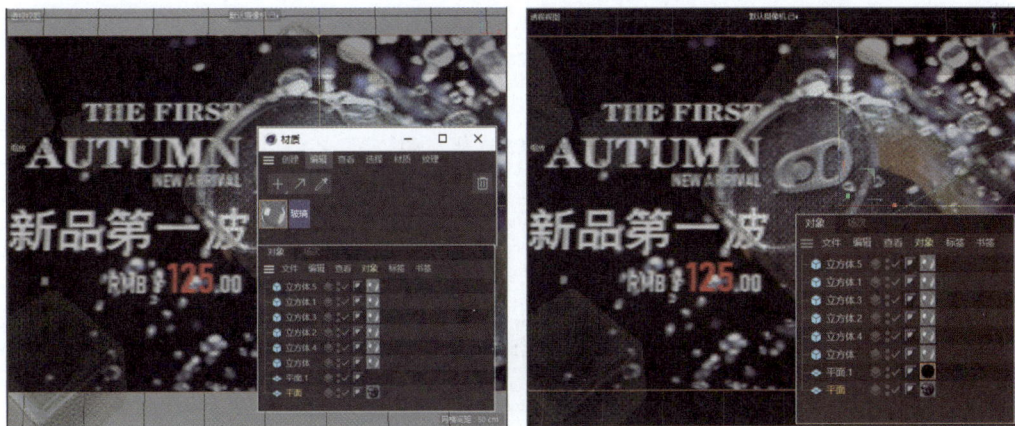

图3-15 为"平面"和"平面1"分别应用材质

3.2.4 设置灯光和摄像机

我们可以参考身边光源的布置方式，在Cinema 4D中创建出不同时间段的灯光效果，例如拂晓、清晨、午后、黄昏、夜晚等；也可以创建出不同用途的灯光效果，如室内设计灯光、工业照明灯光、摄影棚内的灯光等；还可以根据三维场景设计的需要设置不同场景的灯光效果，如自然光、冷光、暖光、柔和光等。

【例3-8】在场景中创建一个灯光，并调整灯光的位置和强度。

（1）长按工具栏中的"灯光"按钮💡，在弹出的面板中选择"聚光灯"工具。

（2）使用"移动"工具➕和"旋转"工具🔄调整灯光的照射范围和角度，如图3-16所示。

例 3-8

（3）在"属性"面板的"常规"选项卡中设置颜色的RGB值为（255，246，203）、"强度"为80%、"投影"为"区域"，如图3-17所示。

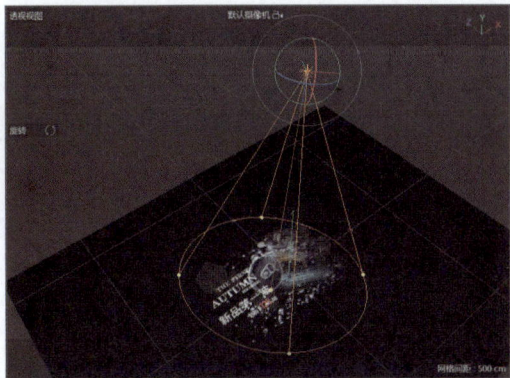

图3-16 调整灯光

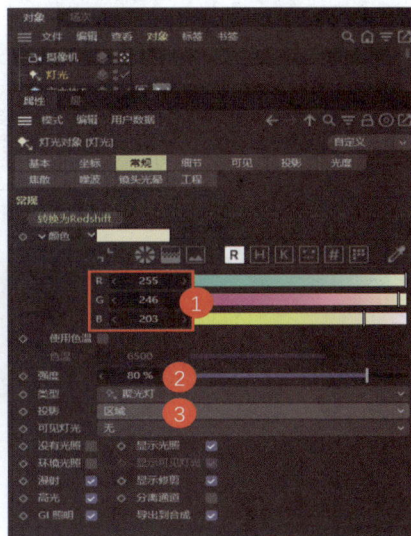

图3-17 设置灯光颜色和强度

下面设置摄像机。在Cinema 4D中，摄像机可以为作品添加更多创意和引人注目的视觉效果。

【例3-9】在当前透视视图中建立摄像机。

（1）在透视视图中找到合适的角度。

（2）单击工具栏中的"摄像机"按钮，场景中将自动添加一个摄像机。

例3-9

（3）在"对象"面板中单击"摄像机"对象右侧的按钮，使其变为（见图3-18），将切换为摄像机视图。

（4）在"属性"面板的"对象"选项卡中将"自定义色温（K）"设置为"阴天（7500K）"，如图3-19所示。

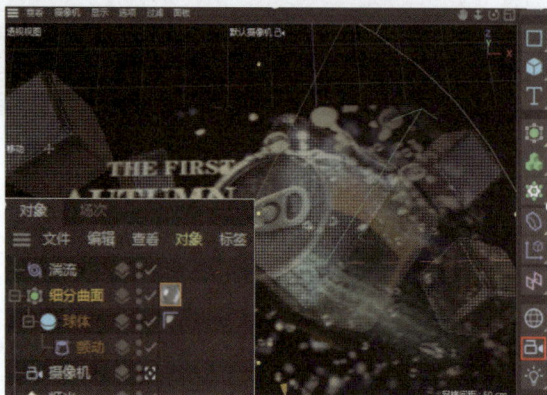

图3-18　设置摄像机

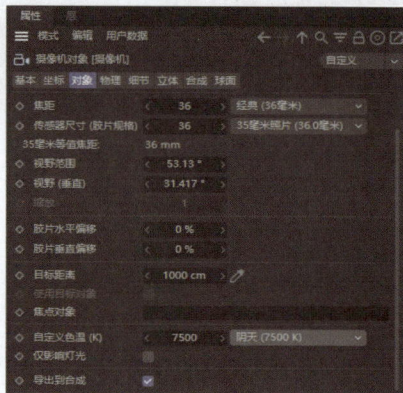

图3-19　自定义色温

（5）按Ctrl+R组合键渲染场景，效果如图3-20所示。

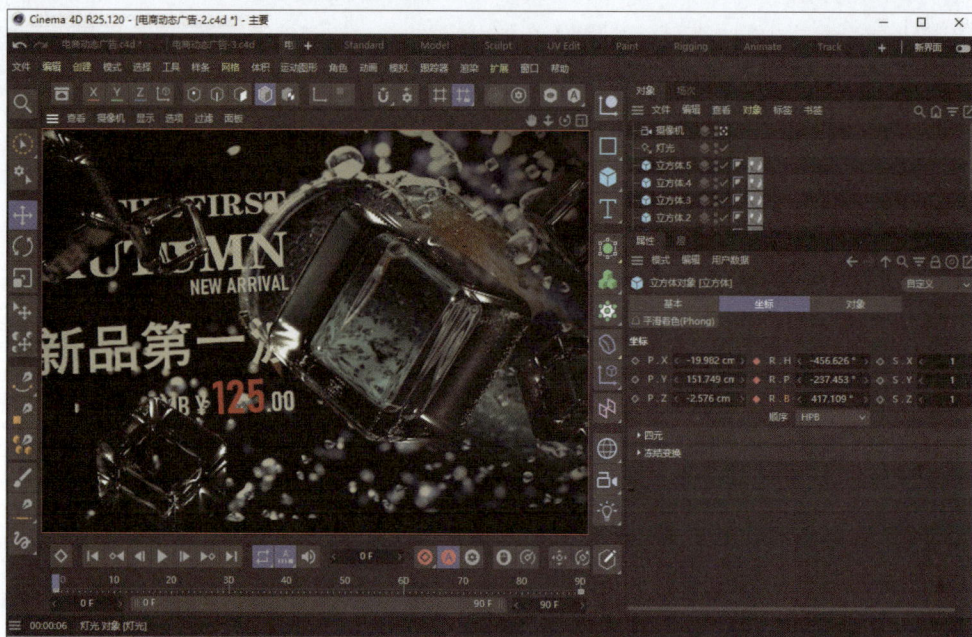

图3-20　设置摄像机后的场景渲染效果

3.2.5　设置动画效果

关键帧动画是指在一定时间内对象的状态发生变化的一种动画形式。这类动画是动画技术中最简单的类型，其工作原理与许多后期软件（如Adobe After Effects、Adobe Premiere）类似。

【例3-10】制作"海报"材质，并将其应用于场景中的平面模型。

（1）在"时间线"面板中单击"自动关键帧"按钮◉，然后将当前帧移动到第0F处，单击"记录活动对象"按钮◉，在第0F处插入第一个关键帧，如图3-21所示。

（2）在"对象"面板中选中"立方体"对象，在"属性"面板的"坐标"选项卡中依次单击"R.H""R.P""R.B"左侧的◉按钮，使其变为◈，如图3-22所示。

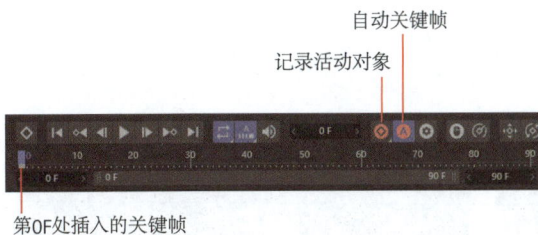

图3-21　创建关键帧

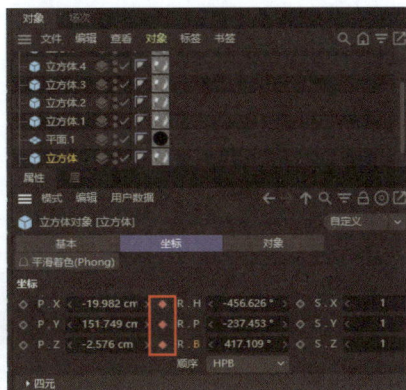

图3-22　"坐标"选项卡

（3）在"时间线"面板中将当前帧移动到第90F处，然后在"坐标"选项卡中依次单击"R.H""R.P""R.B"左侧的◉按钮，使其变为◈，并调整"R.H""R.P""R.B"输入框中的角度值，此时场景中"立方体"对象的旋转角度也将发生变化，如图3-23所示。

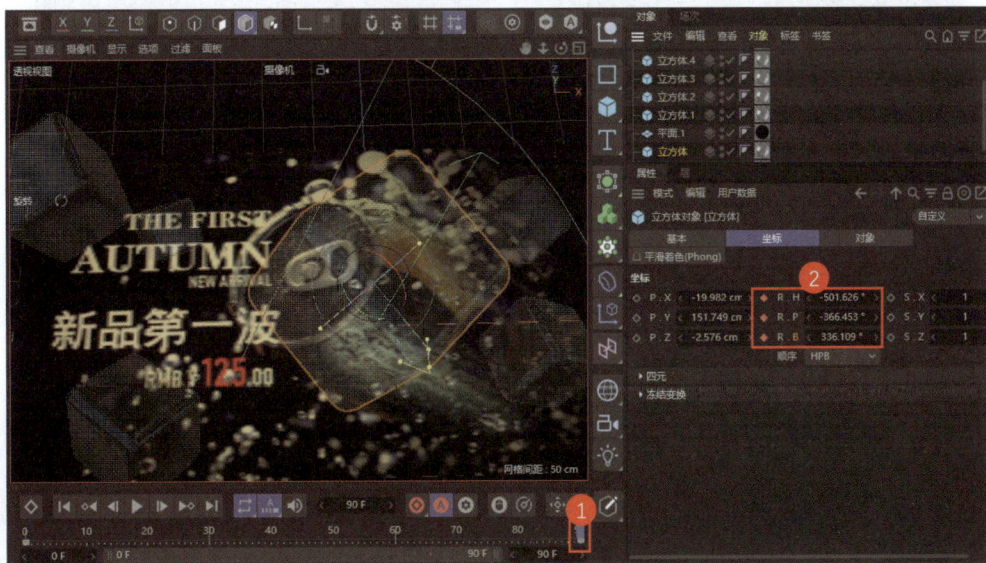

图3-23　设置立方体旋转动画

（4）单击"时间线"面板中的"向前播放"按钮▶，场景中的立方体将自动旋转。

（5）使用同样的方法，为场景中的其他立方体设置动画效果，完成动画制作。

渲染是指用软件将模型生成图像的过程，它是设计模型时常用的功能。渲染器能让产品模型的效果图更加具有吸引力，使其看起来更真实、饱满、丰富。

【例3-11】将制作好的动态广告渲染输出。

（1）按Ctrl+B组合键打开"渲染设置"窗口，单击"渲染器"下拉按钮，在弹出的下拉列表中选择"标准"选项。选择"输出"选项，将"宽度"设置为1280像素、"高度"设置为720像素、"帧范围"设置为"全部帧"，如图3-24左图所示。

例3-11

（2）选择"保存"选项，设置"文件"的保存路径和动画的保存格式（本例为MP4），如图3-24右图所示。

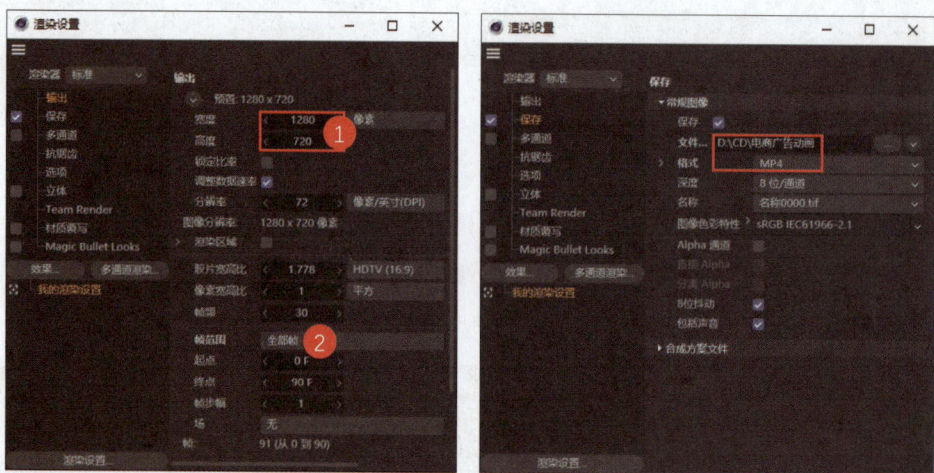

图3-24　设置动画渲染参数

（3）按Ctrl+R组合键，软件将逐帧渲染动画，完成后的效果如图3-25所示。

图3-25　动画播放效果

3.3　电商产品宣传广告

介绍产品元素的广告可以被称为产品特征广告或产品宣传广告。这种广告的目的是通过突出产品的特点、功能、性能和其他优势来吸引消费者的注意力，促使他们购买该产品。下面将使用Cinema 4D制作一个效果如图3-26所示的产品特征动态广告，广告中的琥珀色小球会不断碰撞并凝聚，向消费者展示产品中所包含的特殊材料。

图3-26　制作产品特征动态广告

3.3.1　制作球体

球体可以用于制作球体、半球体、四面体、六面体、八面体、十二面体等模型，例如篮球、水果、手串等。

【例3-12】制作动态广告中的球体模型。

（1）长按工具栏中的"立方体"按钮 ■，从弹出的面板中选择"球体"工具，在场景中创建一个球体。

（2）在"属性"面板中将"半径"设置为10cm、"分段"设置为32、"类型"设置为"二十面体"，如图3-27左图所示。

例3-12

（3）在场景窗口左上角选择"显示"|"光影着色（线条）"命令。此时场景中球体的效果如图3-27右图所示。

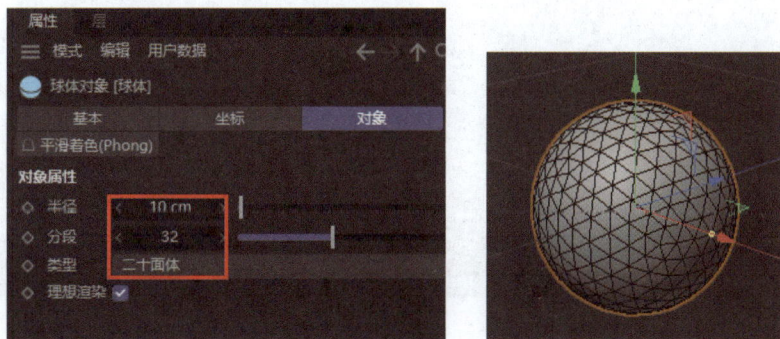

图3-27　在场景中创建球体

3.3.2　创建发射器

在Cinema 4D中粒子是由"发射器"生成的，然后可通过设置相关属性模拟粒子的特殊生成效果。

【例3-13】在场景中创建发射器，并使用创建的球体模型生成发射效果。

例3-13

（1）在菜单栏中选择"模拟"|"粒子"|"发射器"命令，在场景中创建一个发射器。

（2）在"对象"面板将"球体"对象拖动至"发射器"的子层级，如图3-28所示。

（3）选中"发射器"对象，在"属性"面板中选择"粒子"选项卡，选中"显示对象"和"渲染实例"复选框，如图3-29所示。

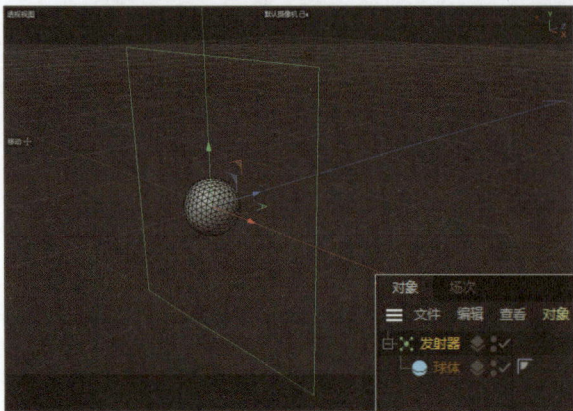

图3-28　创建发射器

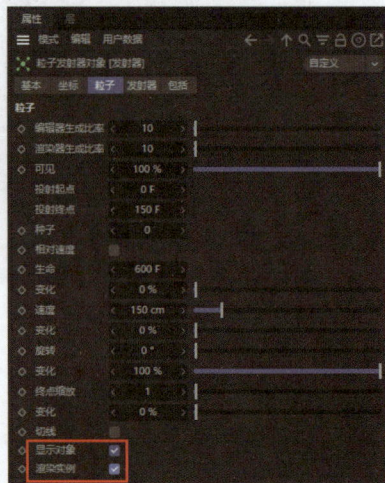

图3-29　"粒子"选项卡

（4）此时单击"时间线"面板中的"向前播放"按钮▶，场景中的发射器将向一侧发射球体模型，如图3-30所示。

（5）在"属性"面板中选择"发射器"选项卡，将"水平角度"设置为360°，"垂直角度"设置为180°。单击"时间线"面板中的"向前播放"按钮▶，场景中的发射器将向四周发射球体模型，如图3-31所示。

图3-30　发射器向一侧发射球体

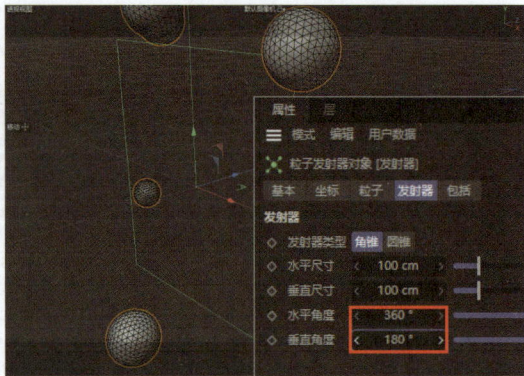

图3-31　发射器向四周发射球体

（6）再次选择"粒子"选项卡，将"编辑器生成比率"和"渲染器生成比率"均设置为100。

（7）单击"时间线"面板中的"向前播放"按钮▶，场景中由发射器发射的球体数量将会增加，如图3-32所示。

（8）在"对象"面板中将"球体"从"发射器"的子层级拖出，如图3-33所示。

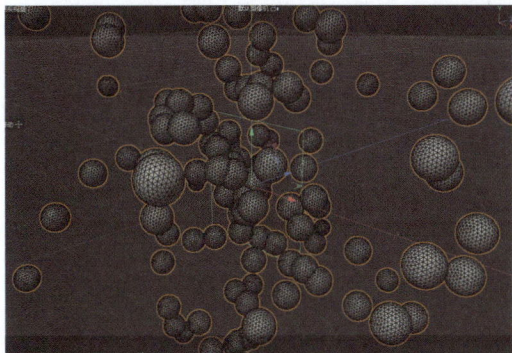

図3-32 增加发射器发射的球体数量

图3-33 将"球体"从"发射器"的子层级拖出

3.3.3 克隆对象

Cinema 4D中的"克隆"是一个强大而灵活的工具,可以在三维场景中复制和排列对象,以快速创建重复模式和大规模布局。

【例3-14】使用"克隆"工具将球体模型复制多个。

(1)选择"运动图形"|"克隆"命令,在"对象"面板中添加"克隆"对象。

(2)在"对象"面板中,将"球体"对象拖动至"克隆"的子层级,如图3-34所示。

例3-14

(3)在"对象"面板中选中"克隆"对象,在"属性"面板中选择"对象"选项卡,将"模式"设置为"对象",然后将"对象"面板中的"发射器"对象拖动至"对象"选项中,如图3-35所示。

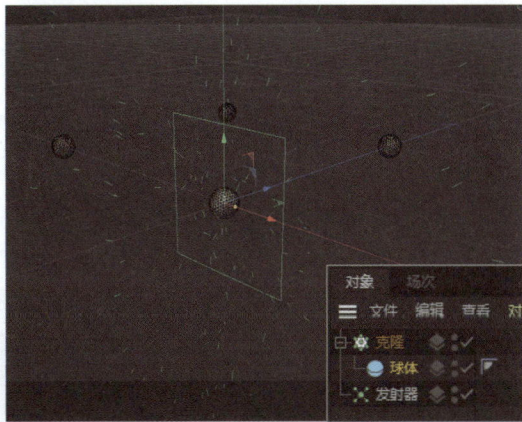

图3-34 添加"克隆"对象

图3-35 设置"克隆"对象的属性

3.3.4 设置"随机"效果器

Cinema 4D的"随机"效果器是一个功能强大的工具,可以为对象、材质和动画添加随机的变化。通过调整随机化的参数和属性,以及应用数学函数和算法,用户可以创造出真实、自然、吸引人的场景和动画效果。"随机"效果器为Cinema 4D用户提供了更多的创作灵感和更强的控制能力,使他们能够制作出十分独特和富有创意的作品。

在本例的场景中使用"随机"效果器，可以使运动图形对象生成随机效果。

【例3-15】使用"克隆"工具将球体模型复制多份。

（1）选择"运动图形"|"效果器"|"随机"命令，添加"随机"效果器，在"属性"面板中选择"参数"选项卡，取消选中"位置"复选框，选中"缩放"和"等比缩放"复选框，将"缩放"值设置为-0.5，如图3-36左图所示。

（2）单击"时间线"面板中的"向前播放"按钮▶，发射器效果如图3-36右图所示。

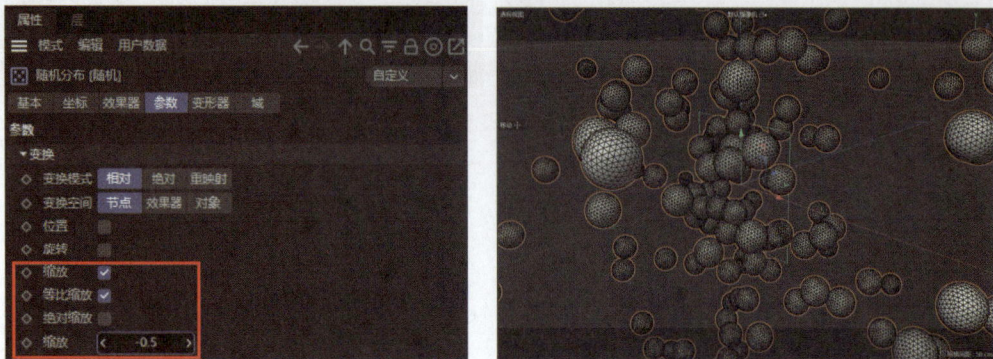

图3-36 设置球体模型的随机发射效果

3.3.5 添加"刚体"标签

在Cinema 4D中，"刚体"标签是用于模拟物体刚体动力学行为的标签。刚体动力学是指现实世界中物体的运动和碰撞效果。使用"刚体"标签，用户可以将一个对象转换为刚体，并模拟其在物理环境中的行为。

【例3-16】为场景中的"克隆"对象添加"刚体"标签。

（1）右击"对象"面板中的"克隆"对象，在弹出的菜单中选择"模拟标签"|"刚体"命令，为对象添加"刚体"标签。

（2）在"对象"面板中选中"刚体"标签，在"属性"面板中选择"碰撞"选项卡，将"独立元素"设置为"顶层"，如图3-37所示。

（3）单击"时间线"面板中的"向前播放"按钮▶，场景中的动画效果如图3-38所示。

图3-37 设置"刚体"标签的属性　　　　图3-38 球体下坠效果

（4）在"属性"面板中选择"力"选项卡，将"跟随位移"设置为1，如图3-39所示。

（5）按Ctrl+D组合键打开"工程"面板，在"动力学"选项卡中将"重力"设置为1cm，如图3-40所示。

图3-39 设置"跟随位移"

图3-40 设置"重力"

（6）在"对象"面板中选择"发射器"对象，在"属性"面板中将"速度"设置为1cm，如图3-41左图所示。

（7）单击"时间线"面板中的"向前播放"按钮▶，场景中的动画效果如图3-41右图所示。

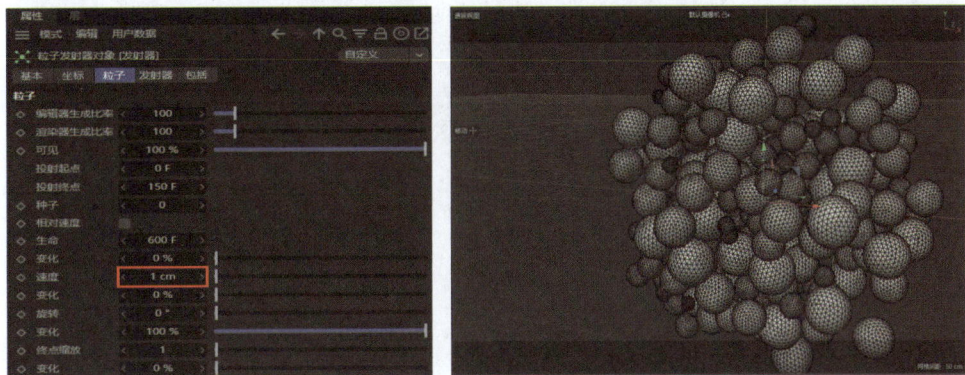

图3-41 通过调整发射器速度实现粒子黏附效果

3.3.6 设置天空并添加模型

用户可以通过在场景中添加天空环境来创建逼真的背景和环境光。天空环境可以为场景提供自然光照效果、天空背景图片以及大气效果。

【例3-17】在场景中设置天空，并利用资产浏览器添加瓶子产品模型。

（1）单击工具栏中的"天空"按钮⊙，在场景中添加"天空"，如图3-42所示。

（2）按Shift+F8组合键打开"资产浏览器"窗口，选择"对象"选项卡后在搜索栏中输入bottle，如图3-43所示。

例3-17

（3）将"资产浏览器"窗口中的Spray Bottle Small模型拖动至场景中，如图3-44所示。

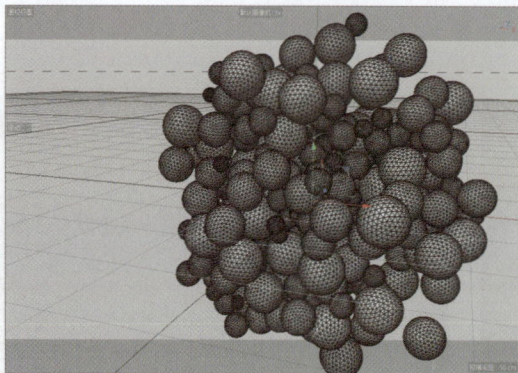

图3-42 在场景中添加天空

图3-43 资产浏览器

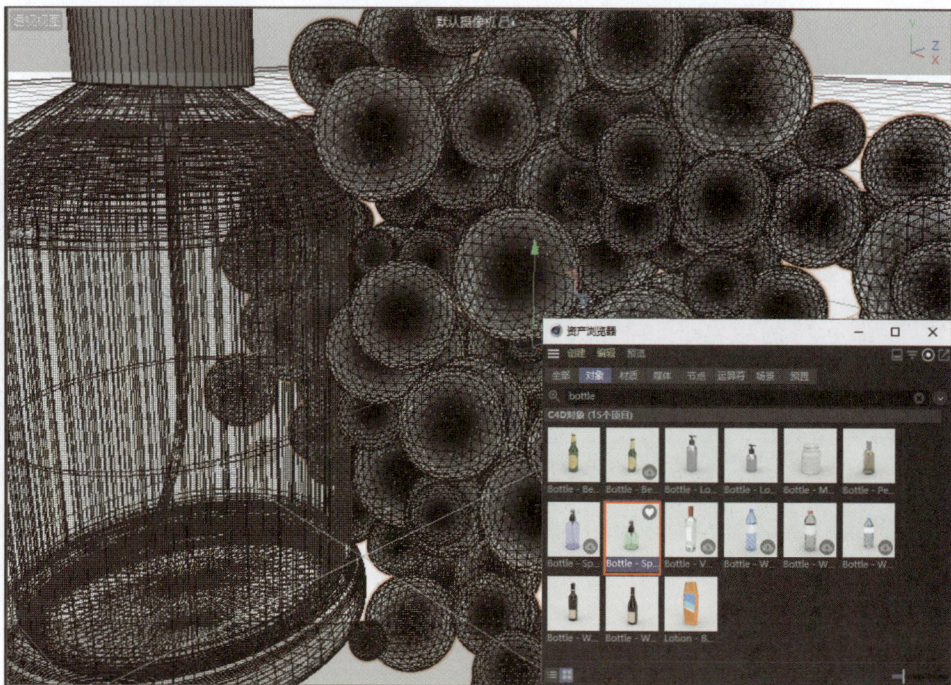

图3-44 在场景中添加模型

3.3.7 制作材质

本案例需要为球体制作琥珀色果冻材质，为天空制作白色材质，为瓶盖制作银色金属材质。

1. 琥珀色果冻材质制作

【例3-18】制作应用于场景中球体对象的琥珀色果冻材质。

（1）按Shift+F2组合键打开"材质"面板，然后双击面板空白位置创建一个空白材质，将其命名为"琥珀色果冻"。

（2）双击"琥珀色果冻"材质，在打开的"材质编辑器"窗口中选中"颜色"复选框，设置颜色的RGB值为（0，0，0），如图3-45所示。

例3-18

（3）选中"反射"复选框，设置"宽度"为-25%、"衰减"为-12%、"内部宽度"为0%、"高光强度"为100%，如图3-46所示。

图3-45 设置材质颜色

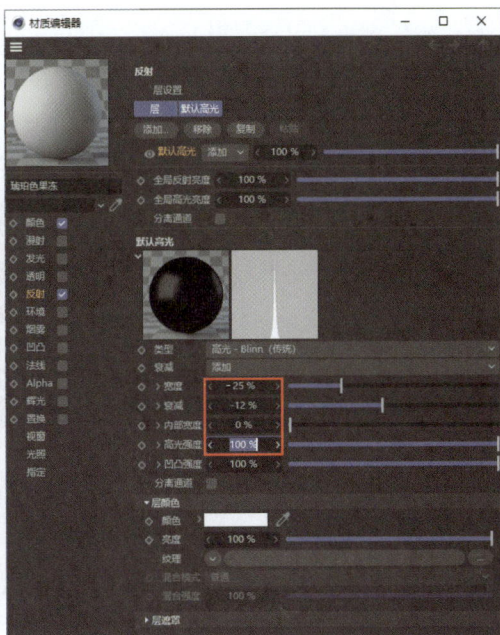

图3-46 设置"反射"参数

（4）单击"添加"按钮，在弹出的下拉列表中选择"反射（传统）"选项，如图3-47所示。

（5）选择新增的"层1"选项卡，设置"粗糙度"为0%、"高光强度"为0%、"反射强度"为100%。单击"纹理"右侧的■按钮，在弹出的下拉列表中选择"菲涅耳（Fresnel）"，将"纹理"设置为"菲涅耳（Fresnel）"，如图3-48所示。

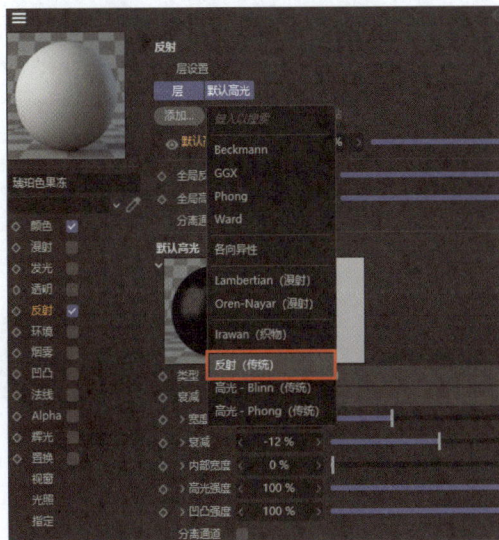

图3-47 选择"反射（传统）"选项

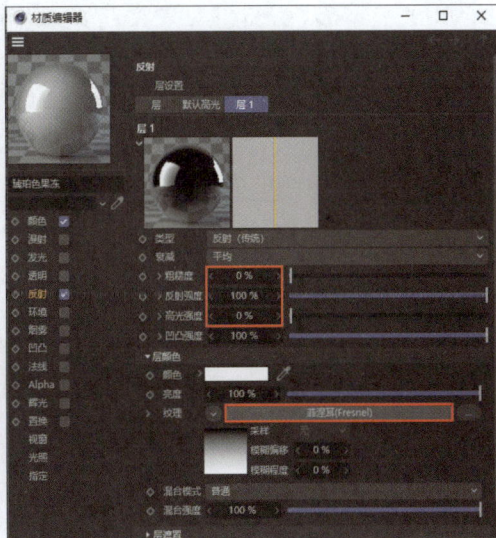

图3-48 设置纹理

（6）选中"透明"复选框，设置"颜色"的RGB值为（221，156，0），设置"折射率"为1.6，如图3-49所示。

（7）再次选中"反射"复选框，选择"透明度"选项卡，设置"类型"为"反射（传统）"，

"粗糙度"为0%，如图3-50所示。

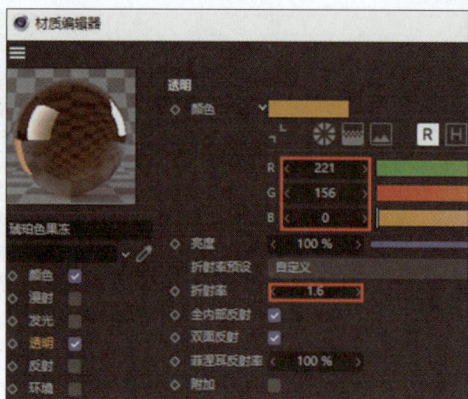

图3-49 设置"透明"参数

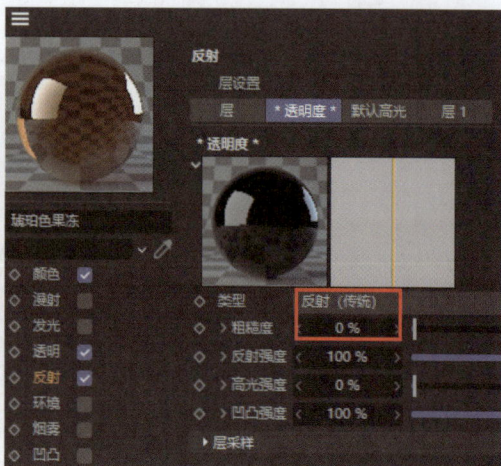

图3-50 设置"反射"参数1

2. 白色材质制作

【例3-19】制作应用于场景中天空的白色材质。

（1）双击"材质"面板空白位置创建一个空白材质，将其命名为"天空"。

（2）双击"天空"材质，在打开的"材质编辑器"窗口中选中"颜色"复选框，将RGB值设置为（255，255，255），如图3-51所示。

（3）选中"反射"复选框，将"类型"设置为GGX、"粗糙度"设置为10%、"反射强度"设置为40%、"高光强度"设置为15%，如图3-52所示。

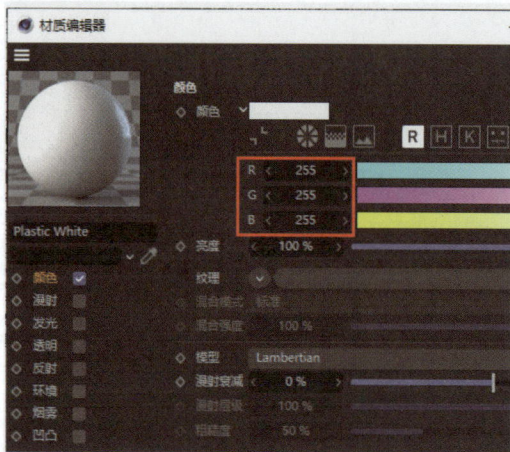

例 3-19

图3-51 设置"颜色"参数

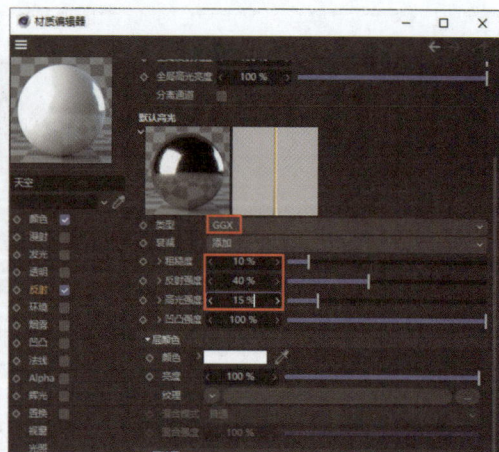

图3-52 设置"反射"参数2

3. 银色金属材质制作

【例3-20】制作应用于瓶盖的银色金属材质。

（1）双击"材质"面板空白位置创建一个空白材质，将其命名为"银色金属"。

（2）双击"银色金属"材质，在打开的"材质编辑器"窗口中选中"反射"复选框，设置"宽度"为45%、"衰减"为-10%、"内部宽度"为0%、"高光强度"为100%，

例 3-20

如图3-53所示。

（3）单击"添加"按钮，在弹出的下拉列表中选择"反射（传统）"选项，如图3-54所示。

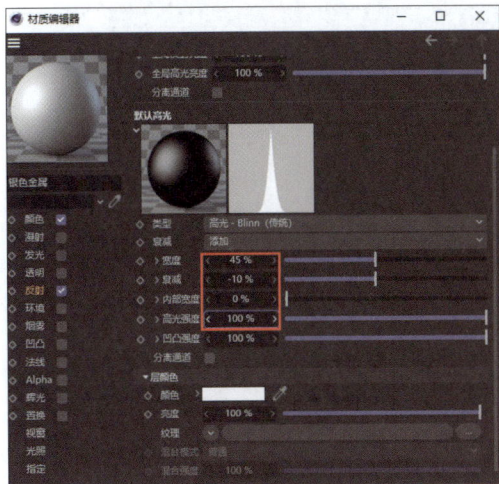

图3-53　设置"反射"参数　　　　　　　　　　图3-54　选择"反射（传统）"选项

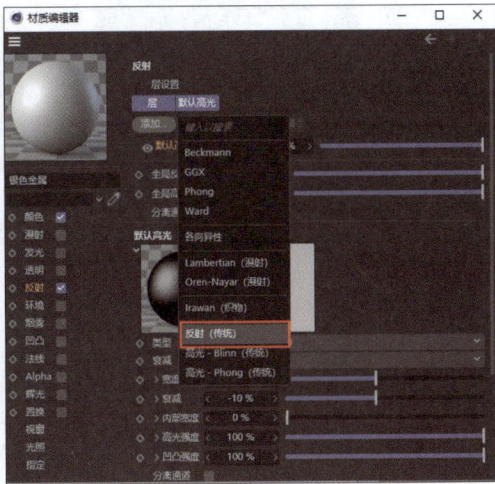

（4）选择新增的"层1"选项卡，设置"粗糙度"为30%、"高光强度"为50%、"反射强度"为100%，单击"纹理"选项右侧的▧按钮，在弹出的下拉列表中选择"菲涅耳（Fresnel）"选项，如图3-55所示。

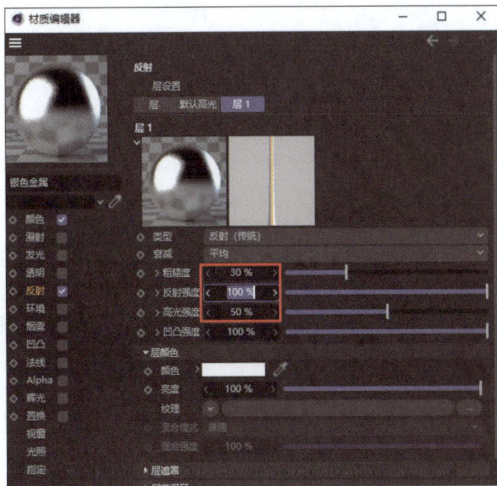

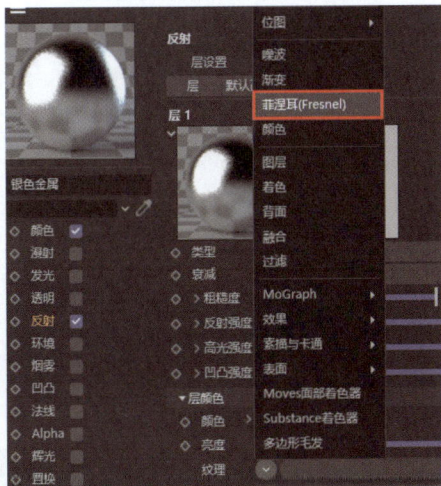

图3-55　设置"层1"属性

（5）为"层"中的"默认高光"和"层1"调整顺序，如图3-56所示。

（6）将"材质"面板中的"琥珀色果冻"材质赋予场景中的球体对象，将"白色"材质赋予天空对象，将"银色金属"材质赋予瓶子的瓶盖部分，然后按Ctrl+R组合键渲染场景，效果如图3-57所示。

（7）在"对象"面板中右击Spray Bottle Small对象，在弹出的菜单中选择"模拟标签"|"碰撞体"命令，为瓶子对象添加"碰撞体"标签，如图3-58所示。

（8）按Ctrl+R组合键渲染场景，效果如图3-59所示。

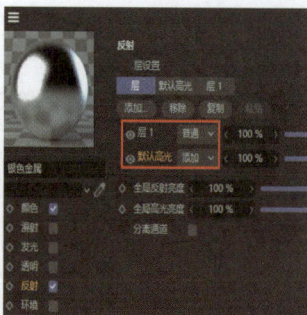

图3-56 调整层顺序

图3-57 场景渲染效果

图3-58 添加"碰撞体"标签

图3-59 碰撞体渲染效果

3.3.8 设置摄像机

【例3-21】在当前透视视图中创建摄像机。

（1）在菜单栏中选择"创建"|"摄像机"|"摄像机"命令，创建一个"摄像机"对象，如图3-60所示。

（2）在"对象"面板中单击"摄像机"对象右侧的■按钮，使其变为■（如图3-61所示），将切换为摄像机视图。

例 3-21

图3-60 创建"摄像机"对象

图3-61 切换为摄像机视图

3.3.9 渲染并输出动画

【例3-22】设置动画的渲染效果。

（1）在"对象"面板中单击"摄像机"对象右侧的█按钮，使其变为█，关闭摄像机视图。

（2）单击"编辑渲染设置"按钮█，打开"渲染设置"窗口。设置"渲染器"为"物理"，在"输出"选项中设置"宽度"为1200、"高度"为800，然后选中"锁定比率"复选框，如图3-62左图所示。

例 3-22

（3）在"抗锯齿"选项中设置"过滤"为Mitchell，如图3-62右图所示。

（4）在"物理"选项中设置"采样器"为"递增"，如图3-63所示。

（5）单击"效果"按钮，在弹出的下拉列表中选择"环境吸收"选项，如图3-64所示。

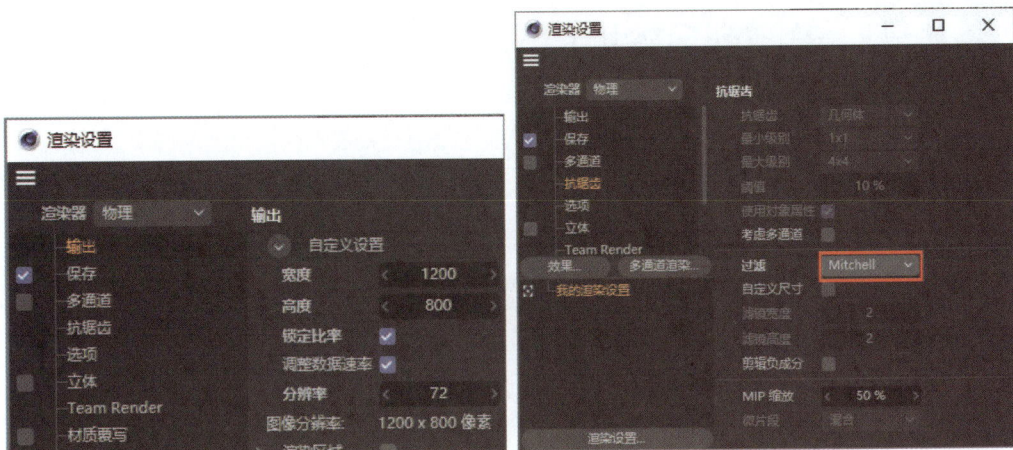

图3-62　设置渲染尺寸和抗锯齿类型

图3-63　设置物理采样器

图3-64　选择"环境吸收"选项

（6）在"环境吸收"选项中设置"最大光线长度"为150cm、"对比度"为−10%，如图3-65所示。

（7）再次单击"效果"按钮，在弹出的下拉列表中选择"全局光照"选项，然后在"全局光照"选项中将"主算法"和"次级算法"设置为"辐照缓存",如图3-66所示。

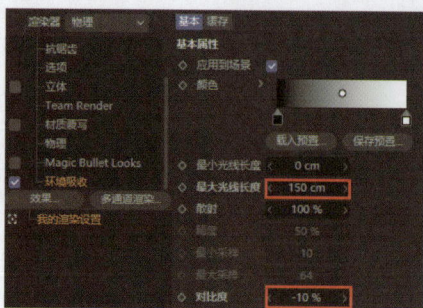

图3-65 设置"环境吸收"　　　　图3-66 设置"全局光照"

（8）选择"输出"选项，将"帧范围"设置为"全部帧"，按Ctrl+R组合键渲染动画。

3.4 电商商品轮播广告

电商平台的首页或特定商品页面上，通常以轮播的形式展示同一个商品的多张图片、标题或价格等。这种广告形式可以吸引用户的眼球，帮助用户快速了解商品的细节信息，如图3-67所示。

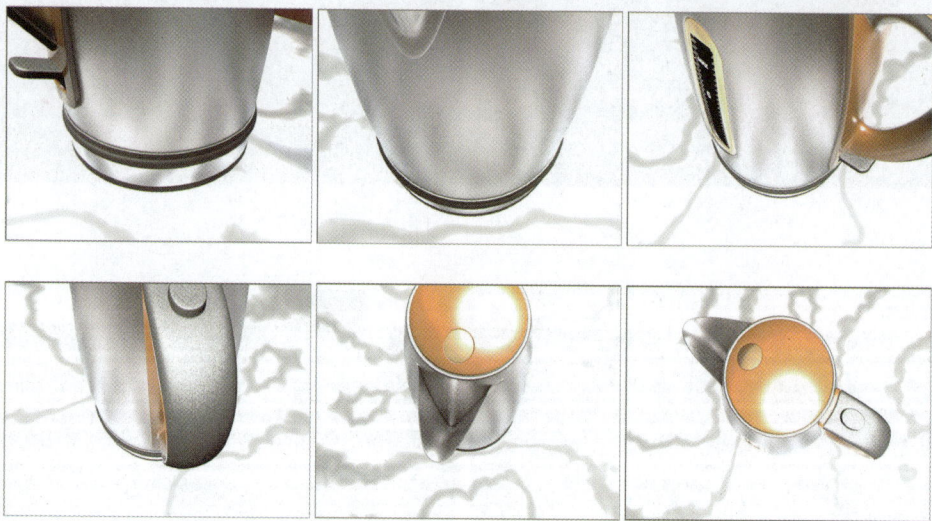

图3-67 商品轮播广告

3.4.1 绘制螺旋线

螺旋线可以作为制作动画和特效的基础元素，产生引人注目的视觉效果。用户可以在螺旋线上添加材质、运动路径、粒子效果或摄像机，制作出缩放、旋转、位移等动画效果。

【例3-23】在场景中创建并调整螺旋线。

（1）打开图3-68所示的场景后，长按工具栏中的"矩形"按钮■，在弹出的面板中选择"螺旋线"工具，在场景中创建一个螺旋线。

例3-23

（2）使用"旋转"工具将螺旋线旋转一定角度，在"属性"面板中将螺旋线的"起始半径"设置为20cm、"开始角度"设置为0°、"终点半径"设置为25cm、"结束角度"设置为720°、"半径偏移"设置为50%、"高度"设置为60cm、"高度偏移"设置为50%、"细分数"设置为100，如图3-68左图所示。

（3）使用"移动"工具调整螺旋线的位置，使其环绕需要轮播展示的商品，如图3-68右图所示。

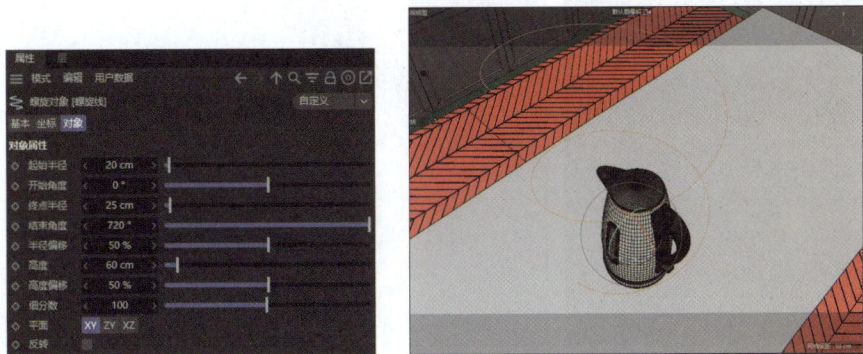

图3-68 在场景中创建并调整螺旋线

3.4.2 设置摄像机动画

本例将使用目标摄像机为场景设置关键帧动画，制作商品轮播广告。

【例3-24】在场景中设置绕螺旋线旋转的目标摄像机。

（1）选择"创建"|"摄像机"|"目标摄像机"命令，在场景中创建一个目标摄像机，然后在"对象"面板中选中"摄像机"对象右侧的"目标表达式"标签，将"对象"面板中的"商品"对象拖动至"属性"面板的"目标对象"选项中，如图3-69所示。

例 3-24

（2）右击"对象"面板中的"摄像机"对象，在弹出的菜单中选择"动画标签"|"对齐曲线"命令，为"摄像机"对象添加"对齐曲线"标签，如图3-70所示。

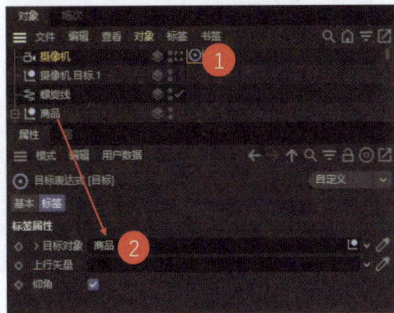

图3-69 设置对齐对象

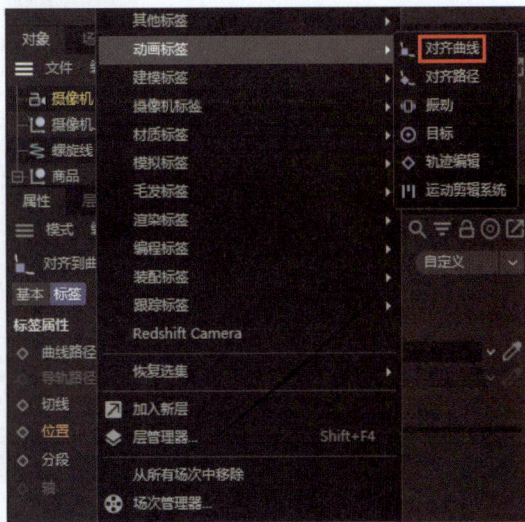

图3-70 添加"对齐曲线"标签

（3）选中"摄像机"对象右侧的"对齐曲线"标签 ，将"对象"面板中的"螺旋线"对象拖动至"属性"面板的"曲线路径"选项中，如图3-71所示。

（4）此时，场景中的摄像机将沿着螺旋线正对着"商品"对象旋转，如图3-72所示。

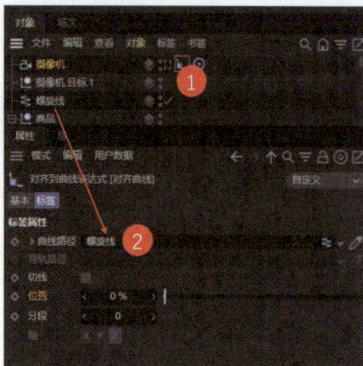

图3-71　设置曲线路径

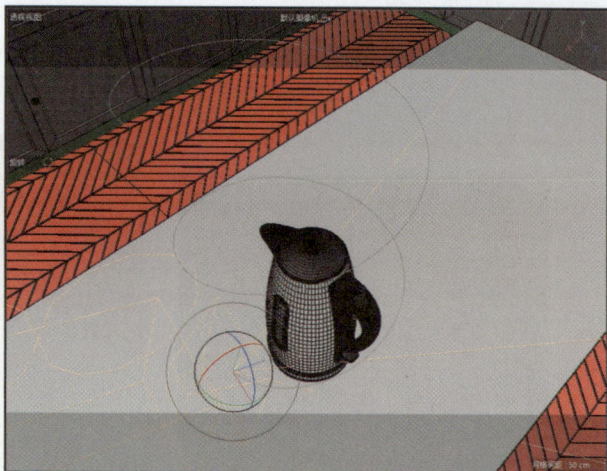

图3-72　摄像机沿螺旋线正对商品旋转

（5）在"时间线"面板的"场景结束帧"输入框中输入500F，然后将时间滑块移动至第0帧处，如图3-73所示。

图3-73　"时间线"面板

（6）在"属性"面板中单击"位置"左侧的 按钮，使其变为 ，如图3-74所示。

（7）将时间滑块移动至第500帧处，在"属性"面板中将"位置"设置为100%，然后单击"位置"左侧的 按钮，使其变为 ，如图3-75所示。

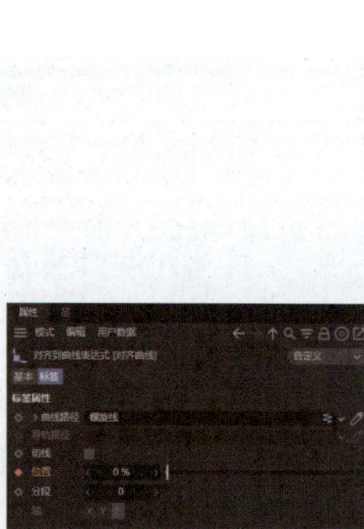

图3-74　在第0帧处设置关键帧

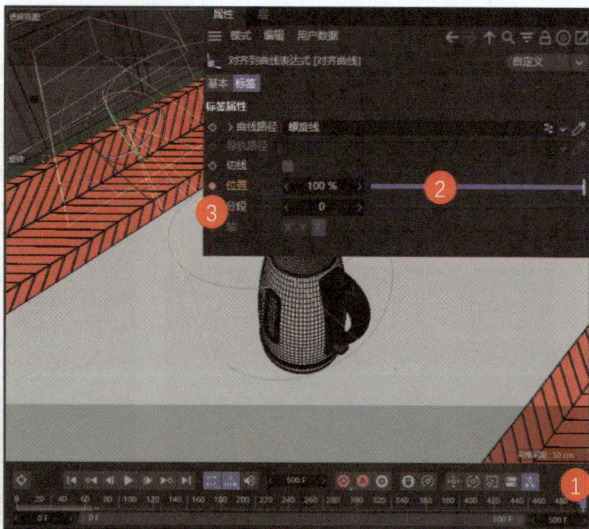

图3-75　在第500帧处设置关键帧

（8）在"对象"面板中单击"摄像机"对象右侧的▣按钮，使其变为▣，将切换为摄像机视图。

（9）单击"时间线"面板中的"向前播放"按钮▶（快捷键：F8）播放动画，场景将随摄像机视角运动，效果如图3-76所示。

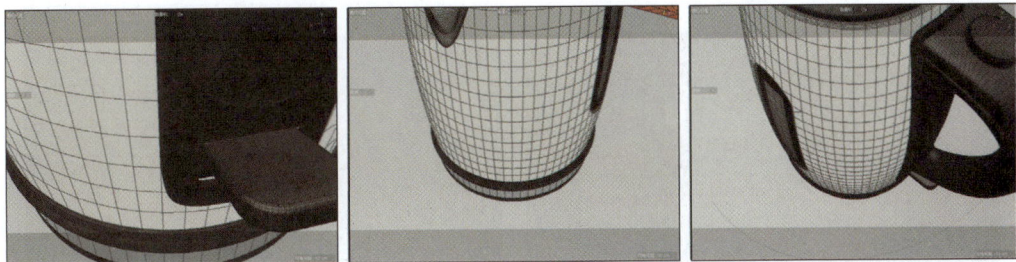

图3-76 视角变化效果

3.4.3 制作材质

下面将为商品和场景分别制作金色金属和不锈钢材质、塑料材质和大理石材质。

1.金色金属和不锈钢材质制作

【例3-25】使用"材质编辑器"窗口中的"反射"属性等制作金色金属和不锈钢金属材质。

例 3-25

（1）按Shift+F2组合键，在打开的"材质"面板中创建一个新的默认材质并将其重命名为"不锈钢金属"。

（2）双击"不锈钢金属"材质打开"材质编辑器"窗口，取消选中"颜色"复选框。选中"反射"复选框，单击"添加"按钮，在弹出的下拉列表中选择GGX选项，如图3-77所示。

（3）设置"粗糙度"为30%、"反射强度"为80%、"高光强度"为20%，展开"层菲涅耳"栏，将"菲涅耳"设置为"导体"，"预置"设置为"钢"，如图3-78所示。

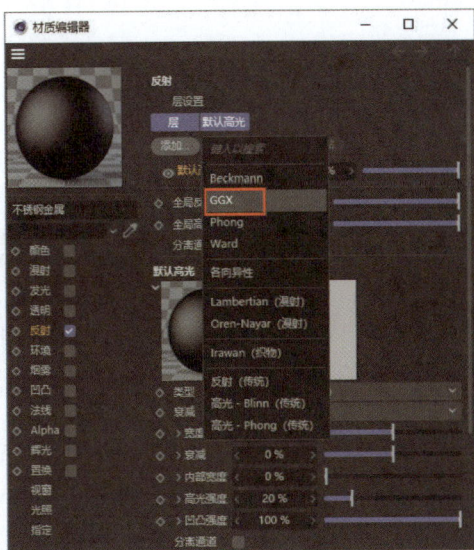

图3-77 选择GGX选项

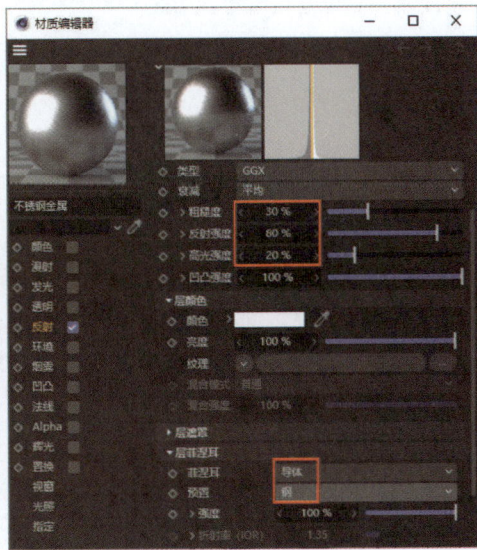

图3-78 设置不锈钢金属材质参数

（4）创建一个新材质并将其重命名为"金色金属"。双击"金色金属"材质，在打开的"材质编辑器"窗口中选中"颜色"复选框，将"颜色"的RGB值设置为（94，53，15），如图3-79所示。

（5）选中"反射"复选框，单击"添加"按钮，添加GGX，将"粗糙度"设置为18%、"菲涅耳"设置为"导体"、"预置"设置为"金"，如图3-80所示。

图3-79 设置金色金属材质的"颜色"参数

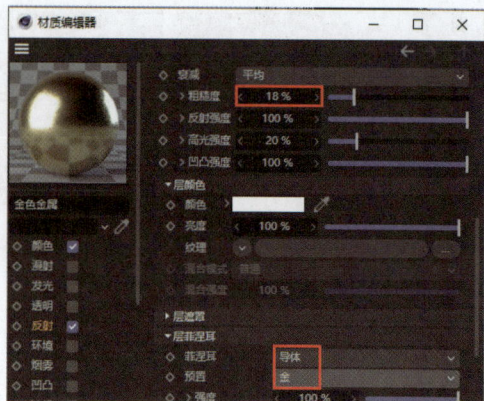

图3-80 设置"反射"参数

（6）将制作的"不锈钢金属"材质和"金色金属"材质赋予场景中的商品对象，然后按Ctrl+R组合键渲染场景，效果如图3-81所示。

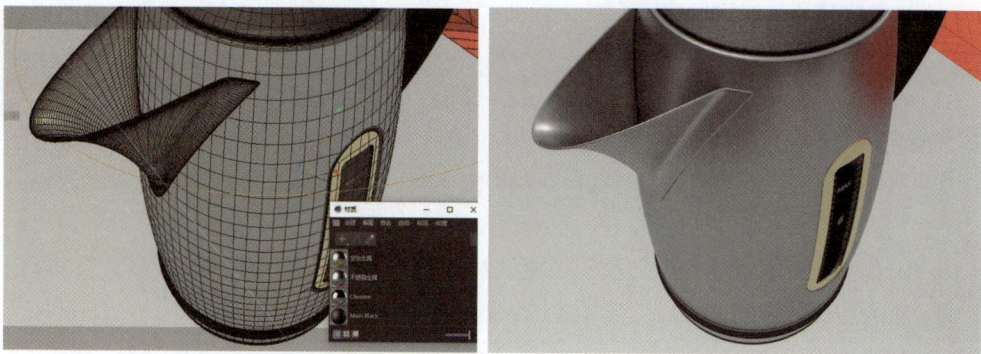

图3-81 不锈钢和金色金属材质赋予商品对象后的渲染效果

2. 咖啡色塑料材质制作

【例3-26】使用"材质编辑器"窗口中的"颜色"和"反射"属性等制作咖啡色的塑料材质，并将其赋予场景中的商品对象。

（1）打开场景文件后，按Shift+F2组合键打开"材质"面板，创建一个新的默认材质并将其重命名为"塑料"。

例3-26

（2）双击"材质"面板中的"塑料"材质，打开"材质编辑器"窗口，选中"颜色"复选框，在系统显示的选项区域中设置"颜色"为咖啡色，RGB值为（96，56，17），如图3-82所示。

（3）选中"反射"复选框，设置"全局反射亮度"和"全局高光亮度"均为150%、"宽度"为32%、"高光强度"为88%，如图3-83所示。

（4）在"反射"选项区域中单击"添加"按钮，添加GGX，然后设置"粗糙度"为15%、"反射强度"为80%，展开"层菲涅耳"栏，将"菲涅耳"设置为"绝缘体"、"预置"设置为"聚酯"。

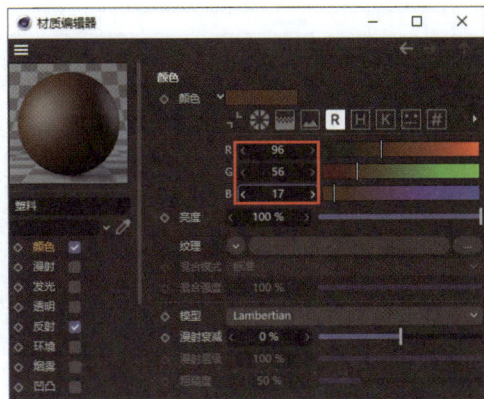

图3-82　设置塑料材质的"颜色"参数　　　图3-83　设置塑料材质的"反射"参数

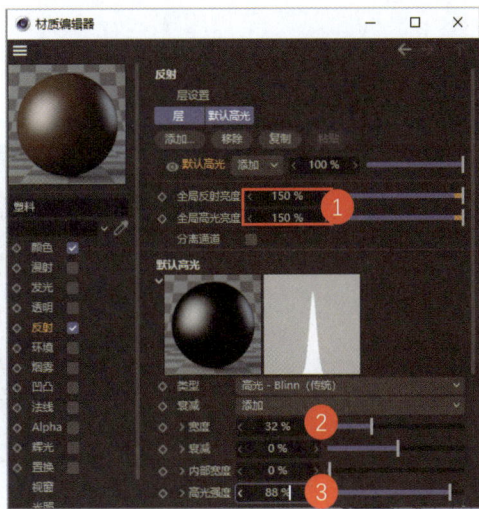

（5）关闭"材质编辑器"窗口，将"材质"面板中制作好的"塑料"材质赋予场景中的商品对象，按Ctrl+R组合键渲染场景，效果如图3-84所示。

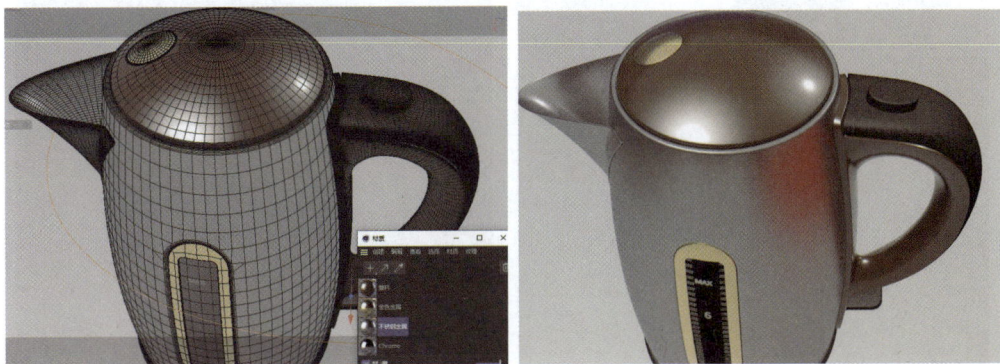

图3-84　塑料材质赋予商品对象后的渲染效果

3. 大理石材质制作

【例3-27】使用"材质编辑器"窗口中的"颜色"和"反射"属性等制作大理石材质，并将其赋予场景中的商品对象。

（1）打开场景文件后，按Shift+F2组合键打开"材质"面板，创建一个新的默认材质并将其重命名为"大理石"。

例3-27

（2）双击"大理石"材质，打开"材质编辑器"窗口，选中"颜色"复选框，单击"纹理"右侧的■按钮，在弹出的下拉列表中选择"表面"｜"大理石"选项，如图3-85左图所示。

（3）单击显示的大理石色块（见图3-85），在显示的界面中设置颜色为白色和黑色，如图3-85右图所示。

（4）选中"反射"复选框，设置"层颜色"为灰色，然后单击"添加"按钮，在弹出的下拉列表中选择"反射（传统）"选项，如图3-86所示。

（5）选择新增的"层1"选项卡，设置"粗糙度"为0%、"反射强度"为150%、"高光强度"为0%，"亮度"为0%，如图3-87左图所示。

（6）单击"纹理"右侧的 ⌄ 按钮，在弹出的下拉列表中选择"菲涅耳（Fresnel）"选项，设置"混合强度"为32%，如图3-87右图所示。

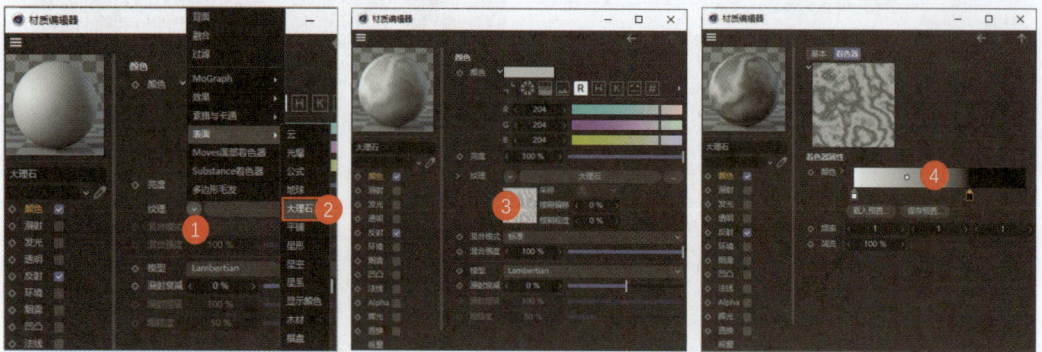

图3-85　设置大理石材质的"颜色"参数

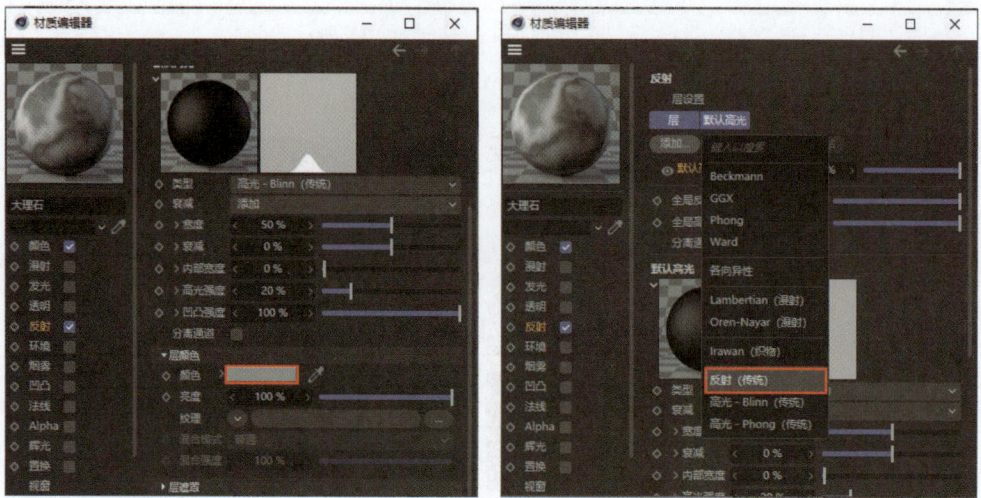

图3-86　设置"反射"参数

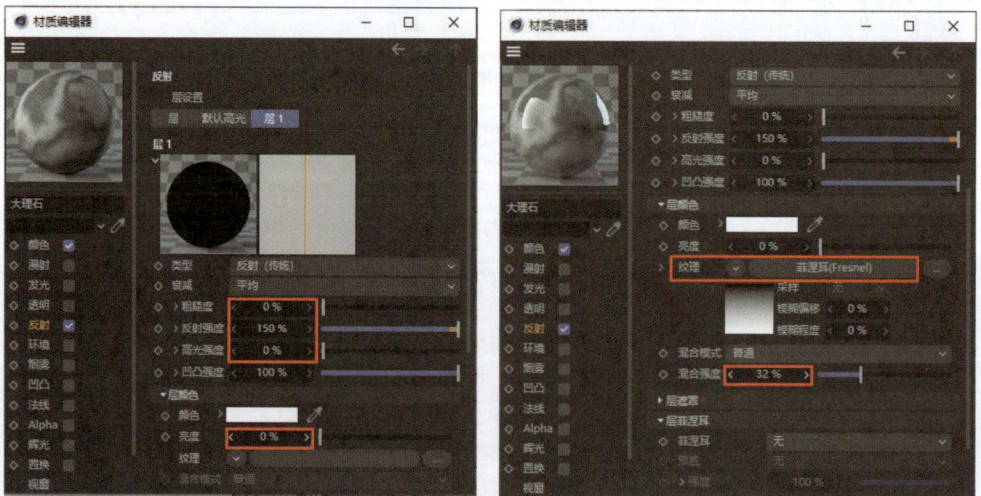

图3-87　设置材质纹理

（7）材质设置完成后，将"材质"面板中的"大理石"材质拖动至场景中的桌面上，如图3-88左图所示。

（8）按Ctrl+R组合键渲染场景，效果如图3-88右图所示。

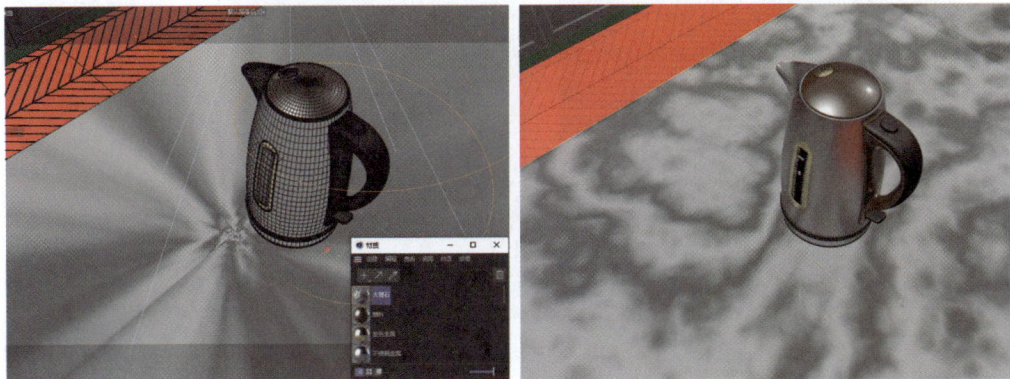

图3-88　大理石材质渲染效果

3.4.4 制作场景灯光

本例将使用灯光工具制作场景的展示灯光。

【例3-28】使用灯光工具制作广告场景中的灯光效果。

（1）单击工具栏中的"灯光"按钮 ![icon]，在场景中创建一个灯光，如图3-89所示。

（2）选中创建的灯光，在"属性"面板的"常规"选项卡中设置灯光颜色的RGB值为（255,255,255）、"强度"为60%、"投影"为"无"，如图3-90所示。

例 3-28

图3-89　创建灯光

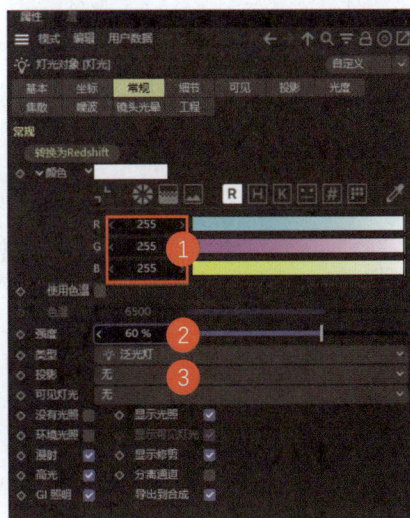

图3-90　设置灯光属性

（3）选择"细节"选项卡，设置"衰减"为"平方倒数（物理精度）"，设置"半径衰减"为406cm，如图3-91所示。

（4）在场景中调整灯光的位置，如图3-92所示。

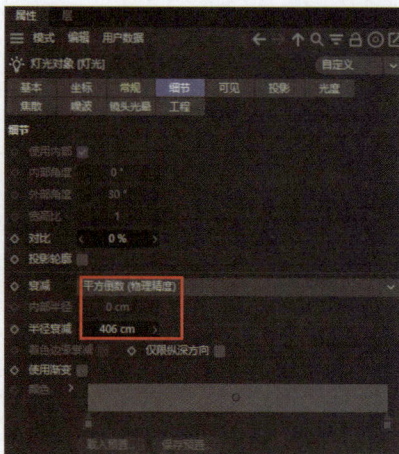

图3-91 设置灯光细节

图3-92 调整灯光位置

3.4.5 渲染输出

按Ctrl+B组合键打开"渲染设置"窗口，在"输出"选项中设置"帧范围"为"预览范围"，如图3-93左图所示。在"保存"选项中设置渲染输出的动画文件的保存路径，在"格式"下拉列表中设置输出文件的格式为视频类格式（本例为MP4），如图3-93右图所示。

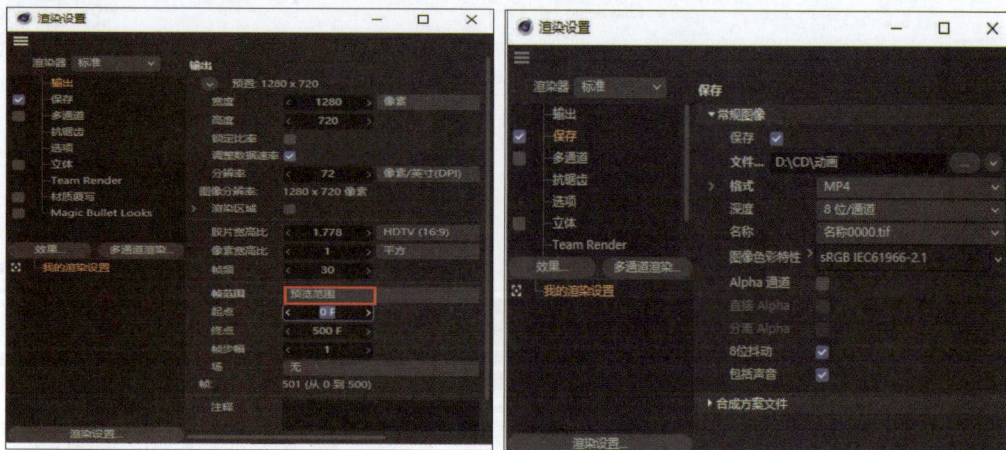

图3-93 设置渲染输出参数

3.5 进阶练习

实训目的

- 进一步熟悉Cinema 4D的基本操作
- 通过变形器等使广告产生更丰富的动态效果

Cinema 4D R25电商美工视觉设计（全彩微课版）

实训步骤

1. 为动画模型设置倒角效果

（1）打开3.2节制作的广告场景，在"对象"面板中删除所有立方体对象，然后长按工具栏中的"立方体"按钮，从弹出的面板中选择"宝石体"工具，在场景中创建一个宝石体，如图3-94所示。

（2）在"属性"面板中设置宝石体的"半径"为120cm、"类型"为"八面"，如图3-95所示。

图3-94　创建宝石体　　　　　　　图3-95　设置宝石体属性

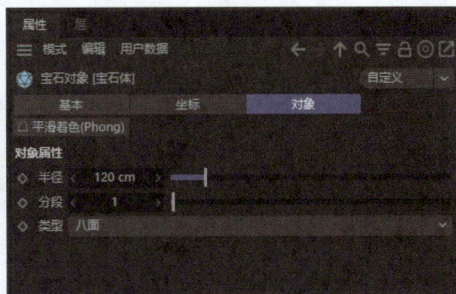

（3）按住Shift键的同时长按工具栏中的"弯曲"按钮，在弹出的面板中选择"倒角"工具，为宝石体添加一个"倒角"变形器，如图3-96所示。

（4）在"对象"面板中选中"倒角"对象，在"属性"面板中将"细分"设置为2，如图3-97所示。

图3-96　添加"倒角"变形器　　　　图3-97　设置倒角的"细分"属性

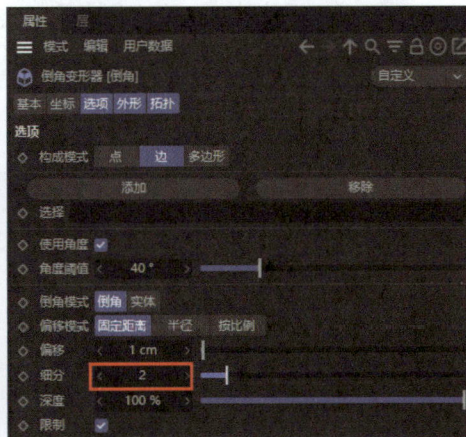

（5）按Shift+F2组合键打开"材质"面板，将玻璃材质赋予宝石体。使用"旋转"工具将场景中的宝石体旋转一定角度。按Ctrl+R组合键渲染场景，效果如图3-98所示。

（6）在"对象"面板中选中"倒角"对象，在"属性"面板中调整倒角的"偏移"参数，然后按Ctrl+R组合键渲染场景，效果如图3-99所示。

（7）在"时间线"面板的"场景结束帧"输入框中输入500F，然后将时间滑块移动至第0帧（0F）处，在"对象"面板中选中"宝石体"对象，在"属性"面板中选择"坐标"选项卡，将第2列中的■切换为■（单击即可），如图3-100所示。

图3-98　宝石体渲染效果

图3-99　增加倒角的"偏移"值

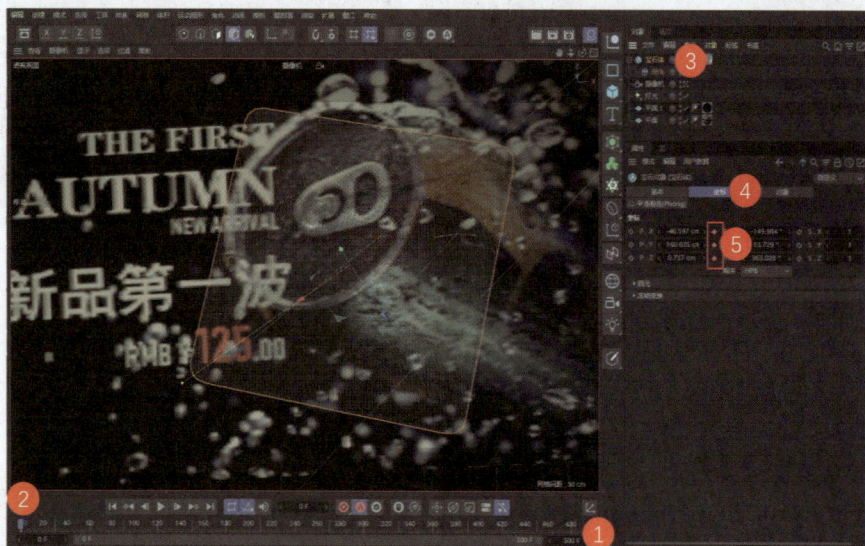
图3-100　在第0F处设置关键帧

（8）在"时间线"面板中将时间滑块移动至第500帧（500F），在"属性"面板的"坐标"选项卡中调整第2列"R.H""R.P""R.B"的参数值后，将它们左侧的■切换为■，如图3-101所示。

（9）单击"时间线"面板中的"向前播放"按钮▶，场景中的模型将自动旋转，如图3-102所示。

（10）按Ctrl+B组合键打开"渲染设置"窗口，单击"渲染器"下拉按钮，从弹出的下拉列表中选择"渲染"选项。选择"输出"选项，设置"帧范围"为"全部帧"。

2. 为动画模型设置颤动效果

（1）在"对象"面板中删除"宝石体"对象和"倒角"对象，然后长按工具栏中的"立方体"按钮■，从弹出的面板中选择"球体"工具，在场景中创建一个球体，在"属性"面板中将"分段"设置为100、"类型"设置为"八面体"，如图3-103所示。

（2）按住Shift键的同时长按工具栏中的"弯曲"按钮■，在弹出的面板中选择"颤动"工具，为球体添加一个"颤动"变形器。

（3）在"对象"面板中选中"颤动"对象，在"属性"面板中将"硬度"设置为26%、"构造"设置为51%，如图3-104所示。

図3-101　在第500F处设置关键帧　　　　　　图3-102　动画效果

图3-103　创建球体

（4）在菜单栏中选择"模拟"|"力场"|"湍流"命令，添加"湍流"力场。

（5）在"对象"面板中选中"颤动"对象，在"属性"面板中选择"影响"选项卡，然后将"对象"面板中的"湍流"对象拖动至"影响"列表框中，如图3-105所示。

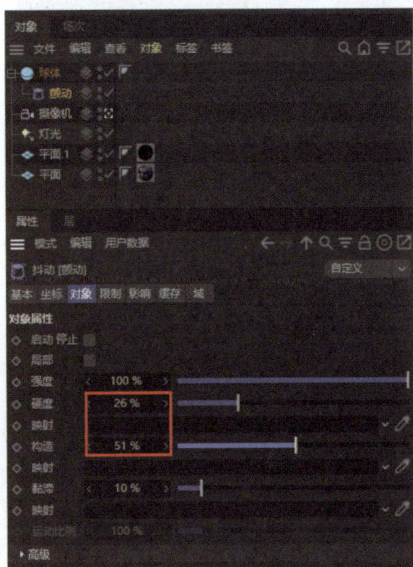

图3-104　设置"颤动"的硬度和构造　　　　图3-105　设置"湍流"力场

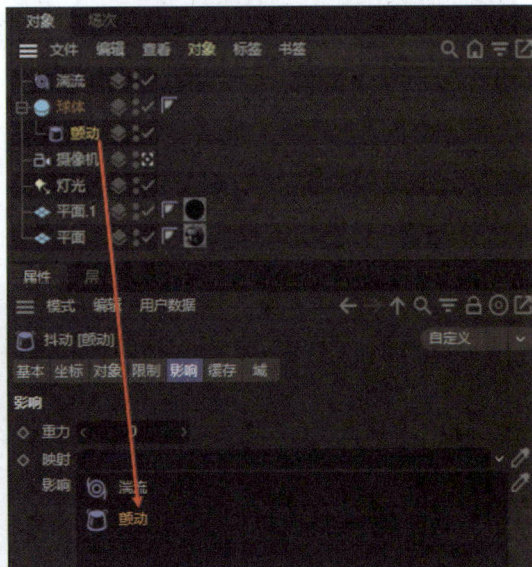

（6）在"对象"面板中选中"湍流"对象，在"属性"面板中将"强度"设置为100cm、"缩放"设置为80%，如图3-106左图所示。

（7）单击"时间线"面板中的"向前播放"按钮▶，场景中的球体湍流效果如图3-106右图所示。

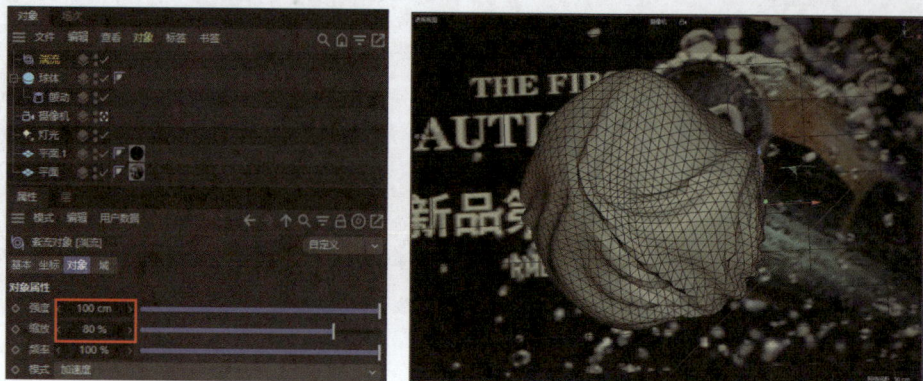

图3-106　球体湍流效果

（8）在"对象"面板中选中"球体"对象，然后按住Alt键单击工具栏中的"细分曲面"按钮，为球体对象添加细分曲面，如图3-107所示。

（9）在"对象"面板中选中"细分曲面"对象，在"属性"面板中将"类型"设置为OpenSubdiv Loop，如图3-108所示。

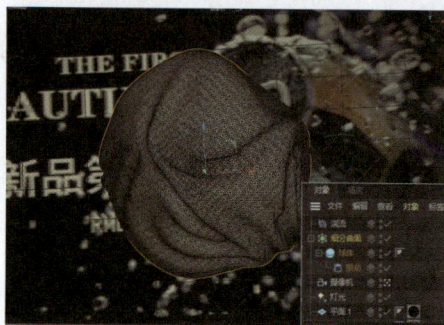

图3-107　添加细分曲面

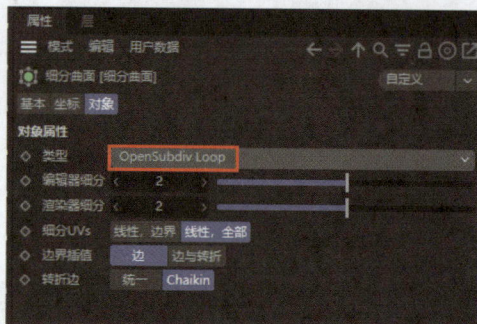

图3-108　设置细分曲面类型

（10）按Shift+F2组合键打开"材质"面板，将"玻璃"材质赋予"对象"面板中的"细分曲面"对象，如图3-109所示。

（11）按Ctrl+R组合键渲染场景，效果如图3-110所示。

图3-109　为细分曲面赋予玻璃材质

图3-110　场景渲染效果

（12）按Ctrl+B组合键打开"渲染设置"窗口，单击"渲染器"下拉按钮，从弹出的列表中选择"渲染"选项。选择"输出"选项，设置"帧范围"为"全部帧"。

第 **4** 章 | 电商静态广告制作

■ **内容要点**

- ⊙ 制作电商静态广告中的模型
- ⊙ 在广告场景中创建灯光和环境
- ⊙ 制作各种场景模型材质
- ⊙ 设置摄像机并渲染广告

■ **内容简介**

　　Cinema 4D电商静态广告是用静止的图像或设计元素来传递电商平台或产品的信息,吸引用户点击、浏览、购买的一种广告形式。常见的有展示时尚服装、电子设备、家居用品等产品的广告,展示产品价格优惠、特定活动时间段的限量优惠的广告,展示购物节礼物推荐、情人节特别优惠等的广告,如图4-1所示。

图4-1　常见的电商静态广告

　　本章将通过几个具体的案例,帮助读者进一步掌握Cinema 4D的使用方法。

4.1 电商静态广告设计

　　在电商广告设计领域,设计师可以利用Cinema 4D的建模功能,创建逼真的产品模型、场景和特效,以展示产品的特点和优势,通过精美的视觉效果吸引观者的眼球,增加产品的曝光度和销售机会。

Cinema 4D电商静态广告可以根据创意和目标受众的需求分为多种类型。以下是几种常见的Cinema 4D电商静态广告类型。

1. 产品展示类广告

产品展示类广告着重展示产品的外观、功能和特点。通过Cinema 4D的建模和渲染功能，设计师可以创建逼真的产品模型，并运用动画、摄像机和特效展示产品不同方面的特点。这种广告通常用于向潜在消费者展示产品的外观和功能，激发他们的兴趣和购买欲望，如图4-2所示。

图4-2　产品展示类广告

2. 品牌宣传类广告

品牌宣传类广告注重展现产品或品牌背后的故事和价值观。通过Cinema 4D的动画和故事叙述能力，广告设计师可以以生动的方式传达品牌的核心价值观、历史渊源或创作理念。这种广告有助于建立品牌认知度和品牌形象，并提高消费者对该品牌的忠诚度，如图4-3所示。

3. 促销折扣类广告

促销折扣类广告旨在宣传产品的促销活动、折扣和特价信息。设计师可以运用Cinema 4D

的文本和图形功能，将促销信息融入广告图像中，使其易于理解和引人注目。这种广告通常使用醒目的颜色、特殊效果和清晰的文字来吸引消费者的关注，如图4-4所示。

图4-3 品牌宣传类广告

图4-4 促销折扣类广告

4. 节日促销类广告

节日促销类电商广告是节日（例如母亲节、父亲节、春节、情人节等）期间进行的电商营销活动。对电商而言，节日是非常重要的购物时间段，许多人会在节日期间购买礼物、装饰品、美食等来庆祝。在节日期间投放促销广告的目标是引起消费者的共鸣并激发其购买欲望，帮助电商产品从竞争激烈的市场中脱颖而出。因此，此类电商广告的设计应该切合用户的文化背景和购买特点，提供有吸引力的促销优惠和产品推荐，如图4-5所示。

利用Cinema 4D的建模、渲染和视觉效果功能，可创造出高品质的产品图像，展示产品的外观、功能和特点，从而吸引消费者的目光。

图4-5 节日促销类广告

4.1.2 广告创意设计

电商静态广告的创意设计至关重要，它需要吸引消费者的注意力、传达产品的核心信息并激发消费者的购买欲望。以下是一些广告创意设计方向。

❏ 简洁而明确的信息呈现：通过简洁明了的设计语言和排版布局，突出产品的关键特点和优势。使用少量的文字和醒目的图形，使广告一目了然，引起消费者的兴趣。

❏ 强调产品质量和细节：通过精心渲染的产品图像，突出产品的质感、细节和独特之处。使用Cinema 4D的渲染功能和材质功能，打造出与产品实际外观相似的逼真效果，增强消费者对产品的信任感和购买欲望。

❏ 创新的背景和环境设置：设定与产品相关的背景和环境，为广告增加吸引力，同时使消费者与其建立情感连接。利用Cinema 4D的场景设置功能，创造出契合产品风格和品牌形象的特定场景，使广告更具吸引力和个性。

❏ 图形和图标的运用：使用富有创意的图形和图标，传达产品的特点和功能。设计师可以利用Cinema 4D的图形和效果功能，创造出与产品相关的图形元素，以增强广告的可视化吸引力和信息传递效果。

❏ 色彩和配色方案的运用：选择适合产品和目标受众的色彩和配色方案，营造出广告的视觉吸引力和情感氛围。设计师可以运用Cinema 4D的材质和颜色设定功能，调整产品的颜色和光照效果，以呈现出独特的视觉效果。

❏ 独特的构图和视角：选择不同的构图和摄像机视角，使广告呈现出与众不同的视觉效果。利用Cinema 4D的摄像机设置功能，尝试不同的角度和透视效果，以增强广告的吸引力和独特性。

在设计静态电商广告时，最重要的是要确保广告设计与品牌形象和目标受众的喜好相符。设计师应使用Cinema 4D的相关功能，打造出与众不同的电商静态广告，吸引消费者的目光，从而对产品进行推广。

4.2 情人节电商广告

情人节是一个特殊的节日，设计师需要了解目标受众并运用设计创意来制作情人节电商广告。在Cinema 4D中，设计师可以使用建模功能创建精美的情人节场景和物体，如浪漫的餐厅、星空下的约会、花朵和心形元素等；可以细致地打磨每个物体的细节和纹理，使其看起来更加逼真和吸引人。Cinema 4D提供了丰富的材质和渲染选项，可以增强广告的视觉吸引力和质感。

此外，Cinema 4D还提供了文本和图形设计功能，设计师可以使用丰富多样的字体和图标来呈现广告中的关键信息，如优惠促销、产品特色等。设计师通过巧妙的排版和选择适合情人节氛围的配色方案，可以更好地传达情人节的浪漫与温馨。

下面将从模型制作开始，逐步介绍用Cinema 4D制作情人节电商广告的方法。

4.2.1 模型制作

下面将制作的情人节电商广告模型分为主体模型、元素模型和地面模型3个部分。

1. 广告主体模型制作

【例4-1】在Cinema 4D中制作电商广告中的主体模型。

（1）长按工具栏中的"立方体"按钮 ，从弹出的面板中选择"球体"工具 ，在场景中创建一个"半径"为220cm、"分段"为38的半球体，如图4-6左图所示。

例4-1

（2）使用"旋转"工具将创建的半球体旋转180°，如图4-6右图所示。

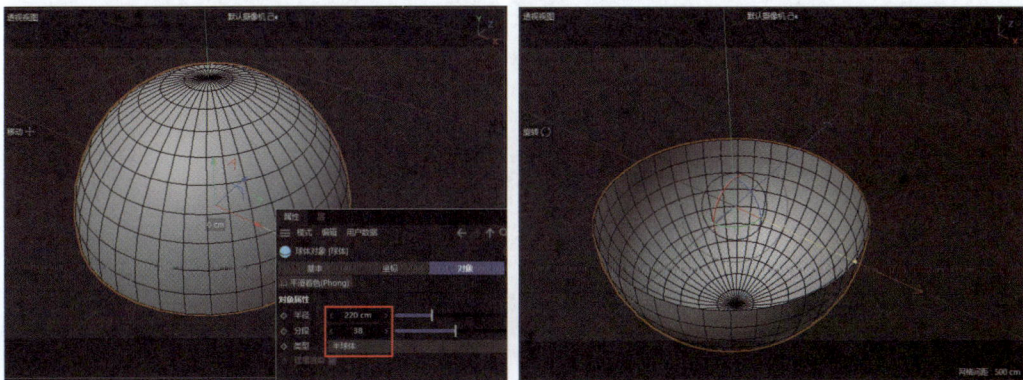

图4-6　创建半球体

（3）按C键将半球体模型转换为可编辑对象，单击工具栏中的"模型"按钮 和"缩放"按钮 ，然后将半球体沿Y轴进行挤压，如图4-7所示。

（4）长按工具栏中的"立方体"按钮 ，从弹出的面板中选择"圆柱体"工具 ，在半球体的上方创建一个"半径"为230cm、"高度"为12cm、"高度分段"为1、"旋转分段"为40的圆柱体，如图4-8所示。

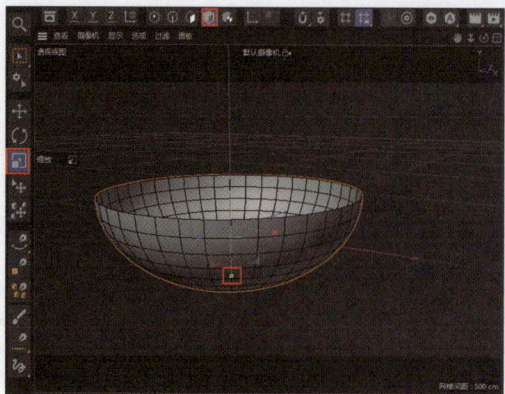

图4-7 挤压半球体

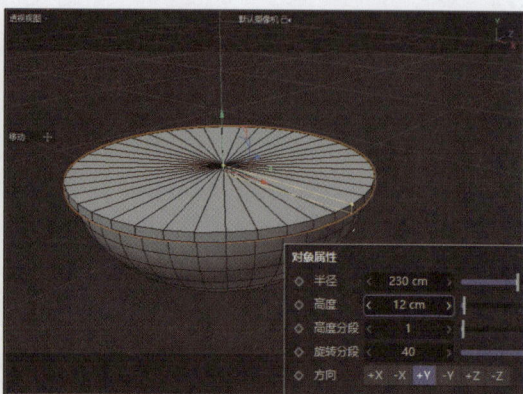

图4-8 创建圆柱体

2. 爱心元素模型制作

【例4-2】在Cinema 4D中制作电商广告中的爱心元素模型。

（1）长按工具栏中的"立方体"按钮![icon]，从弹出的面板中选择"球体"工具![icon]，创建一个"半径"为50cm、"分段"为32的球体。

（2）选择"摄像机"|"正视图"命令，切换到正视图。

例4-2

（3）长按工具栏中的"弯曲"按钮![icon]，从弹出的面板中选择FFD工具![icon]，添加FFD变形器，并在"对象"面板中将FFD放在"球体"的子层级，如图4-9所示。

（4）在"对象"面板中选中FFD对象，在"属性"面板中将"栅格尺寸"都设置为100cm，将"水平网点"设置为5，将"垂直网点"和"纵深网点"均设置为4，如图4-10所示。

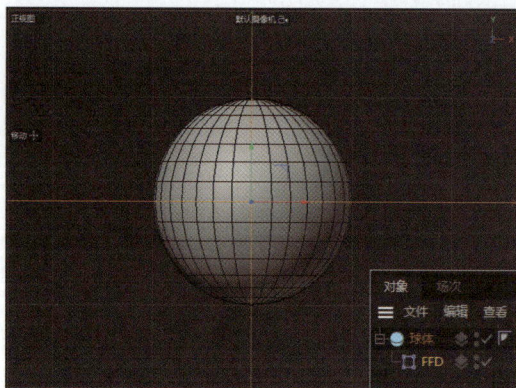

图4-9 创建球体

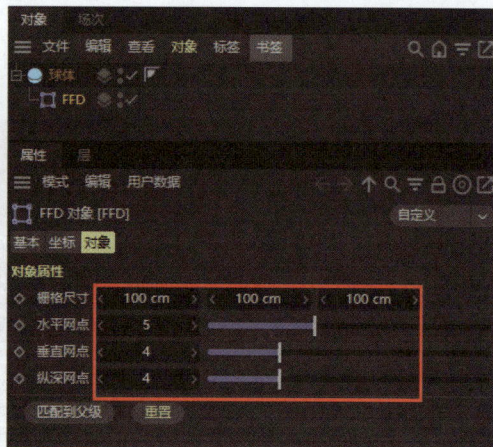

图4-10 设置FFD属性

（5）单击工具栏中的"点"按钮![icon]进入"点"模式，单击工具栏中的"框选"按钮![icon]，选中模型底部一排点，如图4-11左图所示。

（6）使用"缩放"工具![icon]将选中的点向内拖曳，如图4-11右图所示。

（7）使用"框选"工具![icon]选中模型顶部正中间的点，使用"移动"工具![icon]将这些点向下移动，将模型从顶部中间开始向下挤压，如图4-12左图所示。

（8）使用"框选"工具![icon]选中模型顶部两边的点，使用"缩放"工具![icon]将其向内缩小，如图4-12右图所示。

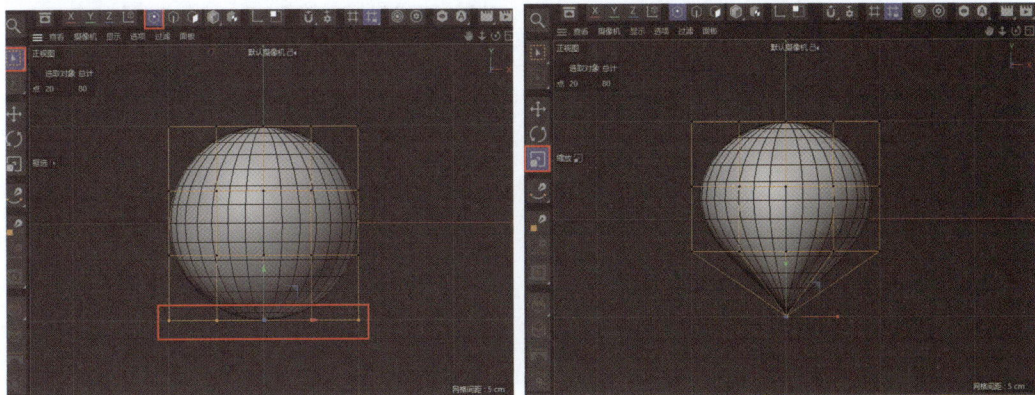

图4-11 缩放底部一排点

（9）按Ctrl+A组合键选中所有的点，选择"摄像机"|"透视视图"命令切换到透视视图，使用"缩放"工具█调整模型，使其扁平一些，如图4-13左图所示。

（10）使用"框选"工具█选中模型底部的点，使用"缩放"工具█将选中的点向内拖曳，如图4-13右图所示。

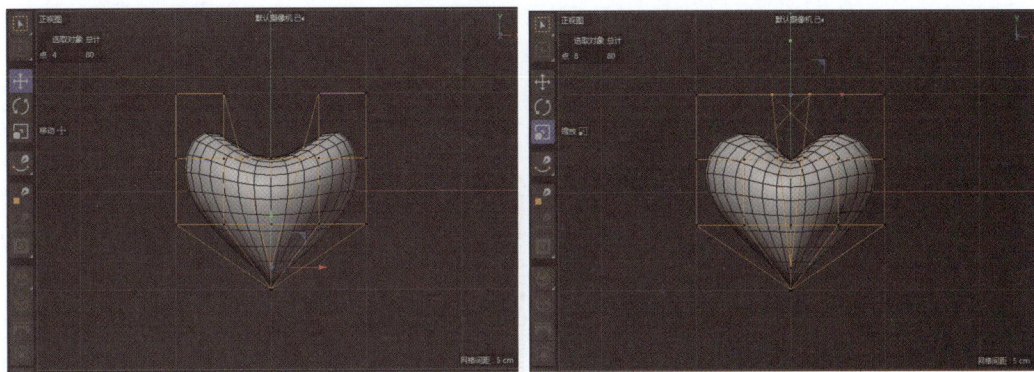

图4-12 调整模型顶部的点

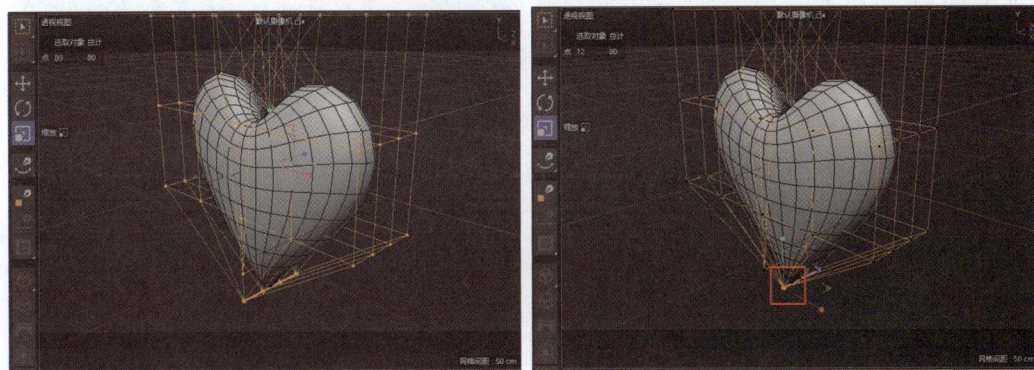

图4-13 将模型调扁平一些

（11）在"对象"面板中选中"球体"对象，在"属性"面板中将"分段"设置为80，然后将爱心元素模型放置在主体模型的中心位置，并使用"旋转"工具█将爱心元素模型旋转一定角度，如图4-14所示。

（12）长按工具栏中的"立方体"按钮█，从弹出的面板中选择"圆柱体"工具█，创建一个"半径"为3cm、"高度"为180cm的圆柱体，如图4-15所示。

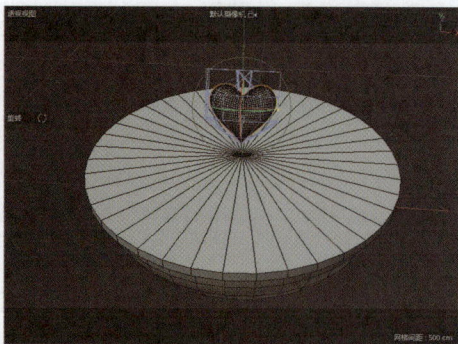

图4-14　创建球体

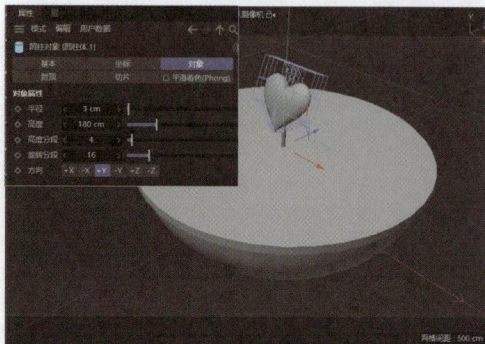

图4-15　创建圆柱体

3. 气球元素模型制作

【例4-3】在电商广告环境中制作气球元素模型。

（1）选择"创建"|"网格参数对象"|"圆锥体"命令，创建一个圆锥体，在"对象"选项卡中设置"顶部半径"为15cm、"底部半径"为128cm、"高度"为210cm、"高度分段"为20、"旋转分段"为25、"方向"为-Y，如图4-16左图所示。

例 4-3

（2）选择"封顶"选项卡，选中"顶部"和"底部"复选框，设置"封顶分段"为12、"圆角分段"为22，设置"顶部"的"半径"为1cm、"高度"为0cm，设置"底部"的"半径"为125cm、"高度"为105cm，如图4-16右图所示。

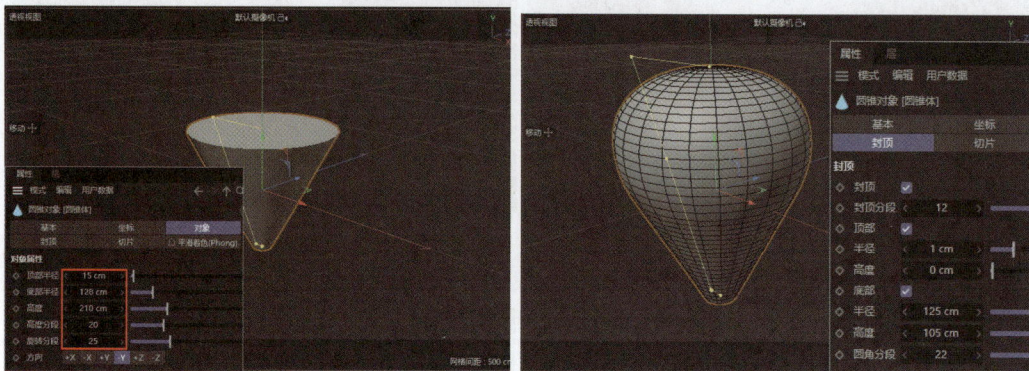

图4-16　创建圆锥体

（3）选择"创建"|"网格参数对象"|"圆环面"命令，创建一个圆环，在"对象"选项卡中设置"圆环半径"为17cm、"圆环分段"为22、"导管半径"为5cm，如图4-17所示。

（4）选择"创建"|"网格参数对象"|"圆柱体"命令，创建一个圆柱体，在"对象"选项卡中设置"半径"为1cm、"高度"为30cm，如图4-18所示。

（5）长按工具栏中的"细分曲面"按钮 ，在弹出的面板中选择"阵列"工具，为圆柱体设置阵列效果，如图4-19所示。

（6）选择"创建"|"网格参数对象"|"立方体"命令，创建一个立方体，在"对象"选项卡中设置"尺寸.X"为50cm、"尺寸.Y"为36cm、"尺寸.Z"为50cm，然后将立方体调整至合适的位置，如图4-20所示。

（7）选择"创建"|"网格参数对象"|"管道"命令创建管道，在"对象"选项卡中设置"内部半径"为34cm、"外部半径"为37cm、"旋转分段"为4、"封顶分段"为1、"高度"为6cm、"高度分段"为1，然后将管道移动至合适的位置，如图4-21所示。

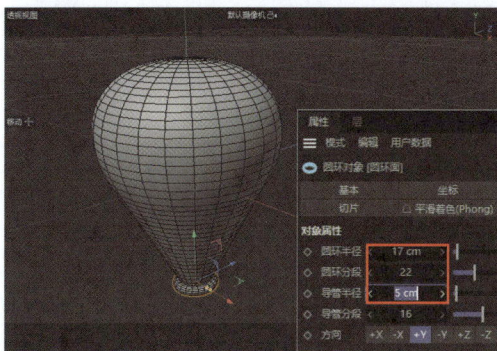

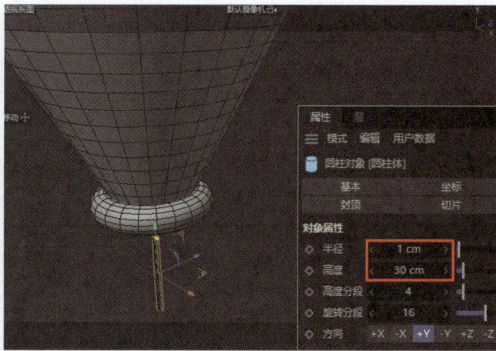

图4-17 创建圆环　　　　　　　　　图4-18 创建圆柱体

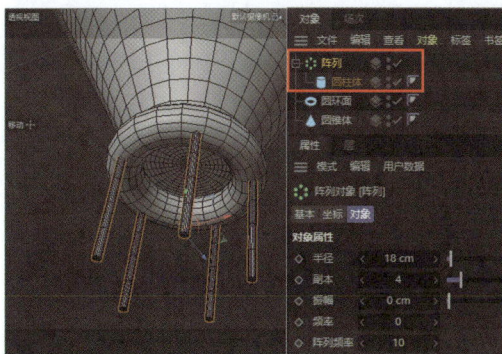

图4-19 设置阵列效果　　　　　　　图4-20 创建立方体

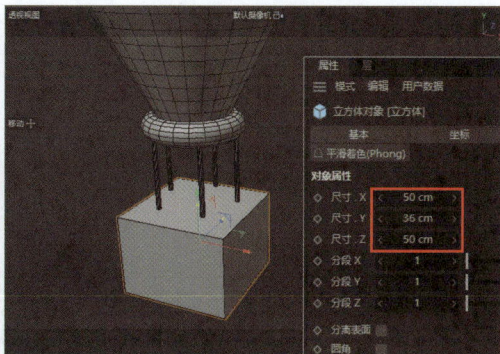

（8）选择"创建"|"网格参数对象"|"空白多边形"命令，创建一个空白多边形，在"对象"面板中将本例创建的所有对象放置在"多边形"的子层级，然后将"多边形"对象改名为"气球1"，并将其放置在主体模型的合适位置，按住Ctrl键拖动"气球1"模型，将其复制多份，如图4-22所示。

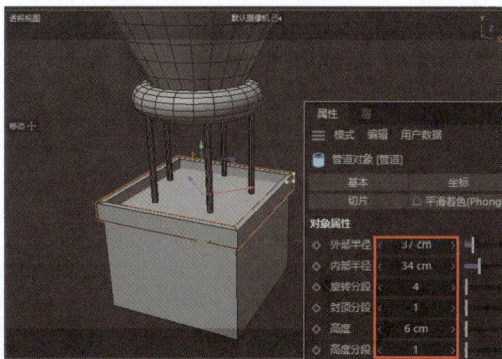

图4-21 创建管道　　　　　　　　　图4-22 复制气球

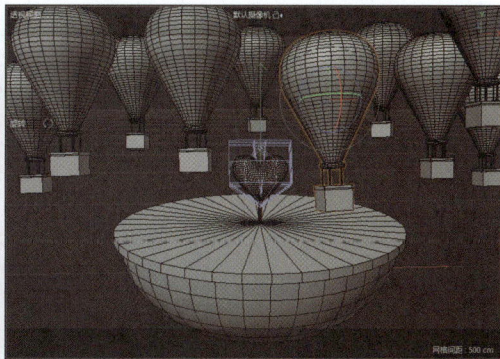

4. 树木元素模型制作

【例4-4】在电商广告环境中制作树木元素模型。

（1）单击工具栏中的"立方体"按钮 ⬛，在场景中创建一个"尺寸.X"为5cm、"尺寸.Y"为50cm、"尺寸.Z"为5cm、"分段Y"为5cm的立方体，如图4-23所示。

例4-4

（2）按C键将创建的立方体转换为可编辑对象，在"边"模式下添加分段线并调整模型，效果如图4-24所示。

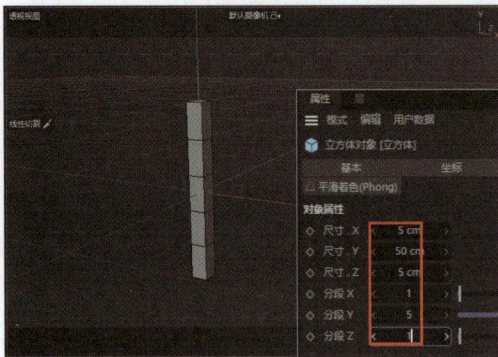

图4-23　创建立方体模型

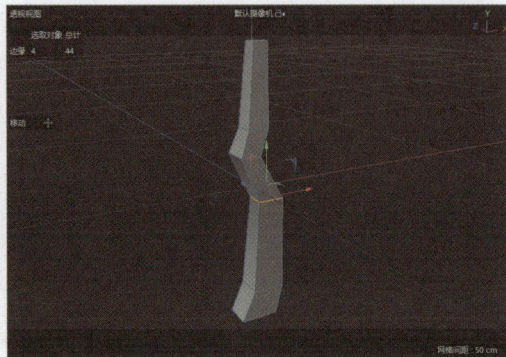

图4-24　编辑立方体模型

（3）在"多边形"模式下选中图4-25左图所示的多边形，然后右击场景中的空白处，在弹出的菜单中选择"挤压"命令，使用"挤压"工具向外挤压一定长度，制作出图4-25右图所示的树干模型。

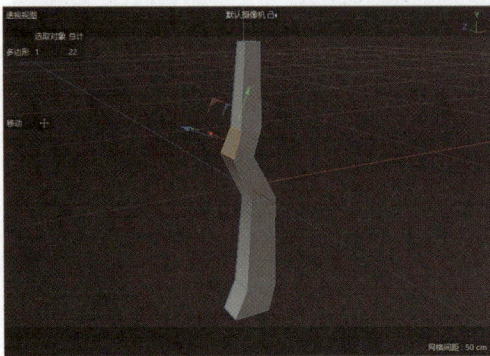

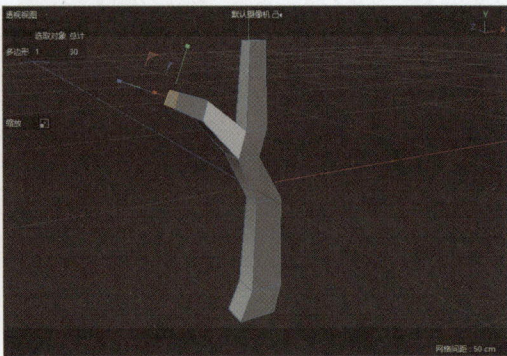

图4-25　创建树干模型

（4）长按工具栏中的"立方体"按钮■，从弹出的面板中选择"球体"工具●，在场景中创建大小不一的球体，制作树冠模型，并将树木元素模型复制多份，如图4-26所示。

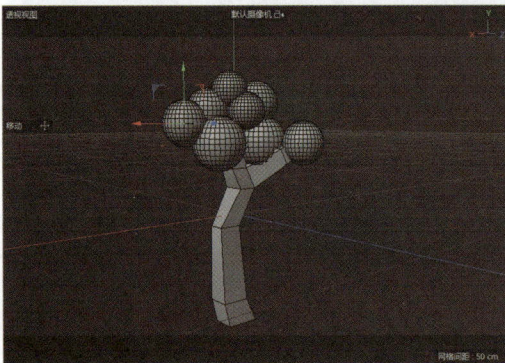

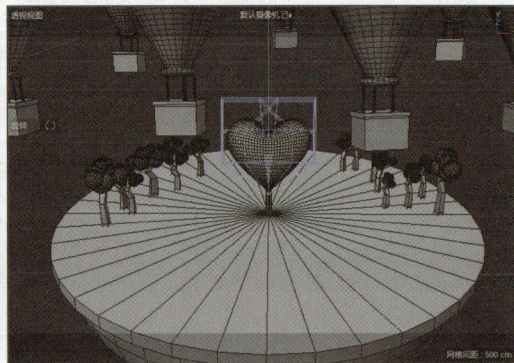

图4-26　场景中的树木元素模型

5. 折扣文字模型制作

【例4-5】在场景中使用文本工具创建文字，使用"挤压"生成器生成文字模型。

（1）单击工具栏中的"文本样条"工具■，在显示的"对象属性"面板的"文本样条"输入框中输入"5折"，设置"字体"为"汉仪综艺体简"、"高度"为

例 4-5

50cm、"点插值方式"为"自然"、"数量"为18，如图4-27所示。

（2）切换到正视图。再次单击工具栏中的"文本样条"工具 T ，在显示的"对象属性"面板的"文本样条"输入框中输入"全场"，设置"字体"为"方正综艺简体"、高度为25cm、"点插值方式"为"自然"、"数量"为18。

（3）在视图中调整文本样条的位置，如图4-28所示。

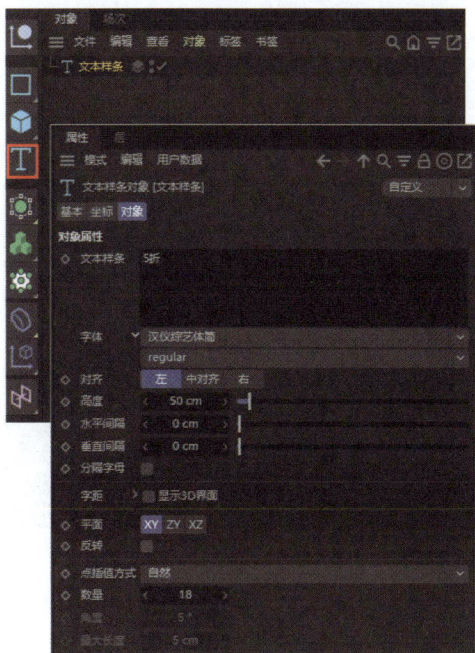

图4-27　使用"文本样条"工具创建文字

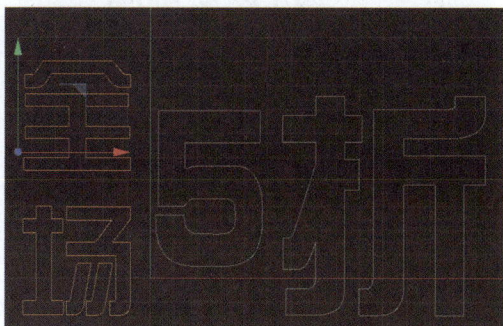

图4-28　调整文本样条的位置

（4）在"对象"面板中分别重命名两个文本样条为"全场"和"5折"。在工具栏中按住"细分曲面"按钮 ，在弹出的面板中选择"挤压"工具 ，在"对象"面板中将文本样条"5折"放到"挤压"对象（生成器）的子层级，如图4-29所示。

（5）在"对象"面板中选中"挤压"对象，在"属性"面板的"对象"选项卡中设置"偏移"为5cm，在"封盖"选项卡中设置"圆角"的"尺寸"为1。

（6）使用同样的方法将文本样条"全场"也挤压成模型，在"挤压"对象"属性"面板的"封盖"选项卡中设置"圆角"的"尺寸"为0.5。

（7）切换到透视视图，然后调整场景中模型的旋转角度和位置，将文字模型放置在主体模型中，如图4-30所示。

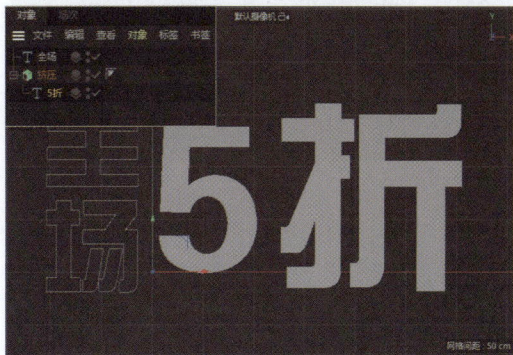

图4-29　将文本样条挤压成模型

图4-30　调整文本模型的位置

6. 节日文字模型制作

【例4-6】使用"挤压"生成器将文本样条转换为三维文字，使用"扭曲"变形器制作扭曲效果文字。

（1）单击工具栏中的"文本样条"按钮 █，在"属性"面板的"文本样条"输入框中输入"情人节"，在正视图中创建文本"情人节"，如图4-31所示。

（2）长按工具栏中的"细分曲面"按钮 █，从弹出的面板中选择"挤压"工具 █，在"对象"面板中将"文本"放在"挤压"生成器的子层级。

（3）在"属性"面板中设置"方向"为Y，"偏移"为20cm。

（4）调整文字在主体模型中的位置和旋转角度，如图4-32所示。

图4-31　文本样条

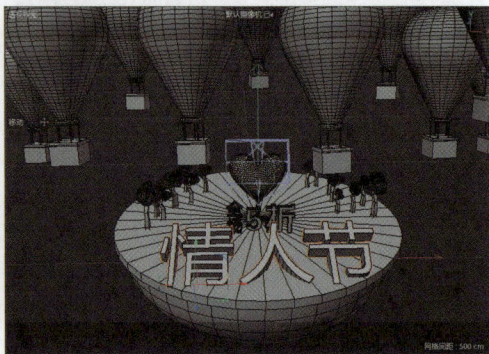

图4-32　调整节日文字

7. 围栏模型制作

【例4-7】在主体模型中制作围栏模型。

（1）单击工具栏中的"立方体"按钮 █，在场景中创建一个"尺寸.X"为10cm、"尺寸.Y"为30cm、"尺寸.Z"为2cm、"分段X"为2的立方体，如图4-33所示。

（2）按C键将立方体转换为可编辑对象，在"点"模式中调整立方体的造型，如图4-34所示。

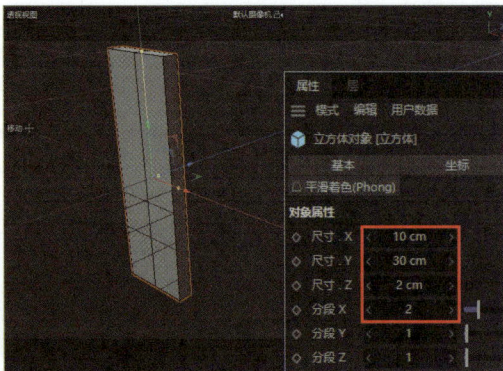

图4-33　创建立方体

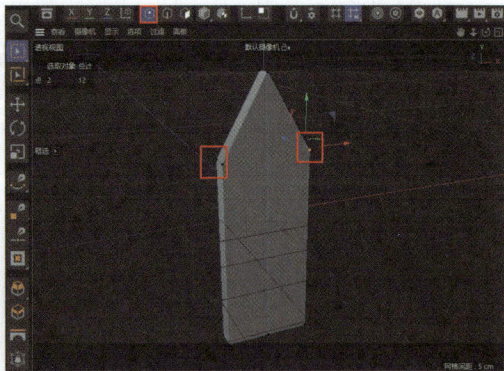

图4-34　调整立方体造型

（3）切换到"边"模式，选择"选择"|"循环选择"命令，选中立方体一侧的边后，右击场景空白处，在弹出的菜单中选择"倒角"命令，为模型添加"倒角"效果（设置"偏移"为0.5cm），如图4-35所示。

（4）长按工具栏中的"矩形"按钮 █，从弹出的面板中选择"圆环"工具 █，在场景中创建一个"半径"为100cm的圆环，如图4-36所示。

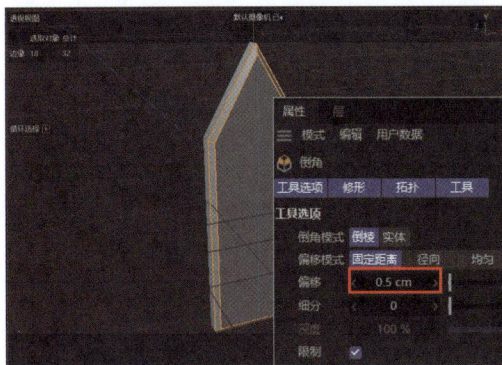

图4-35 创建立方体

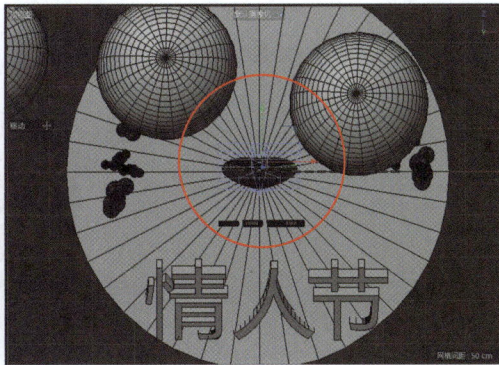

图4-36 创建圆环

（5）选择"运动图形"|"效果器"|"样条"命令，添加一个"样条"效果器，将"圆环"拖入"样条"效果器"属性"面板的"样条"选项中，如图4-37所示。

（6）选择"运动图形"|"克隆"命令，添加"克隆"对象，在"对象"面板将"立方体"对象拖动至"克隆"的子层级。

（7）选中"对象"面板中的"克隆"对象，在"属性"面板中将"数量"设置为22，如图4-38所示。

（8）在"属性"面板中选择"效果器"选项卡，然后将"对象"面板中的"样条"对象拖动至"效果器"选项卡的"效果器"列表框中。

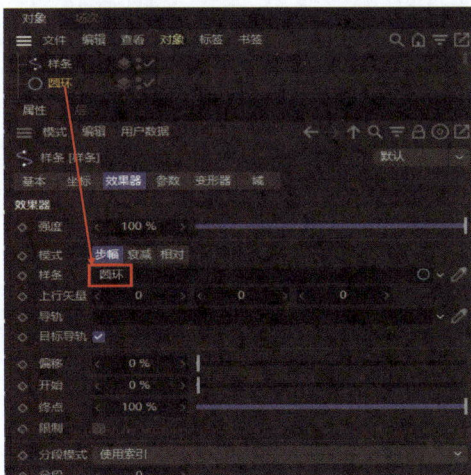

图4-37 设置样条路径

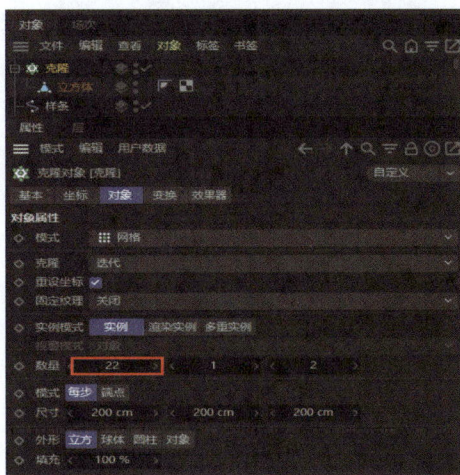

图4-38 设置克隆数量

（9）在"对象"面板中选中"样条"对象，在"属性"面板中设置"上行矢量"为1、"旋转.H"为70°，如图4-39所示。

8. 广告地面模型制作

【例4-8】使用"立方体"工具在场景中创建地面模型。

（1）单击工具栏中的"立方体"按钮■，在场景中创建一个"尺寸.X""尺寸.Y""尺寸.Z"均为50cm的立方体模型。

（2）选择"运动图形"|"克隆"命令，添加"克隆"对象，在"对象"面板中将"立方体"对象拖动至"克隆"的子层级，如图4-40所示。

例4-8

（3）选择"运动图形"｜"效果器"｜"随机"命令，为"克隆"添加"随机"效果器，如图4-41所示。

图4-39　设置样条方向和旋转角度

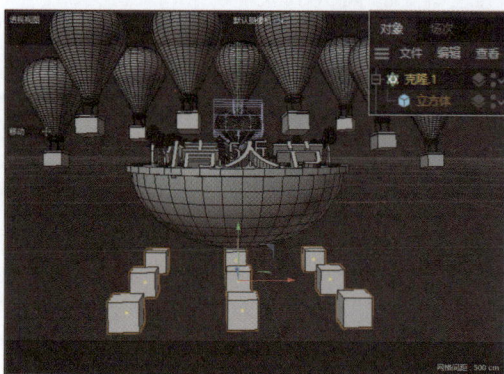

图4-40　创建"克隆"对象

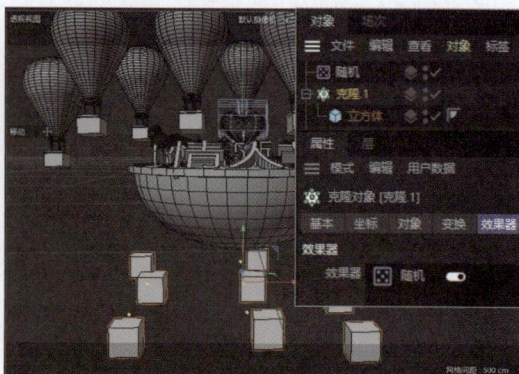

图4-41　添加"随机"效果器

（4）在"对象"面板中选中"克隆"对象，在"属性"面板中设置"数量"为50、1、50，"尺寸"均为30cm，如图4-42所示。

（5）长按工具栏中的"立方体"按钮 ，在弹出的面板中选择"平面"工具，然后将其旋转一定角度作为场景背景，如图4-43所示。

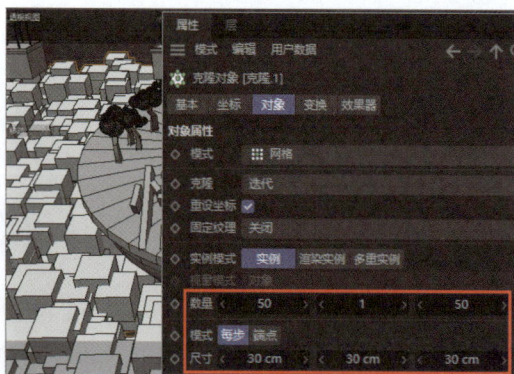

图4-42　设置克隆数量和尺寸

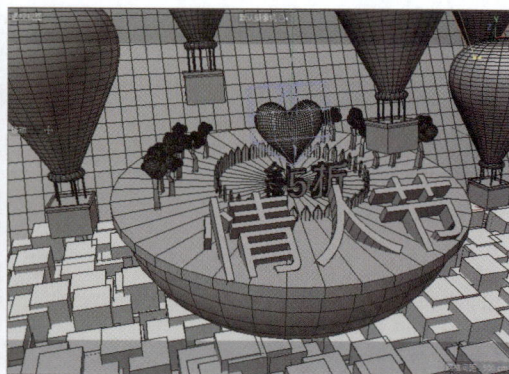

图4-43　场景背景

4.2.2 创建灯光

在电商广告中创建灯光，不仅可以突出产品的细节和特征，控制灯光的角度、颜色和强度等属性，还可以使产品在广告中更加引人注目。

【例4-9】在节日促销广告场景中创建灯光。

（1）单击工具栏中的"灯光"工具 ，在场景中创建一个灯光，如图4-44所示。

（2）在"对象"面板中选中创建的灯光，在"属性"面板的"常规"选项卡中设置"颜色"的RGB值为（255，255，255），设置"投影"为"区域"、"可见灯光"为"正向测定体积"，如图4-45所示。

例4-9

图4-44　创建灯光

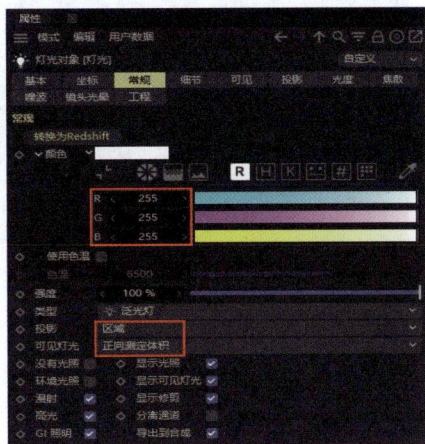

图4-45　设置灯光属性

（3）调整灯光在场景中的位置，按Ctrl+R组合键渲染场景，灯光效果如图4-46左图所示。

（4）按住Ctrl键拖动创建的灯光，将其复制一份并调整复制灯光的位置。再次按Ctrl+R组合键渲染场景，灯光效果如图4-46右图所示。

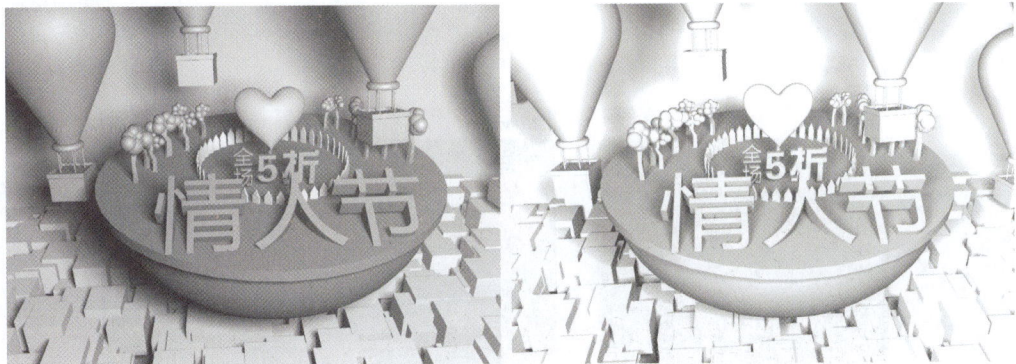

图4-46　灯光渲染效果

4.2.3 设置环境

通过设置环境，可以为节日促销广告场景提供适当的背景、光照和氛围，增强场景的真实感。

【例4-10】在节日促销广告场景中设置环境。

（1）单击工具栏中的"天空"工具 ，在场景中创建一个天空模型。

（2）按Shift+F8组合键打开"资产浏览器"窗口，选择"材质"选项卡，在搜索栏中输入Photo，然后将找到的Photo Studio材质赋予"天空"模型，如图4-47所示。

（3）在"对象"面板中右击"天空"对象，在弹出的菜单中选择"渲染标签"|"合成"命令，为该对象添加"合成"标签，如图4-48所示。

图4-47　添加材质

图4-48　添加"合成"标签

4.2.4　材质制作

在节日促销广告中，使用纯色材质可以方便地定制颜色。用户可以根据需要选择任何颜色来满足场景或设计的要求。

1. 红色材质制作

【例4-11】制作用于气球、文字和爱心模型的红色材质。

（1）按Shift+F2组合键打开"材质"面板，创建一个默认材质，然后双击该材质，打开"材质编辑器"窗口，设置"颜色"的RGB值为（255,0,0），并在窗口左侧的输入框中输入文本"红色"，如图4-49所示。

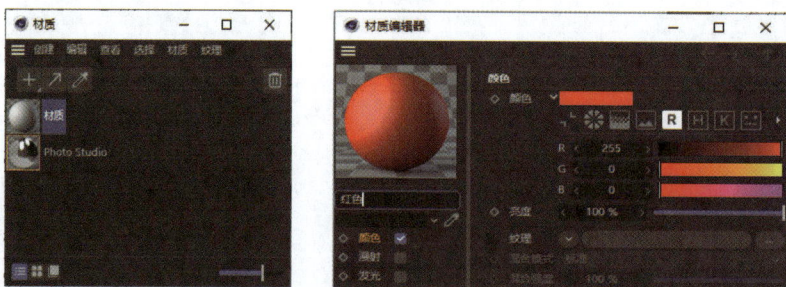

图4-49　设置"红色"材质

（2）在"材质编辑器"窗口中选中"反射"复选框，然后单击"添加"按钮，在弹出的下拉列表中选择GGX选项，设置"粗糙度"为5%、"反射强度"为50%、"菲涅耳"为"绝缘体"、"预置"为"聚酯"，如图4-50所示。

例 4-10

例 4-11

（3）将"红色"材质赋予场景中的气球、文字和爱心模型，效果如图4-51上图所示。

（4）按Ctrl+R组合键渲染场景，效果如图4-51下图所示。

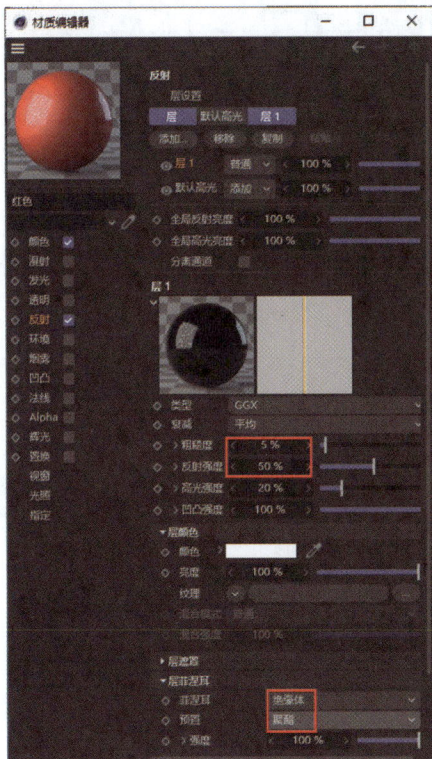

图4-50　设置反射属性

图4-51　将材质赋予模型

2. 粉色材质制作

【例4-12】制作用于围栏、背景和主体模型的粉色材质。

（1）在"材质"面板中按住Ctrl键拖动"红色"材质，将其复制一份，然后将复制的材质重命名为"粉色"。

（2）双击"粉色"材质，在打开的"材质编辑器"窗口中将"颜色"的RGB值设置为（255,192,208），如图4-52所示。

（3）选中"反射"复选框，设置"粗糙度"为50%、"反射强度"为50%、"高光强度"为100%、"菲涅耳"为"导体"、"预置"为"铜"。

（4）将"粉色"材质赋予场景中的围栏、背景和主体模型，按Ctrl+R组合键渲染场景，效果如图4-53所示。

3. 绿色材质制作

【例4-13】制作用于树冠模型的绿色材质。

（1）在"材质"面板中按住Ctrl键拖动"红色"材质，将其复制一份，然后将复制的材质重命名为"绿色"。

（2）双击"绿色"材质，在打开的"材质编辑器"窗口中将"颜色"的RGB值设置为（0,255,0）。

（3）选中"反射"复选框，设置"粗糙度"为70%、"菲涅耳"为"绝缘体"、"预置"为"油（植物）"。

（4）将"绿色"材质赋予场景中的树冠模型。

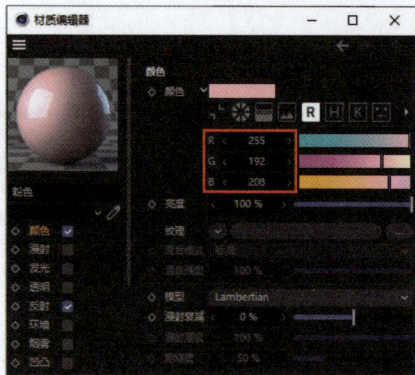

图4-52 设置"粉色"材质　　　　图4-53 "粉色"材质渲染效果

4. 金色材质制作

【例4-14】制作用于折扣文本模型的金色材质。

（1）在"材质"面板中按住Ctrl键拖动"红色"材质，将其复制一份，然后将复制的材质重命名为"金色"。

（2）双击"金色"材质，在打开的"材质编辑器"窗口中将"颜色"的RGB值设置为（218,165,32）。

例 4-14

（3）选中"反射"复选框，设置"粗糙度"为0%、"反射强度"为100%、"高光强度"为60%、"菲涅耳"为"导体"、"预置"为"金"。

（4）将"金色"材质赋予场景中的折扣文本模型。

5. 褐色材质制作

【例4-15】制作用于树干模型的褐色材质。

（1）在"材质"面板中按住Ctrl键拖动"红色"材质，将其复制一份，然后将复制的材质重命名为"褐色"。

（2）双击"褐色"材质，在打开的"材质编辑器"窗口中将"颜色"的RGB值设置为（142,42,48）。

例 4-15

（3）选中"反射"复选框，设置"粗糙度"为5%、"反射强度"为20%、"高光强度"为20%、"菲涅耳"为"绝缘体"、"预置"为"沥青"。

（4）将"褐色"材质赋予场景中的树干模型。

6. 蓝色材质制作

【例4-16】制作用于气球吊篮模型的蓝色材质。

（1）在"材质"面板中按住Ctrl键拖动"红色"材质，将其复制一份，然后将复制的材质重命名为"蓝色"。

（2）双击"蓝色"材质，在打开的"材质编辑器"窗口中将"颜色"的RGB值设置为（193,210,240）。

例 4-16

（3）选中"反射"复选框，设置"粗糙度"为5%、"反射强度"为20%、"高光强度"为20%、"菲涅耳"为"绝缘体"、"预置"为"珍珠"。

（4）将"蓝色"材质赋予场景中的气球吊篮模型。

4.2.5　设置摄像机

通过在场景中设置摄像机，用户可以控制场景的视觉呈现方式并创造出逼真的渲染效果。

【例4-17】在场景中设置摄像机。

（1）单击工具栏中的"摄像机"按钮，场景中将自动添加一个摄像机。

（2）在"对象"面板中单击"摄像机"对象右侧的按钮，使其变为，切换到摄像机视图，如图4-54左图所示。

例 4-17

（3）按住鼠标左键拖动可以调整摄像机视图的水平和垂直角度，滚动鼠标滚轮可以拉远或拉近视图，如图4-54右图所示。

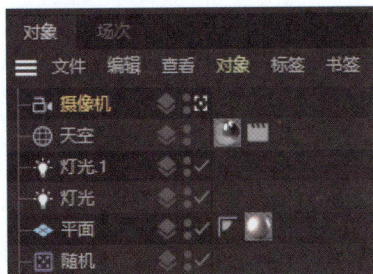

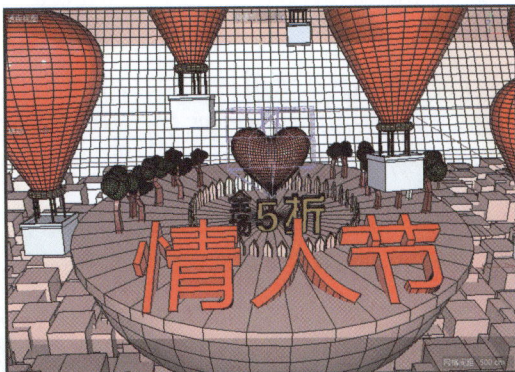

图4-54　切换到摄像机视图

（4）在"对象"面板中选中"摄像机"对象，在"属性"面板中选择"模式"｜"视图设置"命令，如图4-55左图所示，切换到"视窗"面板并选择"安全框"选项卡。

（5）在"安全框"选项卡中选中"安全范围"复选框，可以激活下方的"标题安全框""动作安全框""渲染安全框"复选框，如图4-55右图所示。

（6）调整"标题安全框"和"动作安全框"下方的"尺寸"参数，可以控制"动作安全框"和"标题安全框"的范围。设置"透明"参数，可以调整"渲染安全框"的透明度。调整摄像机角度，视图窗口中处于"渲染安全框"以外的部分将不会被渲染。

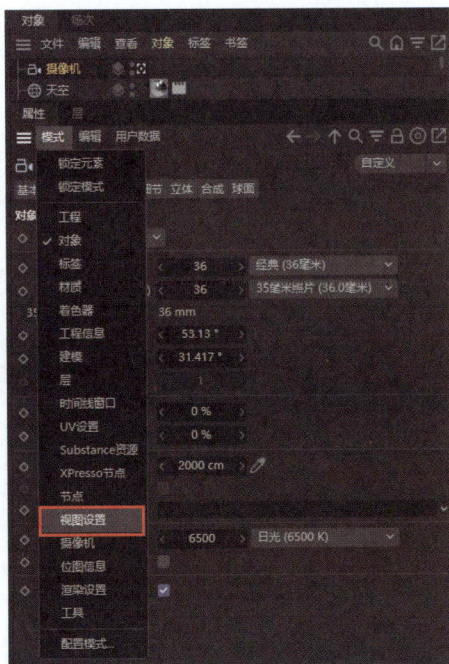

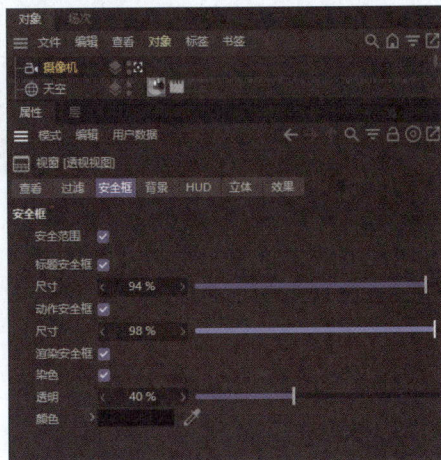

图4-55　设置摄像机安全框

在Cinema 4D中，渲染输出是指将场景渲染为最终图像或动画的过程。

【例4-18】将制作好的节日促销电商广告渲染输出。

（1）按Ctrl+B组合键打开"渲染设置"窗口，在"输出"选项中设置"宽度"为1280像素、"高度"为780像素，如图4-56左图所示。

（2）选择"抗锯齿"选项，设置"抗锯齿"为"最佳"、"最小级别"为2×2、"最大级别"为4×4、"过滤"为Mitchell，如图4-56右图所示。

例 4-18

（3）单击"效果"按钮，在弹出的下拉列表中选择"全局光照"选项，设置"主算法"和"次级算法"均为"准蒙特卡罗（QMC）"，如图4-57所示。

（4）按Ctrl+R组合键渲染场景，效果如图4-58所示。

图4-56 设置输出和抗锯齿选项

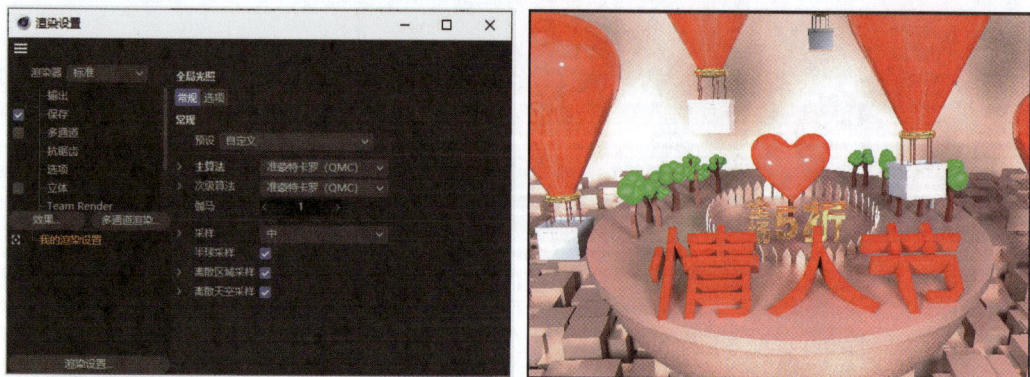

图4-57 设置全局光照

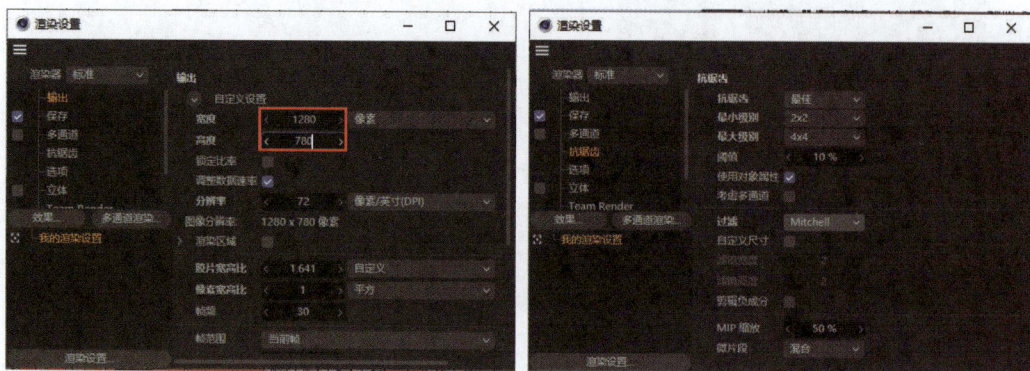

图4-58 场景渲染效果

完成节日促销电商广告的制作后，用户可以使用Photoshop对输出的结果进行后期处理，调整图片的色阶和饱和度，以得到最佳的广告效果。关于使用Photoshop处理图片的相关操作方法，用户可以查阅专门的书籍进行学习，这里不作讲解。

4.3 "双十一"电商广告

在Cinema 4D中,设计师可以使用建模工具来模拟真实的场景模型,以展示"双十一"促销信息。利用Cinema 4D的渲染功能,可以为产品添加逼真的材质和光照效果,使其看起来更加吸引人。

下面将制作一个具有霓虹灯效果的机械风"双十一"电商广告。

4.3.1 模型制作

本案例的模型主要由霓虹灯、齿轮和背景板等部分组成。

1. 霓虹灯模型制作

【例4-19】在Cinema 4D中制作霓虹灯模型。

(1)长按工具栏中的"文本样条"按钮 ,在弹出的面板中选择"文本"工具,在场景中创建一个文本,在"属性"面板中设置"深度"为50cm、"文本样条"为"双11全球购物节"、"字体"为"微软雅黑"、"高度"为200cm、"水平间隔"为20cm,如图4-59所示。

例 4-19

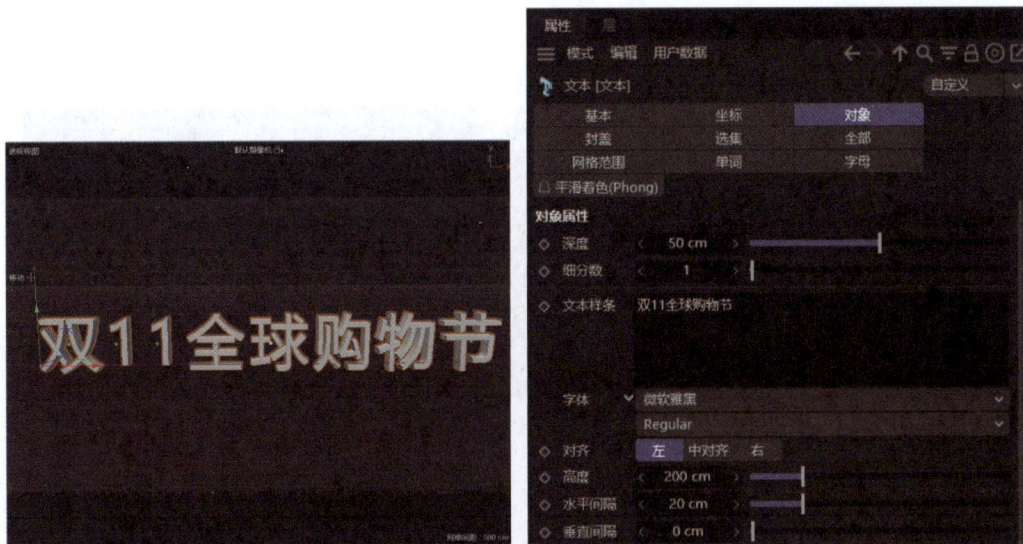

图4-59 在场景中创建立体文本

(2)按C键将文本模型转换为可编辑对象,在"对象"面板中展开"文本"对象,文本中的每个字将被单独转换为对象,如图4-60所示。

(3)在图4-60中右击"双"对象,在弹出的菜单中选择"连接对象+删除"命令,如图4-61所示。

(4)使用同样的方法,将"对象"面板中的其他文字转换为单一对象,如图4-62所示。

(5)单击工具栏中的"多边形"按钮 。按住Shift键选中图4-63左图所示的文本对象,在场景中右击,从弹出的菜单中选择"嵌入"命令,效果如图4-63右图所示。

(6)在打开的"嵌入"面板的"偏移"输入框中输入3cm后按Enter键,如图4-64所示。

（7）按住Shift键选中场景中的多边形，然后在场景中右击，从弹出的菜单中选择"挤压"命令，如图4-65所示。

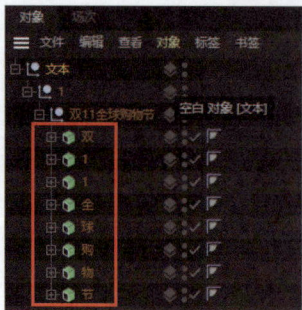

图4-60　拆分文本对象　　图4-61　选择"连接对象+删除"命令　图4-62　文本对象转换结果

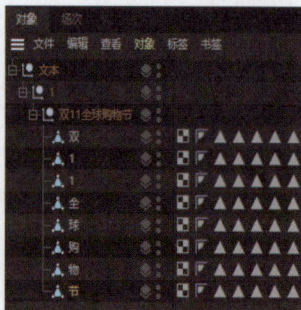

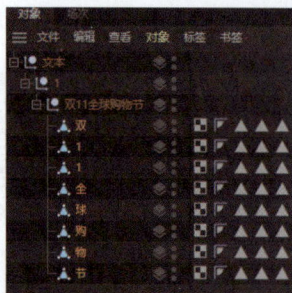

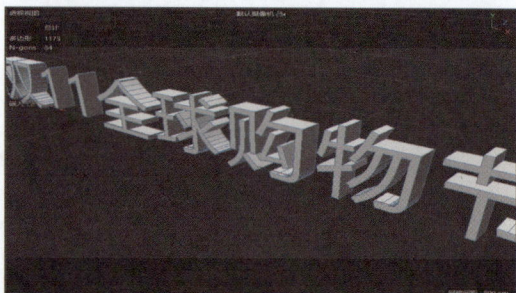

图4-63　对多个文本对象使用"嵌入"命令

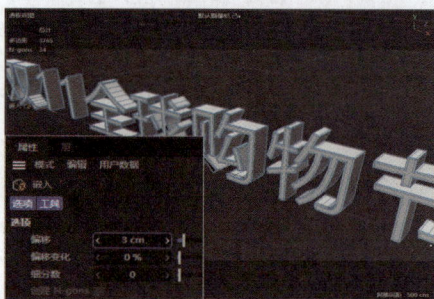

图4-64　设置"偏移"参数　　　　　　　图4-65　挤压选中的多边形

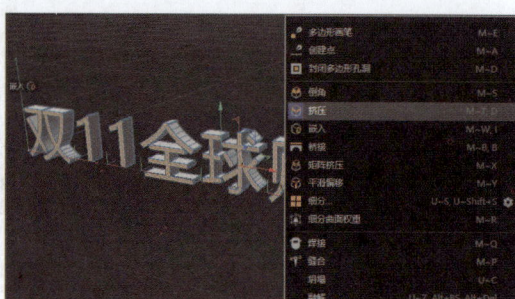

（8）打开"挤压"面板，将"偏移"设置为-20cm后按Enter键，如图4-66所示。

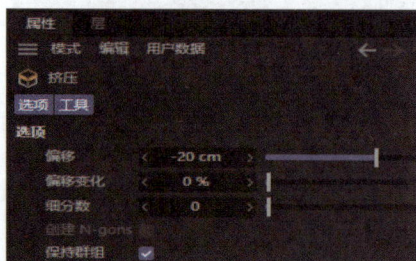

图4-66　挤压效果

（9）单击工具栏中的"边"按钮，选择"摄像机"｜"正视图"命令，切换为正视图，然后选择"选择"｜"框选"命令，选中图4-67所示的文本轮廓。

（10）在场景中右击，从弹出的菜单中选择"倒角"命令，在打开的"倒角"面板中设置"偏移"为1.5cm、"细分"为2后按Enter键，如图4-68所示。

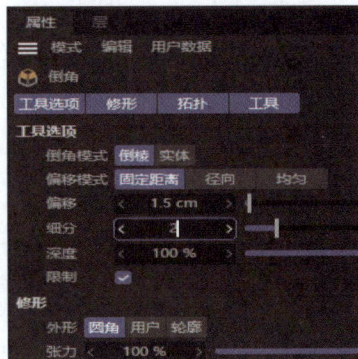

图4-67　正视图　　　　　　　　　图4-68　设置倒角参数

（11）单击工具栏中的"样条画笔"按钮，沿着文本模型凹陷部分绘制霓虹灯灯管路径，如图4-69左图所示。

（12）长按工具栏中的"矩形"按钮，在弹出的面板中选择"圆环"工具，在场景中创建一个"半径"为2cm的圆环，如图4-69中图所示。

（13）长按工具栏中的"细分曲面"按钮，在弹出的面板中选择"扫描"工具，然后在"对象"面板中将"圆环"对象和"样条"对象放在"扫描"对象的子层级，生成图4-69右图所示的灯管模型。

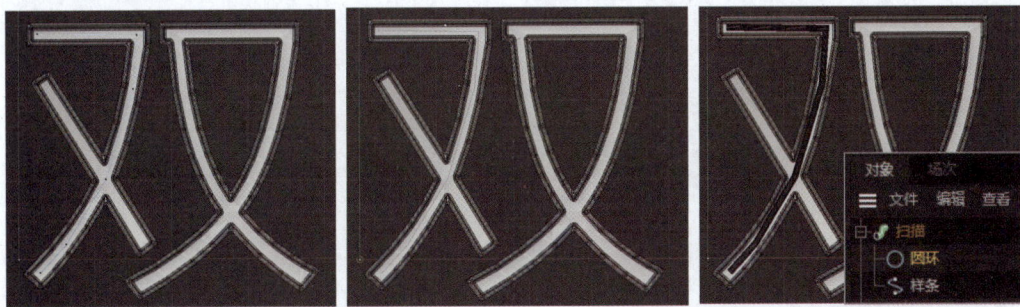

图4-69　绘制一个灯管模型

（14）使用同样的方法，在场景中创建图4-70所示的灯管模型。

图4-70　绘制文本凹槽内的灯管模型

（15）在"对象"面板中按住Shift键选中所有的"扫描"对象，按Alt+G组合键创建一个组，并将其重命名为"灯管"。

（16）长按工具栏中的"矩形"按钮，在弹出的面板中选择"圆环"工具，在场景中创建一个圆环，在"属性"面板中将"半径"设置为400cm、"数量"设置为30，如图4-71所示。

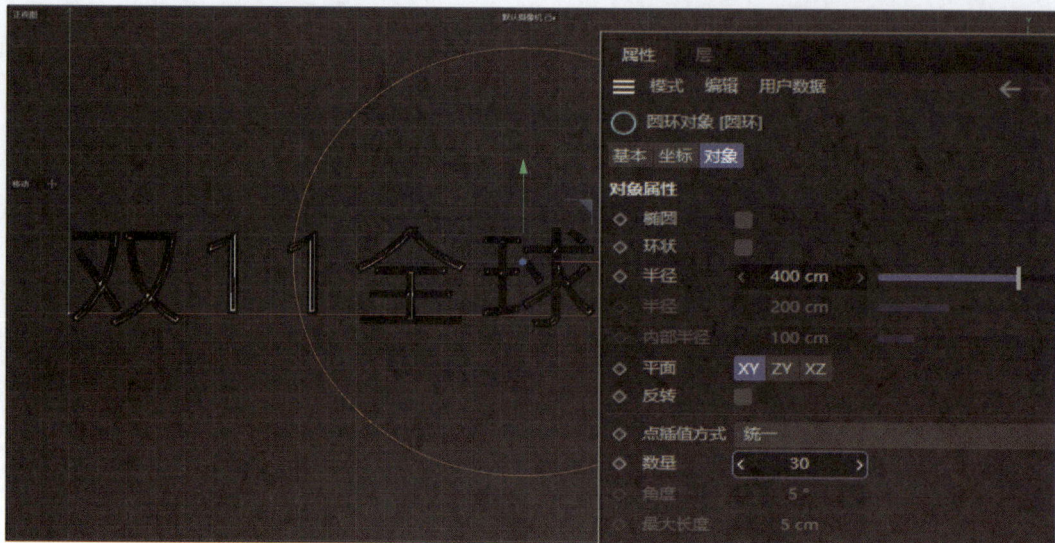

图4-71 绘制圆环

（17）使用同样的方法创建一个半径为6cm的圆环，长按工具栏中的"细分曲面"按钮，在弹出的面板中选择"扫描"工具，然后将步骤（16）和步骤（17）创建的"圆环"对象和"圆环.1"对象放在"扫描"对象的子层级，如图4-72所示。

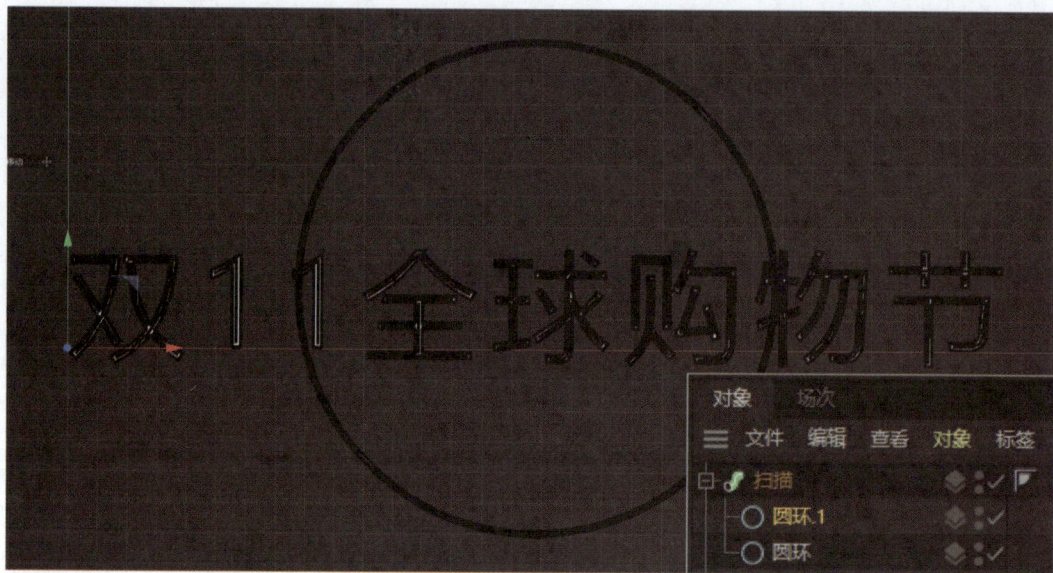

图4-72 通过"扫描"生成一个立体圆环

（18）选择"摄像机"|"透视视图"命令，切换到透视视图，使用"移动"工具调整圆环在场景中的位置，如图4-73所示。

（19）长按工具栏中的"立方体"按钮，在弹出的面板中选择"圆柱体"工具，在场景中创建一个圆柱体。

（20）在"属性"面板中将"半径"设置为440cm、"高度"为25cm、"高度分段"为16、"旋转分段"为60、"方向"为"+Z"，如图4-74所示。

（21）单击"切换活动视图"按钮切换为四视图，调整圆柱体模型在场景中的位置，如图4-75所示。

Cinema 4D R25电商美工视觉设计（全彩微课版）

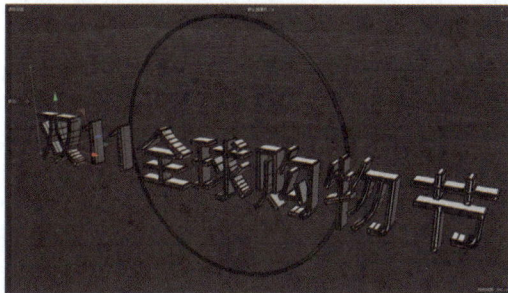

图4-73 调整圆环模型的位置

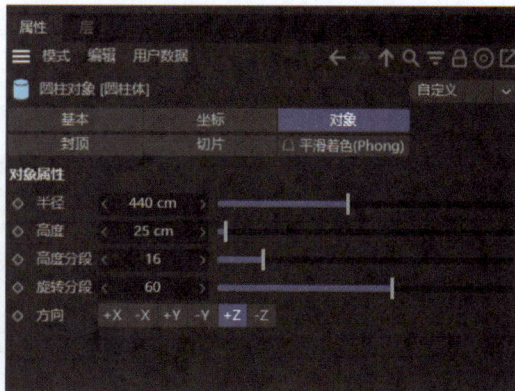

图4-74 设置圆柱体属性

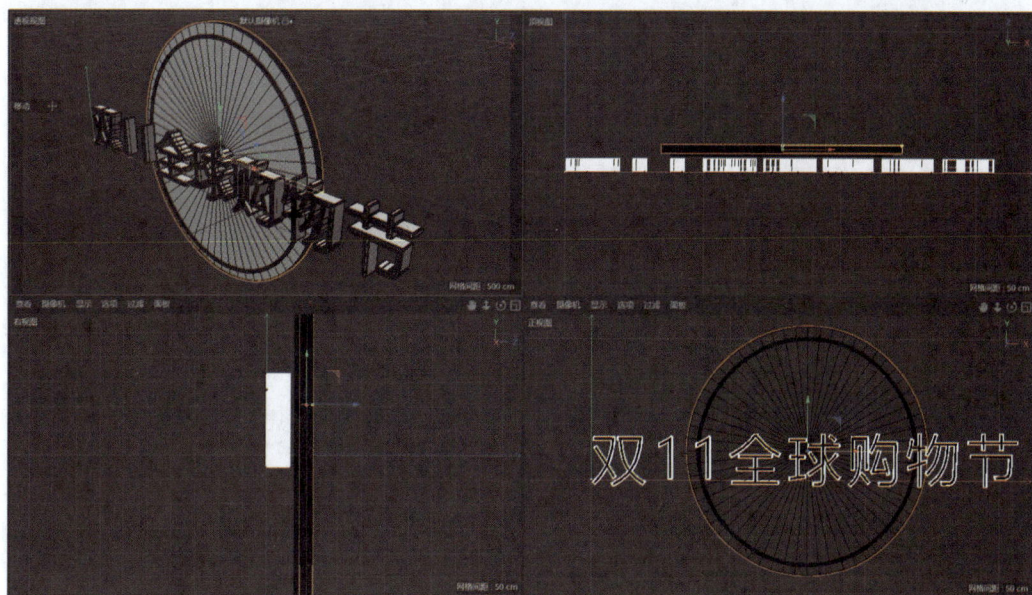

图4-75 调整圆柱体的位置

2. 齿轮模型制作

【例4-20】在场景中制作齿轮模型。

（1）长按工具栏中的"矩形"按钮▣，在弹出的面板中选择"齿轮"工具，在场景中创建一个齿轮样条。

（2）在"属性"面板中选择"齿"选项卡，将"根半径"设置为250cm、"附加半径"设置为330cm、"间距半径"设置为300cm、"组件"设置为30cm。

（3）选择"嵌体"选项卡，将"外半径"设置为180cm、"内半径"设置为100cm、"外宽度"设置为25%、"内宽度"设置为50%、"半径"设置为60cm，如图4-76所示。

（4）按住Alt键长按工具栏中的"细分曲面"按钮▣，在弹出的面板中选择"挤压"工具，为齿轮样条添加"挤压"生成器，在"属性"面板中设置"偏移"为10cm、"细分数"为3、"尺寸"为2cm、"分段"为1，如图4-77所示。

（5）使用"移动"工具调整齿轮模型的位置，按住Ctrl键的同时拖动齿轮模型，将其复制多份，并使用"缩放"工具调整模型的大小，如图4-78所示。

例4-20

图4-76 在场景中创建齿轮形状

图4-77 设置挤压参数

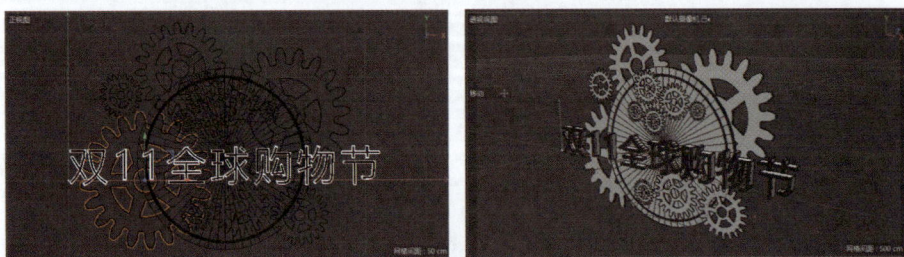
图4-78 调整齿轮模型的位置和大小

（6）单击工具栏中的"样条画笔"按钮 ![icon]，在场景中绘制图4-79左图所示的样条。

（7）长按工具栏中的"矩形"按钮 ![icon]，在弹出的面板中选择"圆环"工具，在场景中创建一个圆环，在"属性"面板中将"半径"设置为10cm。

（8）长按工具栏中的"细分曲面"按钮 ![icon]，在弹出的面板中选择"扫描"工具，然后在"对象"面板中将"圆环"对象和"样条"对象放在"扫描.1"对象的子层级，生成图4-79右图所示的圆管模型。

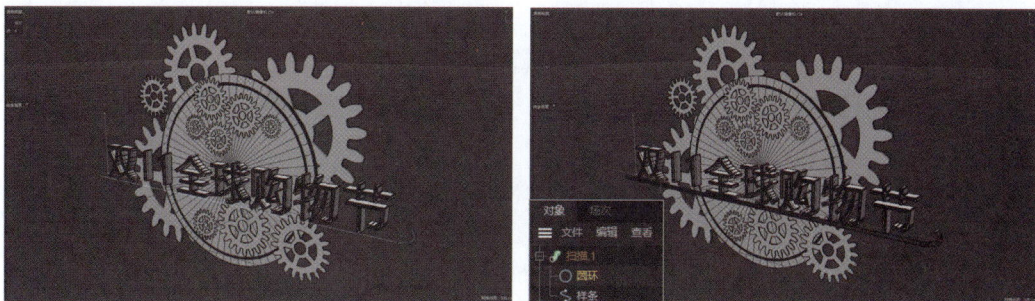

图4-79 创建圆管模型

（9）切换到四视图，调整圆管模型在场景中的位置，选择"移动"工具，按住Ctrl键拖动圆管模型，在场景中将其复制多份，如图4-80所示。

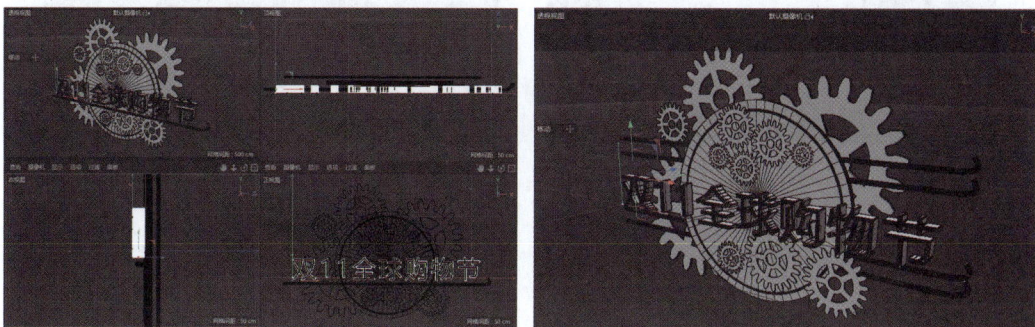

图4-80 将圆管模型复制多份

3. 背景板模型制作

【例4-21】在场景中制作背景板模型。

（1）单击工具栏中的"立方体"按钮 █，在场景中创建一个立方体模型，在"属性"面板中将"尺寸.X"设置为300cm、"尺寸.Y"设置为100cm、"尺寸.Z"设置为30cm，然后选中"圆角"复选框，将"圆角半径"设置为6cm、"圆角细分"设置为1，如图4-81所示。

例4-21

图4-81 创建并设置立方体

（2）按住Shift键单击工具栏中的"弯曲"按钮 ⚙ ，在弹出的面板中选择"倒角"工具，为场景中的立方体添加倒角效果，在"属性"面板中设置"偏移"为5cm，如图4-82所示。

（3）在"对象"面板中选中"立方体"对象，然后按住Alt键单击工具栏中的"克隆"按钮 ⚙ ，为创建的立方体添加"克隆"生成器。

（4）在"属性"面板中设置"数量"为30、30、1，"尺寸"为300cm、100cm、200cm，如图4-83所示。

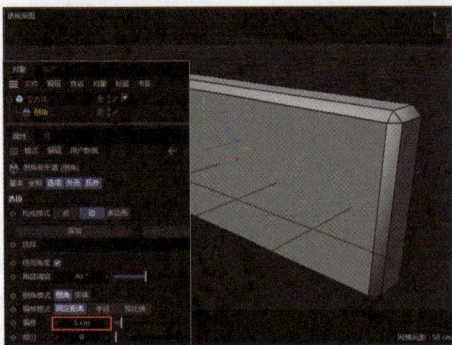

图4-82　设置倒角效果

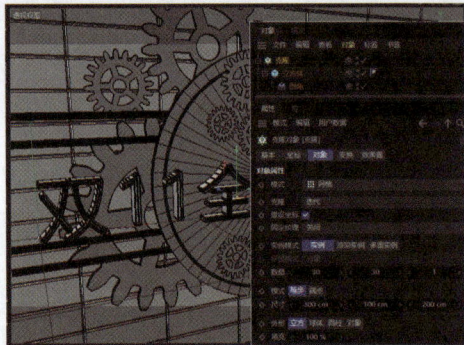

图4-83　设置克隆效果

4.3.2　材质制作

本小节将制作发光材质、玻璃材质和金属材质。

1. 发光材质制作

【例4-22】为场景中的灯管模型制作发光材质。

（1）按Shift+F2组合键打开"材质"面板，创建一个空白材质，然后右击该材质，在弹出的菜单中选择"重命名"命令，在打开的"名称"对话框中将材质重命名为"发光"，单击"确定"按钮，如图4-84所示。

（2）双击"发光"材质，在打开的"材质编辑器"窗口中选中"发光"复选框，设置"颜色"的RGB值为（0,228,255），如图4-85所示。

例4-22

（3）将"发光"材质赋予"对象"面板中的"灯管"对象，然后按Ctrl+R组合键渲染场景，效果如图4-86所示。

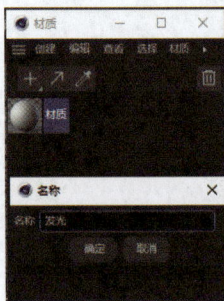

图4-84　创建材质

图4-85　设置"发光"参数

图4-86　"发光"材质效果

2. 玻璃材质制作

【例4-23】为场景中的圆管模型制作玻璃材质。

（1）在"材质"面板中创建一个名为"玻璃"的材质后双击该材质，在打开的"材质编辑器"窗口中选中"透明"复选框，设置"折射率预设"为"玻璃"，如图4-87左图所示。

（2）选中"反射"复选框后单击"添加"按钮，在弹出的下拉列表中选择GGX选项。

例 4-23

（3）设置"粗糙度"为1%、"菲涅耳"为"绝缘体"、"预置"为"玻璃"，制作出图4-87右图所示的材质效果。

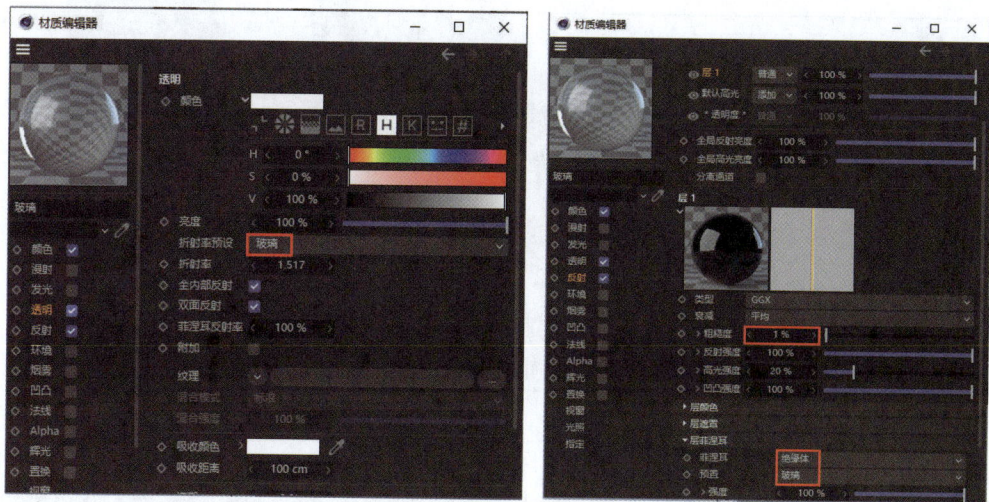

图4-87 制作"玻璃"材质

（4）将"玻璃"材质赋予场景中的对象，然后按Ctrl+R组合键渲染场景，效果如图4-88所示。

3. 金属材质制作

【例4-24】为场景中的文本、齿轮和背景板模型制作金属材质。

（1）在"材质"面板中创建一个名为"黑色金属"的材质，然后双击该材质，在打开的"材质编辑器"窗口中取消选中"颜色"复选框，选中"反射"复选框，单击"添加"按钮，添加GGX。

例 4-24

（2）设置"粗糙度"为30%、"反射强度"为60%、"高光强度"为36%、"菲涅耳"为"导体"、"预置"为"钨"，如图4-89所示。

图4-88 "玻璃"材质渲染效果

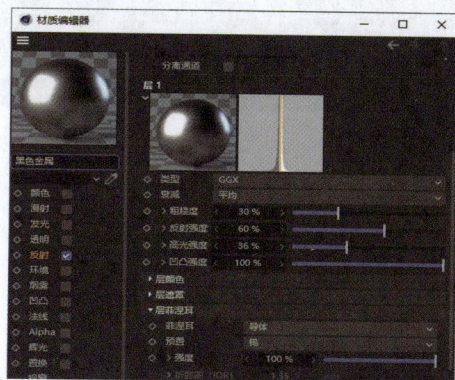

图4-89 设置"黑色金属"材质属性

（3）在"材质"面板中选中"黑色金属"材质，按Ctrl+C组合键和Ctrl+V组合键，将该材质复制一份，并将复制的材质命名为"金色金属"，如图4-90左图所示。

（4）双击"金色金属"材质球，在打开的"材质编辑器"窗口中选中"反射"复选框，将"预置"设置为"金"，如图4-90右图所示。

（5）将"金色金属"材质赋予场景中的文字，然后按Ctrl+R组合键渲染场景，效果如图4-91所示。

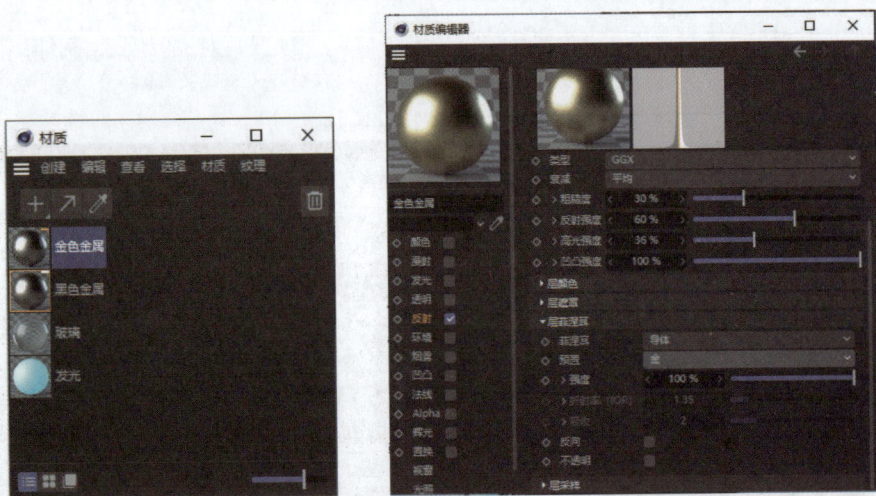

图4-90　制作"金色金属"材质

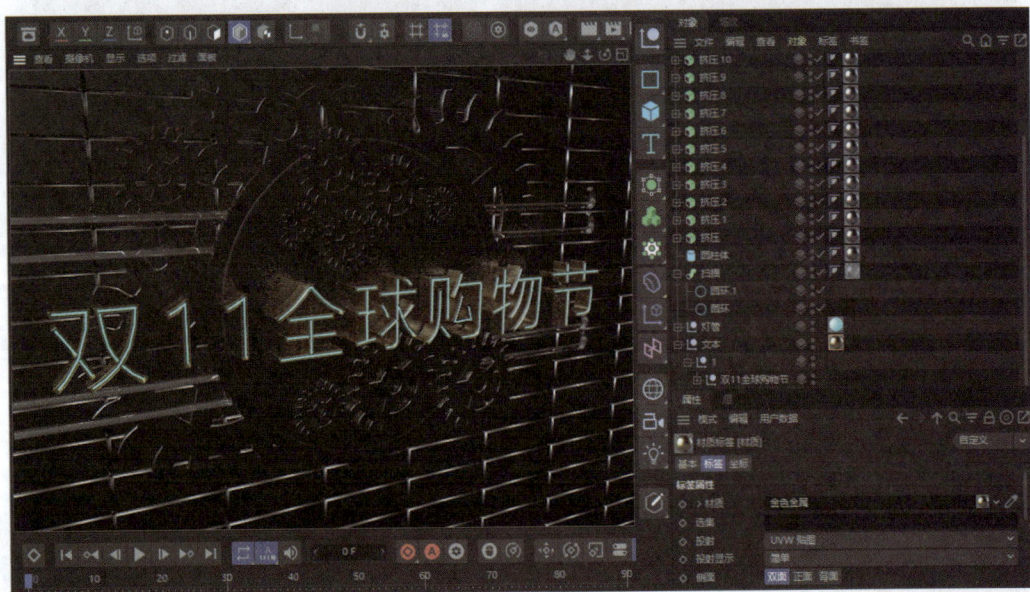

图4-91　将"金色金属"材质赋予文字对象

4.3.3　创建主光源

用户可以使用主光源来为场景创建主要的光照效果。通过调整主光源的属性和位置，可以控制场景中的光照效果，使其满足广告设计的需求。

【例4-25】在场景中创建主光源。

（1）单击工具栏中的"灯光"按钮，在场景中创建一个灯光，并使用"移动"工具调整其在场景中的位置，如图4-92所示。

（2）在"属性"面板的"常规"选项卡中，设置"颜色"的RGB值为（255,238,180）、"强度"为80%、"类型"为"泛光灯"、"投影"为"阴影贴图（软阴影）"，如图4-93所示。

例4-25

图4-92 设置灯光位置

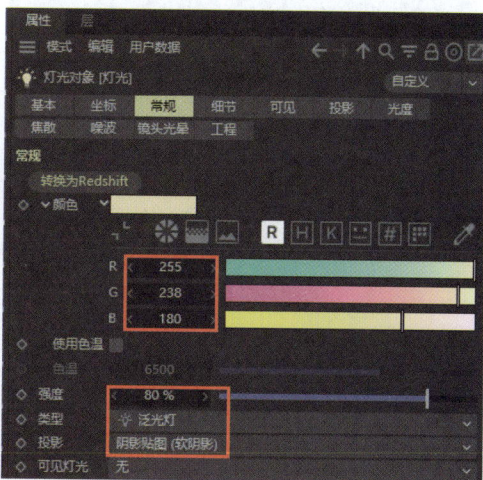

图4-93 设置灯光属性

（3）选择"细节"选项卡，设置"衰减"为"平方倒数（物理精度）"、"半径衰减"为800cm，如图4-94所示。

（4）按Ctrl+R组合键渲染场景，效果如图4-95所示。

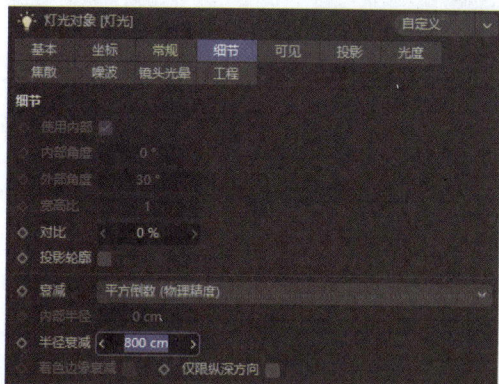

图4-94 "细节"选项卡

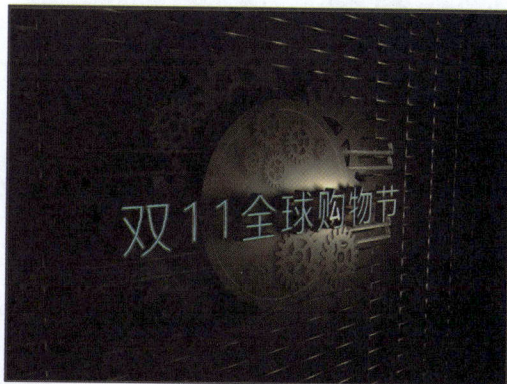

图4-95 主光源渲染效果

4.3.4 创建辅助光源

在场景中可以使用辅助光源来增强场景的光照效果，得到更丰富、逼真的渲染结果。

【例4-26】在场景中创建辅助光源。

（1）按住Ctrl键拖动【例4-25】中创建的主光源，将其复制一份，然后将复

例4-26

制的灯光移动至图4-96所示的位置。

（2）在"属性"面板的"常规"选项卡中修改"颜色"的RGB值为（100,238,180）、"强度"为60%，如图4-97所示。

图4-96　复制灯光

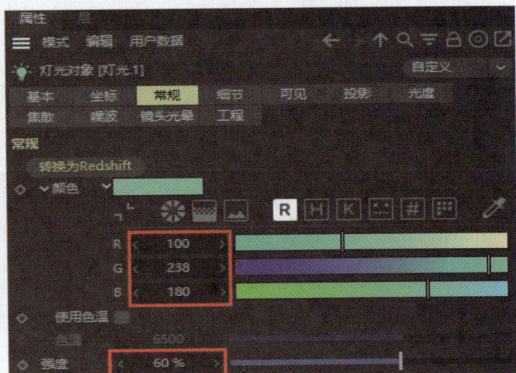

图4-97　设置灯光颜色和强度

（3）使用相同的方法在场景中再复制一个灯光，并设置其"颜色"的RGB值为（203，70，57）、"强度"为30%，如图4-98所示。

（4）按Ctrl+R组合键渲染场景，效果如图4-99所示。

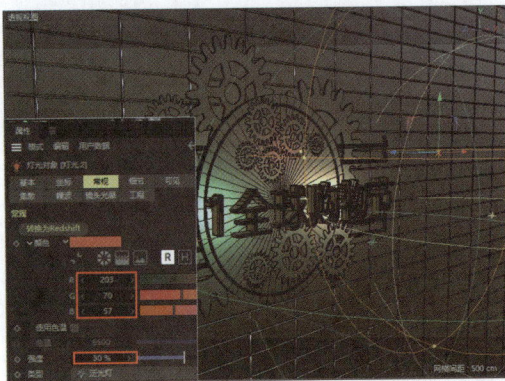

图4-98　创建第2个辅助光源

图4-99　场景渲染效果

4.3.5　创建环境光源

环境光源用于模拟自然环境中的整体光照效果。它是一种全局的光源，不会产生阴影，可以为场景提供整体的亮度和反射效果。

【例4-27】在场景中创建环境光源。

（1）单击工具栏中的"天空"按钮▣，在场景中创建一个天空模型，然后按Shift+F8组合键打开"资产浏览器"窗口，在搜索栏中输入Photo Studio，然后将找到的Photo Studio材质赋予"天空"对象，如图4-100所示。

例4-27

（2）在"对象"面板中右击"天空"对象，在弹出的菜单中选择"渲染标签"|"合成"命令，如图4-101所示，为"天空"对象添加"合成"标签▣。

（3）选中"合成"标签，在"属性"面板中取消选中"摄像机可见"复选框，如图4-102所示。

Cinema 4D R25电商美工视觉设计（全彩微课版）

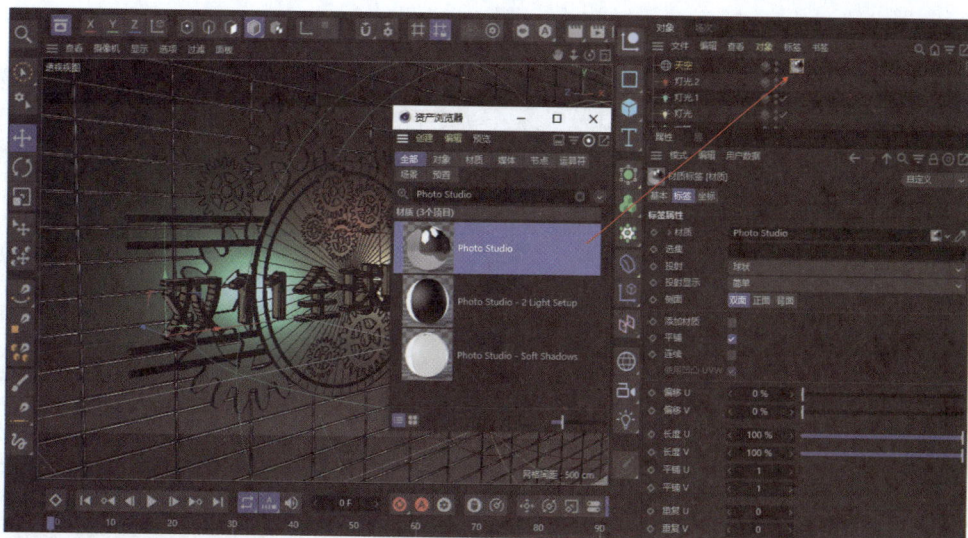

图4-100　将Photo Studio材质赋予"天空"对象

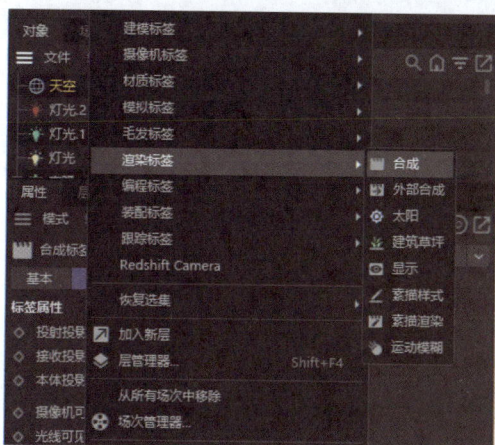

图4-101　添加"合成"标签

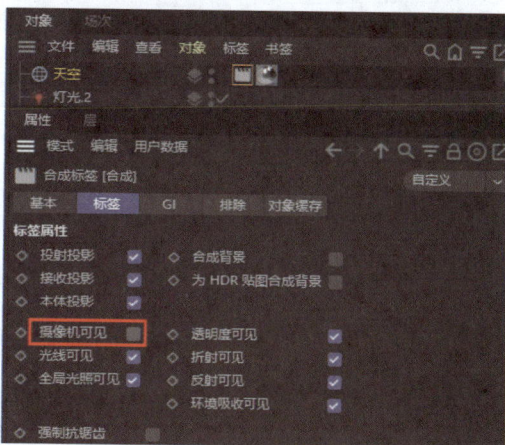

图4-102　设置"合成"标签属性

（4）按Shift+F2组合键打开"材质"面板，双击Photo Studio材质，在打开的"材质编辑器"窗口中选中"发光"复选框，然后单击纹理贴图，如图4-103所示。

（5）在打开的界面中设置"白点"为3，如图4-104所示。

图4-103　编辑Photo Studio材质

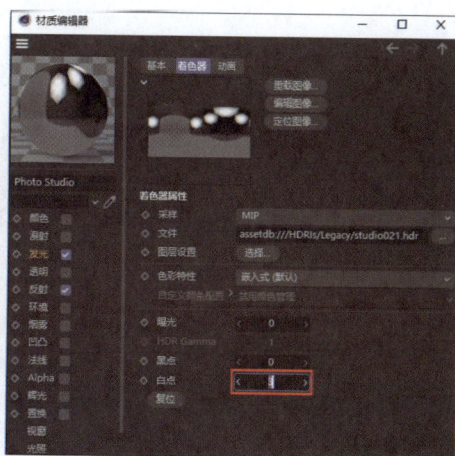

图4-104　设置纹理贴图属性

（6）按Ctrl+R组合键渲染场景，效果如图4-105所示。

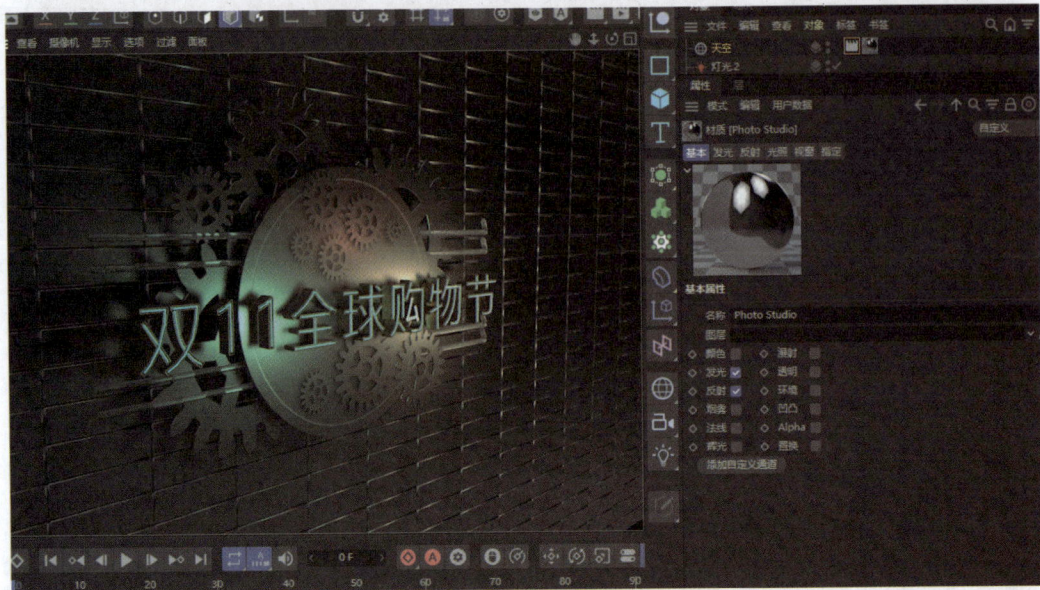

图4-105　场景渲染效果

4.3.6　渲染设置

在Cinema 4D中进行渲染设置可以帮助用户调整电商静态广告输出图像的质量，其中包括添加摄像机与设置场景渲染参数。

【例4-28】在场景中添加摄像机并设置场景渲染参数。

（1）单击工具栏中的"摄像机"按钮，场景中将自动添加一个摄像机。

（2）在"对象"面板中单击"摄像机"对象右侧的按钮，使其变为，切换为摄像机视图，然后调整场景中的视角，如图4-106所示。

例4-28

（3）按Ctrl+B组合键打开"渲染设置"窗口，在"输出"选项中设置"宽度"为1200像素、"高度"为900像素，如图4-107所示。

图4-106　设置摄像机视图

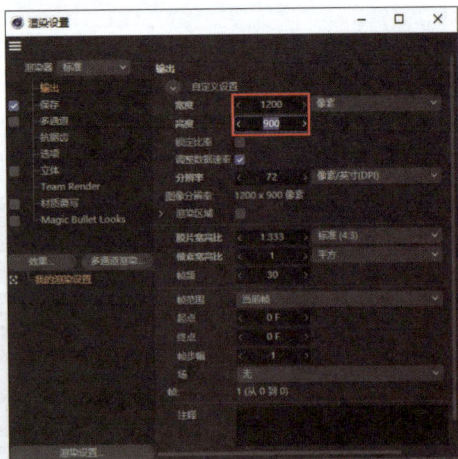

图4-107　设置广告的渲染尺寸

（4）选择"抗锯齿"选项，设置"抗锯齿"为"最佳"、"最小级别"为2×2、"最大级别"为4×4、"过滤"为Mitchell，如图4-108所示。

（5）单击"效果"按钮，在弹出的下拉列表中选择"全局光照"选项，如图4-109所示。

图4-108　设置"抗锯齿"

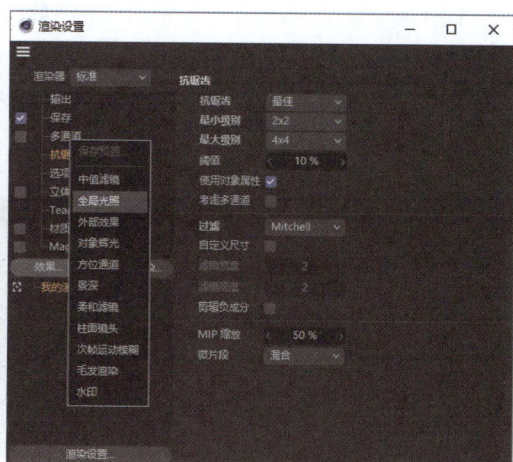

图4-109　添加"全局光照"

（6）在"全局光照"选项中设置"主算法"为"辐照缓存"，"次级算法"为"准蒙特卡罗（QMC）"，如图4-110所示。

（7）按Shift+R组合键渲染场景，效果如图4-111所示。

图4-110　设置"全局光照"

图4-111　广告渲染效果

4.4　进阶练习

实训目的

- 掌握制作"双十二"天猫电商广告的方法
- 掌握制作购物周电商促销广告的方法

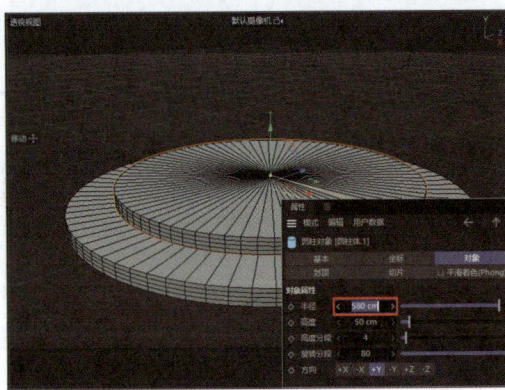
1. 制作"双十二"天猫电商广告

（1）长按工具栏中的"立方体"按钮，从弹出的面板中选择"圆柱体"工具，在场景中创建一个圆柱体模型。

（2）在"属性"面板中设置"半径"为750cm、"高度"为50cm、"旋转分段"为80，如图4-112所示。

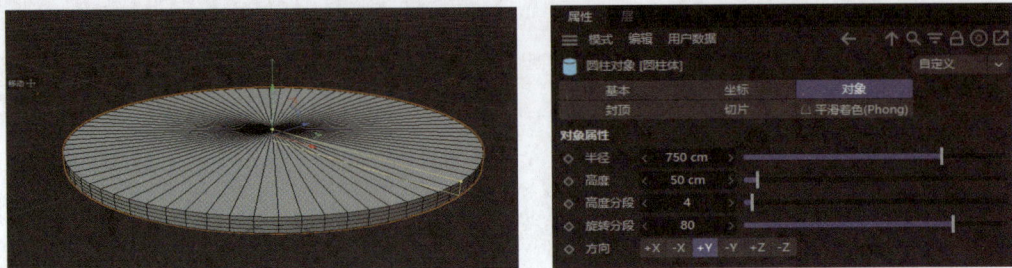

图4-112 创建并设置圆柱体

（3）按住Ctrl键后使用"移动"工具将创建的圆柱体向上拖动，将其复制一份，然后在"属性"面板中设置复制圆柱体的"半径"为580cm，如图4-113所示。

（4）按住Ctrl键将步骤（3）复制的圆柱体再次向上拖动复制，在"属性"面板中将第三个圆柱体的"半径"修改为620cm、"高度"修改为40cm，如图4-114所示。

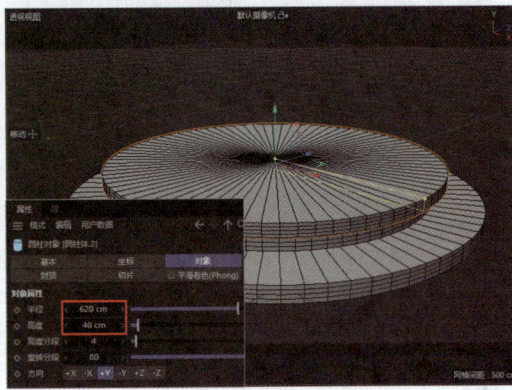

图4-113 复制第二个圆柱体

图4-114 复制第三个圆柱体

（5）选中步骤（4）创建的圆柱体对象后，按C键将其转换为可编辑对象，单击工具栏中的"多边形"按钮，然后选择"选择"|"环状选择"命令，再选中图4-115所示的多边形。

（6）在场景中右击，从弹出的菜单中选择"嵌入"命令，在"属性"面板中将"偏移"设置为70cm，然后按Enter键，将选中的面向内挤压70cm，使选中面的效果如图4-116所示。

（7）使用"环状选择"命令选中向内挤压后的内圈多边形后，再次右击场景，在弹出的菜单中选择"嵌入"命令，在"属性"面板中将"偏移"设置为50cm后按Enter键，将选中的多边形再次向内挤压。

（8）使用相同的方法将多边形向内挤压，设置"偏移"为100cm，如图4-117所示。

（9）保持图4-117所示的多边形处于选中状态，在场景中右击，在弹出的菜单中选择"挤压"命令，在"属性"面板中设置"偏移"为150cm后按Enter键。使用"挤压"工具将选中的多边形向上挤出50cm，如图4-118所示。

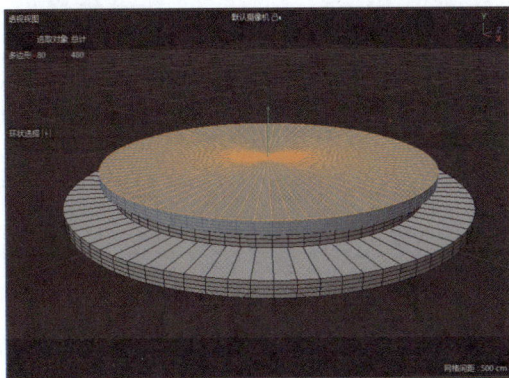

图4-115　选中多边形

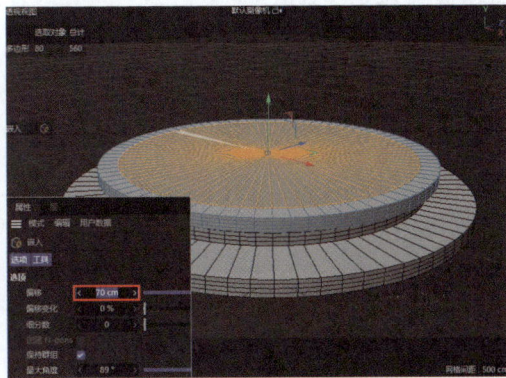

图4-116　向内挤压多边形

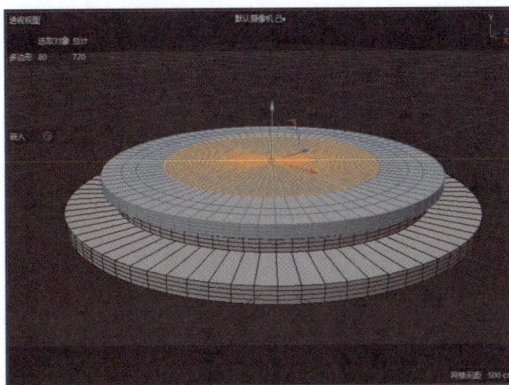

图4-117　再次向内挤压多边形

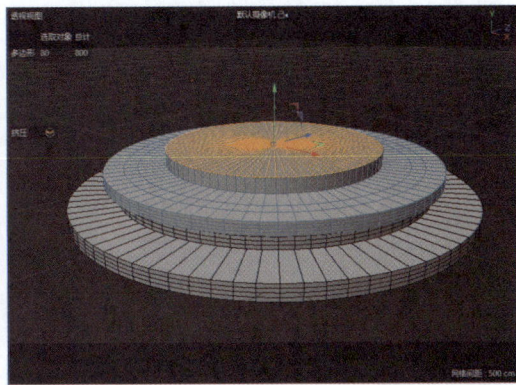

图4-118　向上挤出多边形

（10）选择"选择"｜"环状选择"命令，选中图4-119左图所示的多边形后使用"挤压"命令将其向上挤出10cm，如图4-119右图所示。

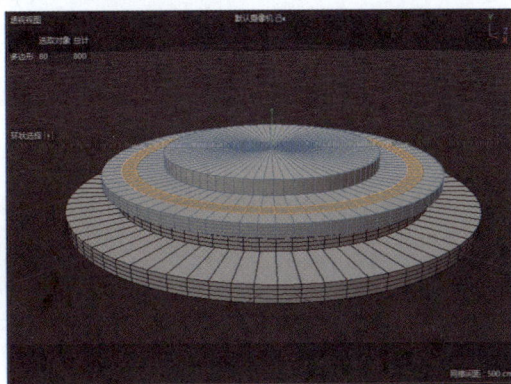

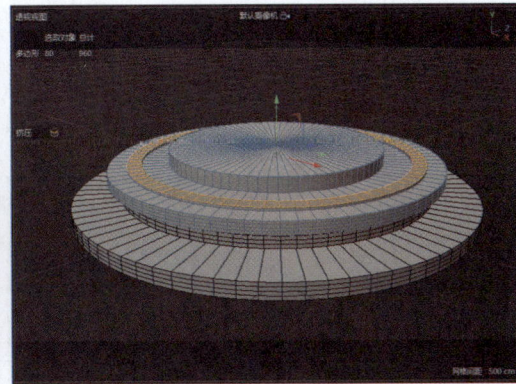

图4-119　将选中的多边形向上挤出10cm

（11）选择"选择"｜"环状选择"命令，选中图4-120左图所示的多边形，使用"嵌入"命令将其向外挤出-50cm，如图4-120右图所示。

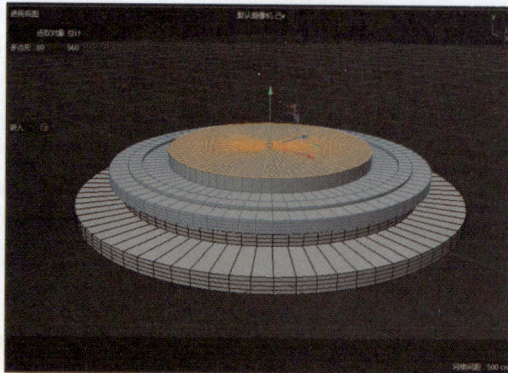

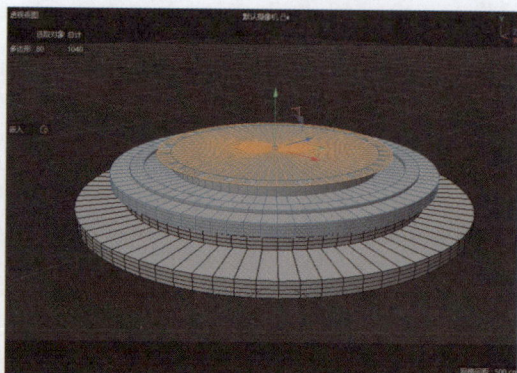

图4-120　将选中的多边形向外挤出-50cm

（12）保持选中多边形，在场景中右击，从弹出的菜单中选择"挤压"命令，在"属性"面板中将"偏移"设置为30cm后按Enter键，将多边形向上挤出30cm，如图4-121所示。

（13）在场景中再次右击，从弹出的菜单中选择"嵌入"命令，在"属性"面板中设置"偏移"为60cm后按Enter键，将多边形向内挤出60cm，如图4-122所示。

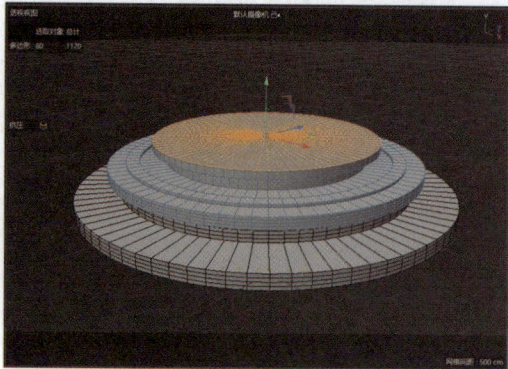

图4-121　向上挤出30cm

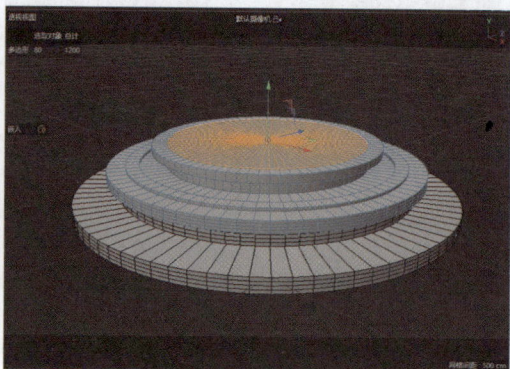

图4-122　向内挤出60cm

（14）使用同样的方法，使用"嵌入"命令将多边形再次向内挤出80cm，如图4-123所示。

（15）单击工具栏中的"模型"按钮，按Ctrl+A组合键选中场景中的所有对象，然后在按住Shift键的同时，长按工具栏中的"弯曲"按钮，在弹出的面板中选择"倒角"工具，在"属性"面板中将"偏移"设置为5cm后按Enter键，为场景中的所有圆柱体对象设置图4-124所示的倒角效果。

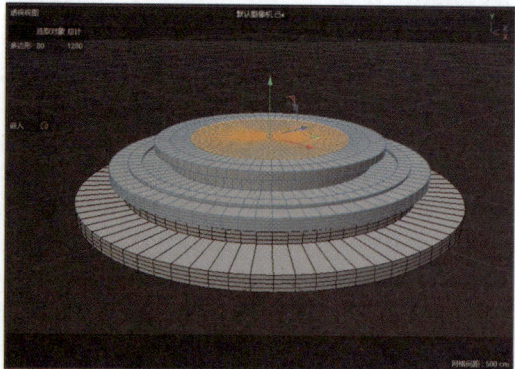

图4-123　向内挤出80cm

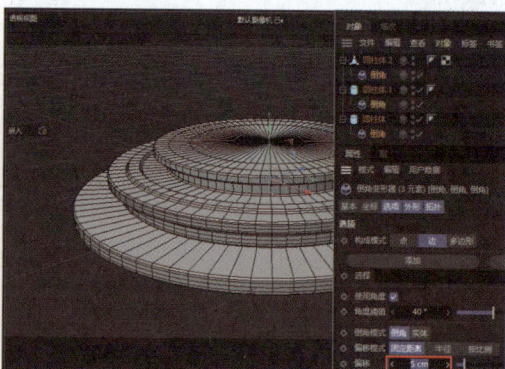

图4-124　设置倒角效果

（16）单击工具栏中的"矩形"按钮▣，在场景中创建一个矩形，在"属性"面板中将"宽度"设置为300cm、"高度"设置为80cm、"半径"设置为20cm，然后使用"移动"工具调整其在场景中的位置，如图4-125所示。

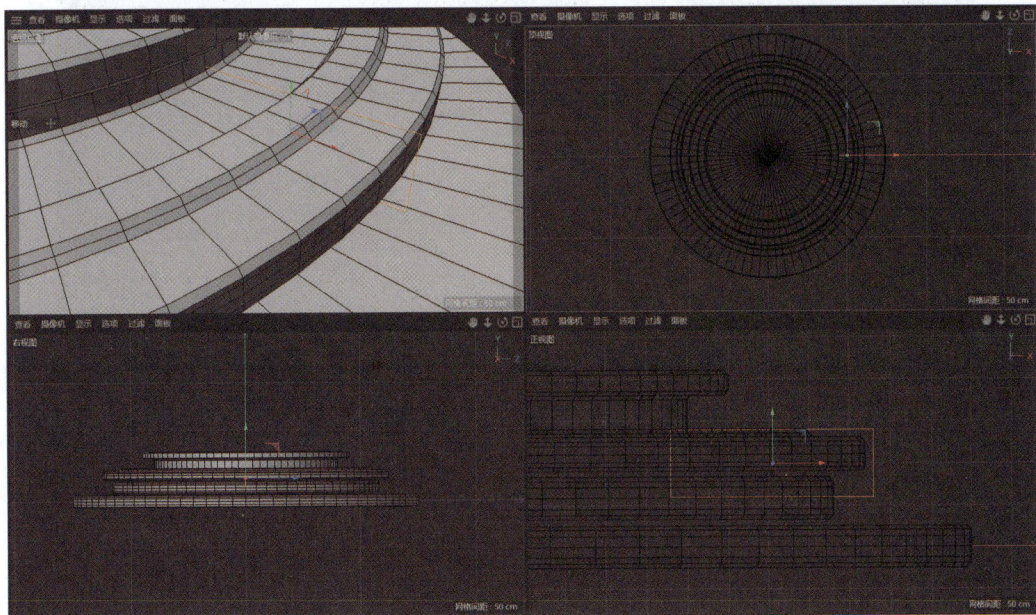

图4-125　在场景中创建矩形

（17）在"属性"面板中选中"圆角"复选框，将"半径"设置为40cm，制作效果如图4-126所示的圆角矩形效果。

（18）长按工具栏中的"矩形"按钮▣，在弹出的面板中选择"圆环"工具，在场景中创建一个圆环，然后在"属性"面板中将"半径"设置为13cm。

（19）长按工具栏中的"细分曲面"按钮▣，在弹出的面板中选择"扫描"工具，添加"扫描"生成器，在"对象"面板中将"圆环"和"矩形"对象放在"扫描"对象的子层级，模型效果如图4-127所示。

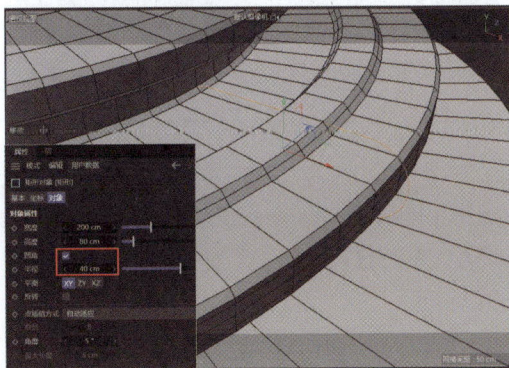

图4-126　设置圆角

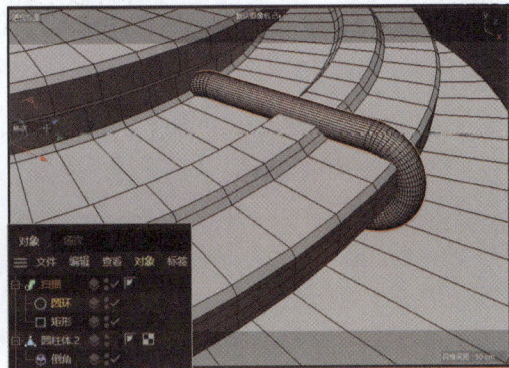

图4-127　添加"扫描"生成器

（20）选中"对象"面板中的"扫描"对象后，按住Alt键单击工具栏中的"克隆"按钮▣，为"扫描"对象添加"克隆"生成器。在"属性"面板中将"半径"设置为0cm、"数量"设置为22，如图4-128所示。

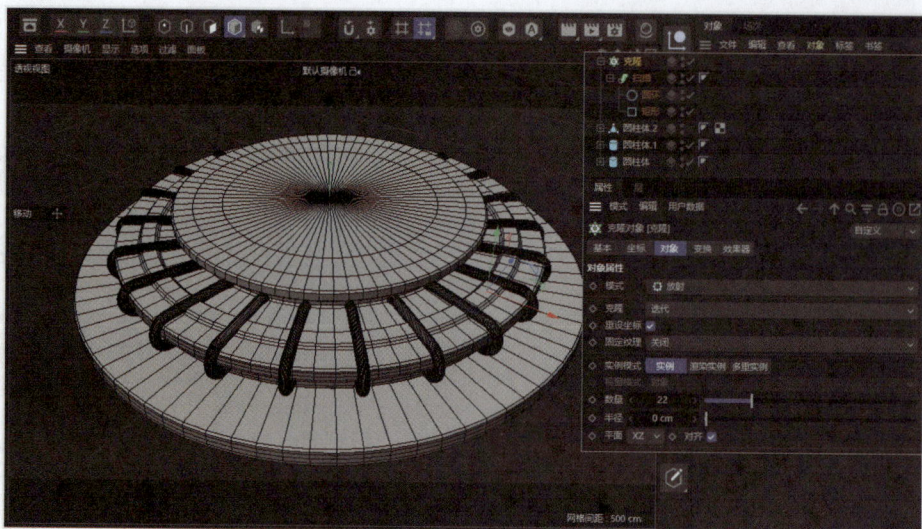

图4-128 为对象添加"克隆"生成器

（21）长按工具栏中的"矩形"按钮▣，在弹出的面板中选择"圆环"工具，在场景中创建一个圆环，然后在"属性"面板中将"半径"设置为680cm，并使用"移动"工具调整圆环的位置，如图4-129所示。

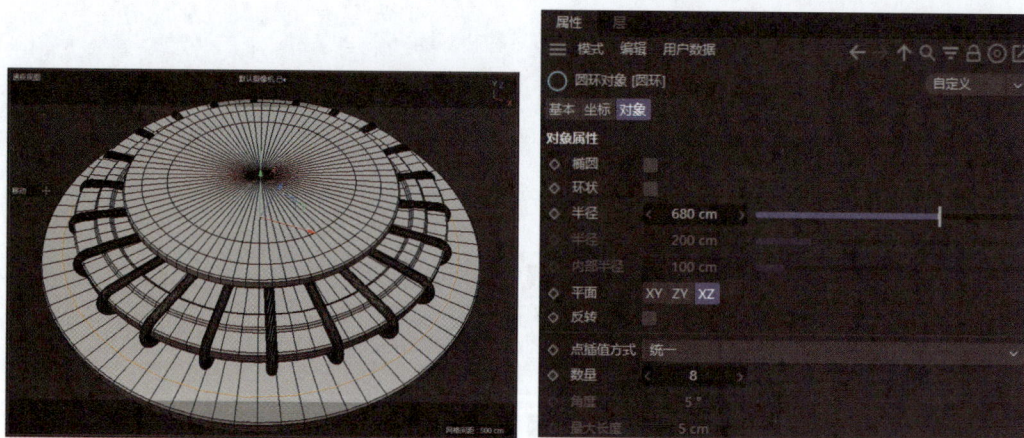

图4-129 在场景中绘制并调整圆环

（22）长按工具栏中的"矩形"按钮▣，在弹出的面板中选择"圆环"工具，在场景中创建一个圆环，再在"属性"面板中将"半径"设置为15cm。

（23）长按工具栏中的"细分曲面"按钮▣，在弹出的面板中选择"扫描"工具，添加"扫描"生成器，在"对象"面板中将步骤（21）、（22）创建的对象放在"扫描"对象的子层级，效果如图4-130所示。

（24）在"对象"面板中选中"扫描"对象后，按住Alt键单击工具栏中的"细分曲面"按钮▣，为"扫描"对象添加"细分曲面"生成器，如图4-131所示。

（25）按Ctrl+A组合键选中场景中的所有对象，按Alt+G组合键创建一个名为"底座"的组，如图4-132所示。

（26）选择"摄像机"|"正视图"命令，切换为正视图。按Shift+V组合键，在打开的面板中选择"背景"选项卡，然后单击▬▬按钮，在打开的对话框中选择一张天猫标志图片作为背景图片，单击"打开"按钮，如图4-133所示。

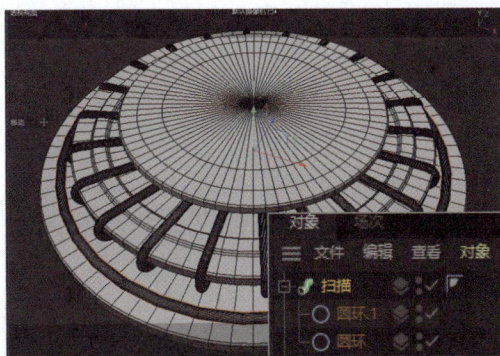

图4-130　"扫描"对象

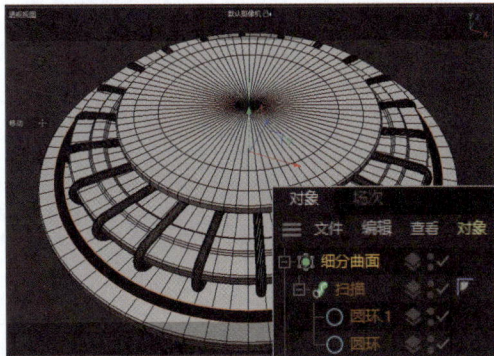

图4-131　细分曲面

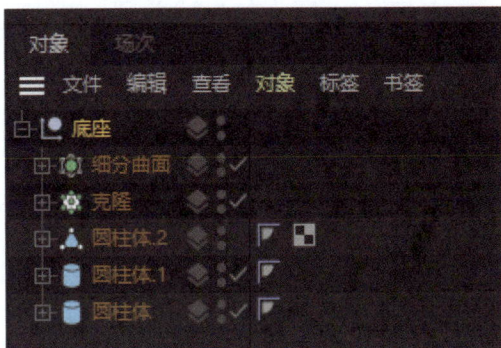

图4-132　创建组

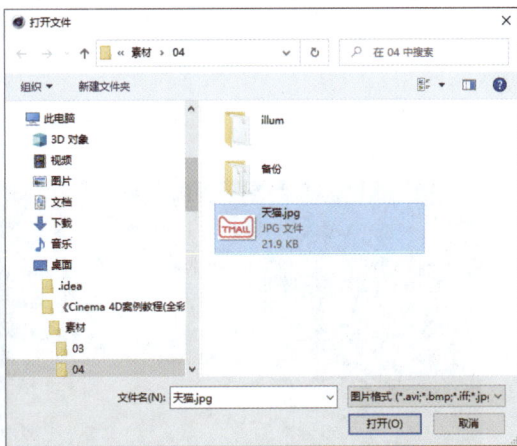

图4-133　选择背景图片

（27）在场景中调整底座模型的位置，然后单击工具栏中的"样条画笔"按钮 ，沿着背景图片绘制图4-134所示的样条曲线。

（28）单击"移动"工具，选中绘制的样条曲线上的控制柄，然后在场景中右击，在弹出的菜单中选择"柔性插值"命令，调整样条曲线，如图4-135所示。

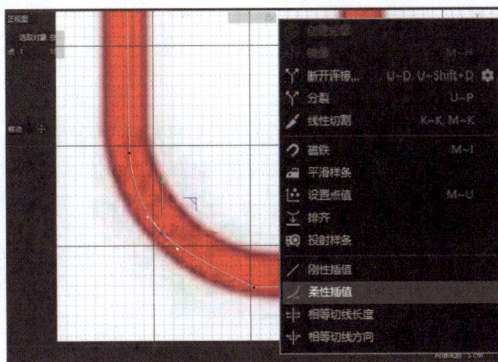

图4-134　绘制样条曲线

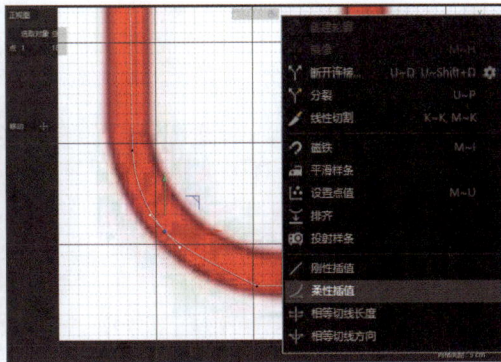

图4-135　调整样条曲线

（29）选择"摄像机"|"透视视图"命令切换为透视视图。在"对象"面板中选中"样条"对象，按住Alt键的同时长按工具栏中的"细分曲面"按钮 ，在弹出的面板中选择"挤压"工具，为"样条"对象添加"挤压"生成器，如图4-136所示。

（30）在"属性"面板中设置"偏移"为20cm。在"对象"面板中选中"样条"对象，然后按Ctrl+C组合键和Ctrl+V组合键，将"样条"对象复制一份，如图4-137所示。

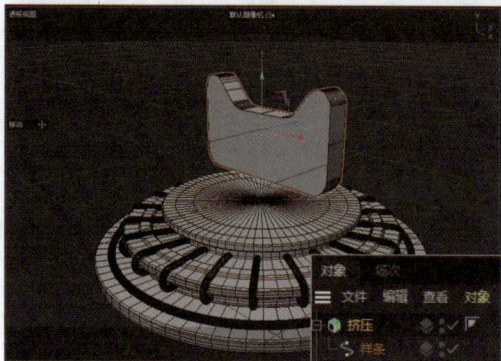

图4-136　挤压对象

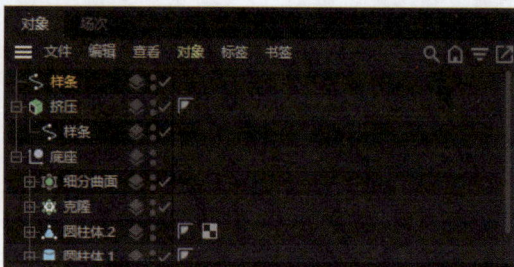

图4-137　复制样条

（31）单击工具栏中的"矩形"按钮■，在场景中创建一个矩形，在"属性"面板中设置"宽度"和"高度"均为20cm，然后使用"扫描"工具生成图4-138所示的模型。

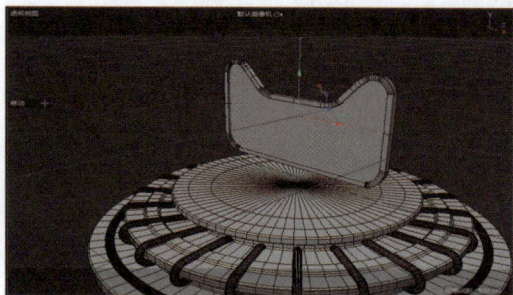

图4-138　通过"扫描"生成模型

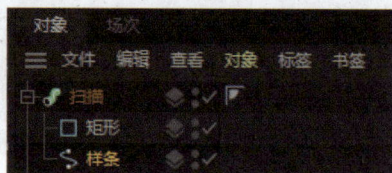

（32）使用与步骤（30）同样的方法，将"样条"对象复制一份，并使用"缩放"工具将复制的样条调大一些。

（33）长按工具栏中的"矩形"按钮■，在弹出的面板中选择"圆环"工具，在场景中创建一个圆环，然后在"属性"面板中将"半径"设置为8cm。

（34）按住Alt键的同时长按工具栏中的"细分曲面"按钮■，在弹出的面板中选择"扫描"工具，添加"扫描"生成器，然后在"对象"面板中将"圆环"和"样条"对象放在"扫描.1"对象的子层级，制作图4-139所示的边框线条模型。

（35）长按工具栏中的"文本"按钮■，在弹出的面板中选择"文本"工具，在场景中创建一个立体文本，在"属性"面板中设置"文本样条"为"12·12"、"高度"为200cm，如图4-140所示。

（36）选择"摄像机"|"正视图"命令切换到正视图，调整文本在场景中的位置，如图4-141所示。

（37）使用同样的方法在场景中创建图4-142所示的文本（"高度"为100cm）。

（38）单击工具栏中的"立方体"按钮■，创建"尺寸.X"为200cm、"尺寸.Y"为200cm、"尺寸.Z"为80cm的立方体。

（39）在"对象"面板中选中"立方体"对象，按住Alt键的同时单击工具栏中的"克隆"按钮■，为立方体添加"克隆"生成器。在"属性"面板中设置"模式"为"网格"，"数量"为20、20、1，效果如图4-143所示。

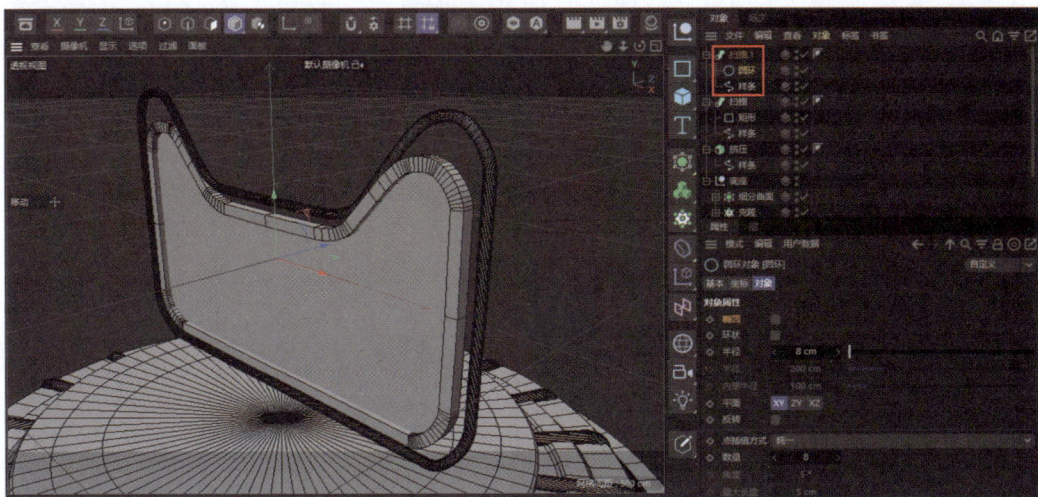

图4-139 制作边框线条模型

图4-140 设置文本属性

图4-141 调整文本位置

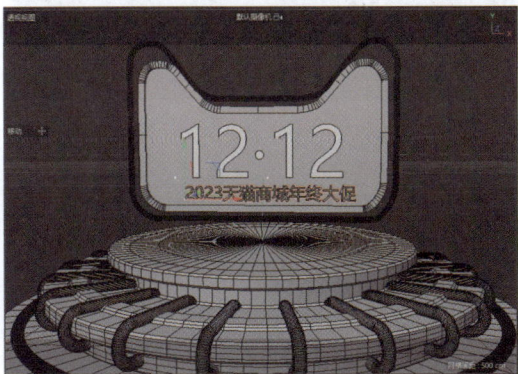

图4-142 创建第二行文本

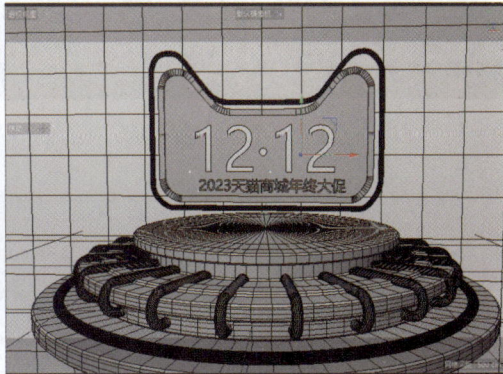

图4-143 克隆立方体

（40）选择"运动图形"|"效果器"|"随机"命令，为"克隆"对象添加"随机"效果器，在"属性"面板的"参数"选项卡中将"P.X""P.Y""P.Z"均设置为15cm，如图4-144左图所示。

（41）选中"缩放"和"等比缩放"复选框，将"缩放"值设置为0.8，制作图4-144右图所示的场景背景效果。

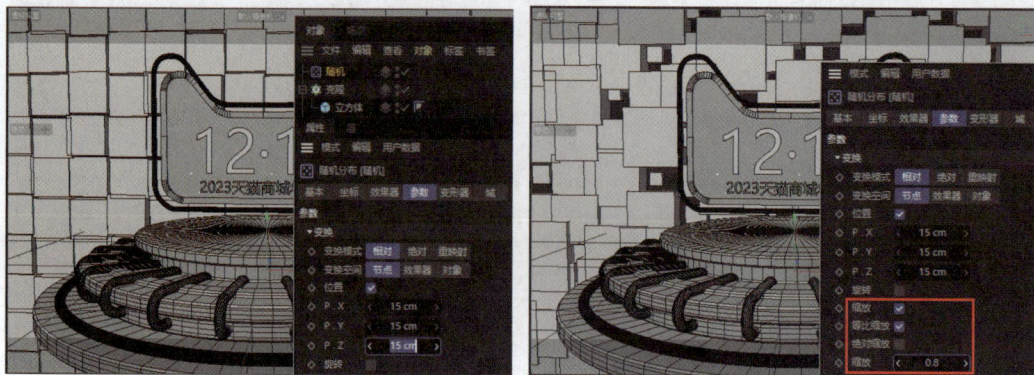

图4-144　设置"随机"效果器

（42）单击工具栏中的"天空"按钮 ⊕，在场景中创建一个天空模型，然后按Shift+F8组合键打开"资产浏览器"窗口，在搜索栏中输入"Photo Studio"，将搜索结果中的Photo Studio材质赋予天空模型，如图4-145所示。

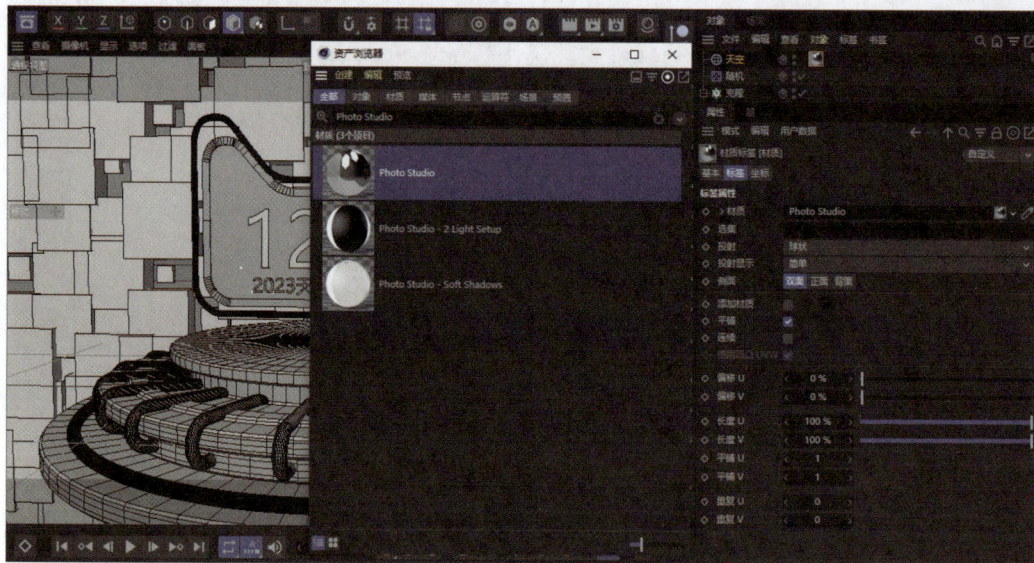

图4-145　Photo Studio材质赋予天空模型

（43）在"对象"面板中右击"天空"对象，在弹出的菜单中选择"渲染标签"｜"合成"命令，为"天空"对象添加"合成"标签 ▣。

（44）在"对象"面板中选中"合成"标签 ▣，在"属性"面板中取消选中"摄像机可见"复选框，如图4-146所示。

（45）按Shift+F2组合键打开"材质"面板，创建一个名为"黑色"的材质，然后双击该材质，在打开的"材质编辑器"窗口中设置"颜色"的RGB值为（0，0，0），如图4-147所示。

（46）选中"反射"复选框，单击"添加"按钮，添加GGX，设置"粗糙度"为30%、"反射强度"为80%、"菲涅耳"为"绝缘体"、"预置"为"翡翠"，如图4-148所示。

（47）将"材质"面板中的"黑色"材质赋予场景中的背景模型（"克隆"对象），如图4-149所示。

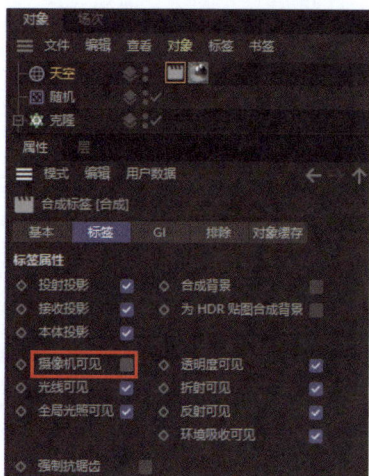

图4-146　取消选中"摄像机可见"

图4-147　设置颜色的RGB值

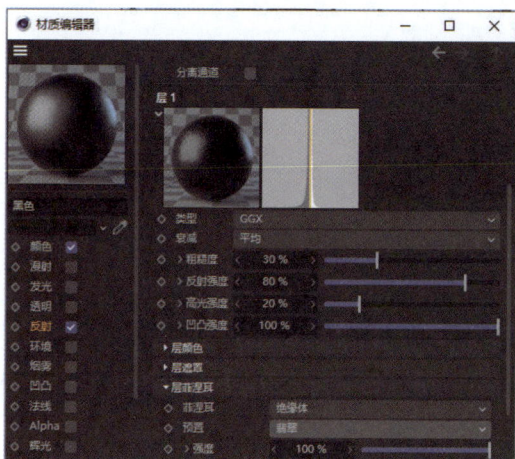

图4-148　制作"黑色"材质

图4-149　将"黑色"材质赋予背景

（48）在"材质"面板中创建一个名为"金属（银）"的材质，然后双击该材质，在打开的"材质编辑器"窗口中取消选中"颜色"复选框。

（49）选中"反射"复选框，单击"添加"按钮，在弹出的下拉列表中选择GGX选项。将"粗糙度"设置为20%、"反射强度"设置为150%、"高光强度"设置为50%、"菲涅耳"设置为"导体"、"预置"设置为"银"，如图4-150所示。

（50）将"材质"面板中的"金属（银）"材质赋予场景中的所有圆管模型，按Ctrl+R组合键渲染场景，效果如图4-151所示。

（51）将"材质"面板中的"金属（银）"材质复制一份，并将复制的材质命名为"金属（金）"。

（52）双击"金属（金）"材质，在打开的"材质编辑器"窗口中选中"反射"复选框，将"预置"修改为"金"、"反射强度"设置为300%，如图4-152左图所示。

（53）将"金属（金）"材质赋予场景中的模型，按Ctrl+R组合键渲染场景，效果如图4-152右图所示。

（54）将"材质"面板中的"金属（银）"材质复制一份，并将复制的材质命名为"金属（黑）"。

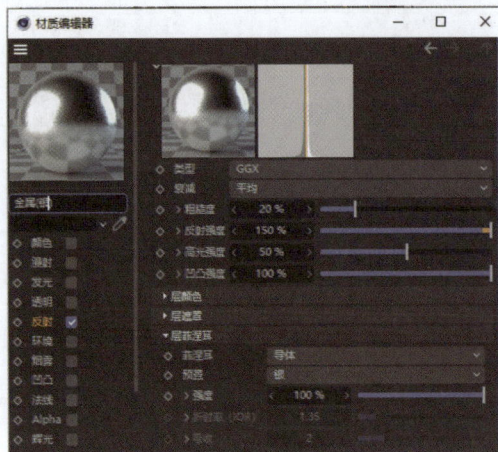

图4-150 制作"金属(银)"材质

图4-151 "金属(银)"材质渲染效果

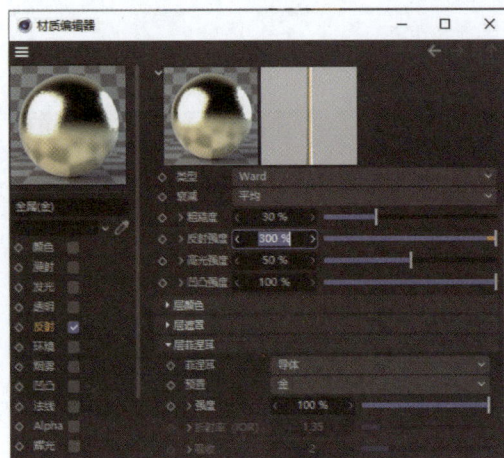

图4-152 将"金属(金)"材质赋予灯牌模型

（55）双击"金属（黑）"材质球，在打开的"材质编辑器"窗口中选中"反射"复选框，将"预置"修改为"钨"、"颜色"设置为黑色，如图4-153所示。

（56）将"金属（黑）"材质赋予场景中的模型，按Ctrl+R组合键渲染场景，效果如图4-154所示。

图4-153 制作"金属（黑）"材质

图4-154 材质渲染效果

（57）在"材质"面板中创建一个名为"发光"的材质，然后双击该材质，在打开的"材质编辑器"窗口中选中"发光"复选框，设置"亮度"为200%、"颜色"的RGB值为（107,52,255），如图4-155所示。

（58）将"发光"材质赋予场景中的文本模型，按Ctrl+R组合键渲染场景，效果如图4-156所示。

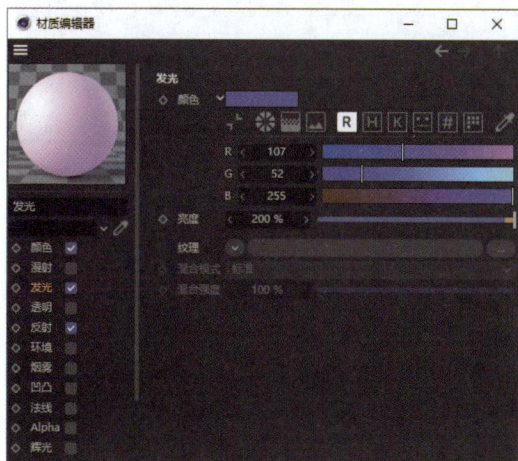

图4-155 制作"发光"材质

图4-156 "发光"材质渲染效果

（59）单击工具栏中的"摄像机"按钮，场景中将自动添加一个摄像机。

（60）在"对象"面板中单击"摄像机"对象右侧的按钮，使其变为，切换到摄像机视图，然后调整场景中视角，如图4-157所示。

（61）在"对象"面板中单击"摄像机"对象右侧的按钮，使其变为，退出摄像机视图。长按工具栏中的"灯光"工具，在弹出的面板中选择"聚光灯"工具，在场景中创建一个聚光灯，在"属性"面板中设置"颜色"的RGB值为（255,255,87）、"强度"为300%、"投影"为"区域"，如图4-158所示。

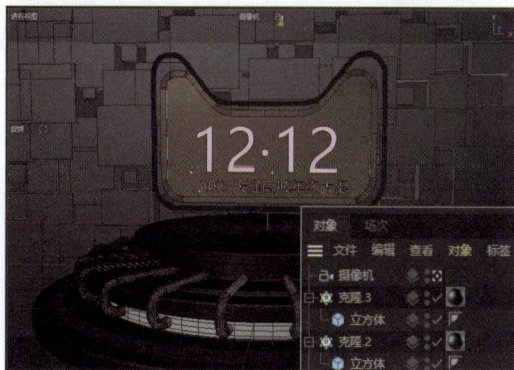

图4-157 设置摄像机

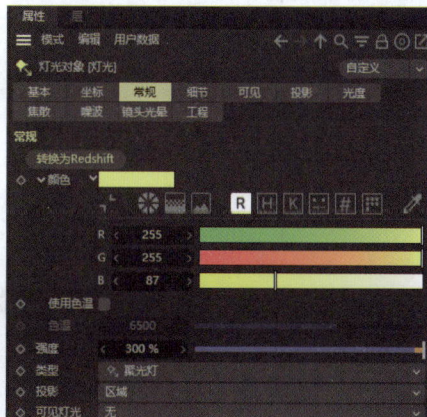

图4-158 创建灯光

（62）使用"移动"工具调整灯光在场景中的位置，使用"旋转"工具调整聚光灯角度，如图4-159所示。

（63）按住Ctrl键拖动场景中的灯光将其复制一份，使用"移动"工具和"旋转"工具调整复制灯光的位置和旋转角度后，在"属性"面板中将"颜色"的RGB值设置为（255,117,195），如图4-160所示。

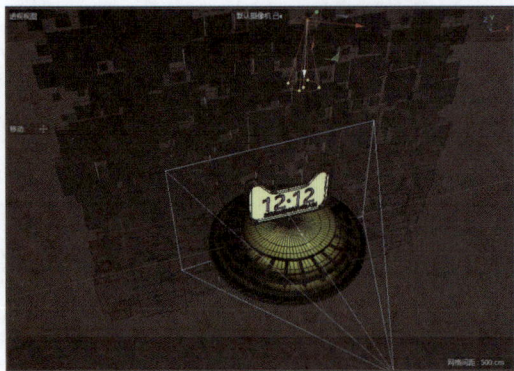

图4-159 调整灯光

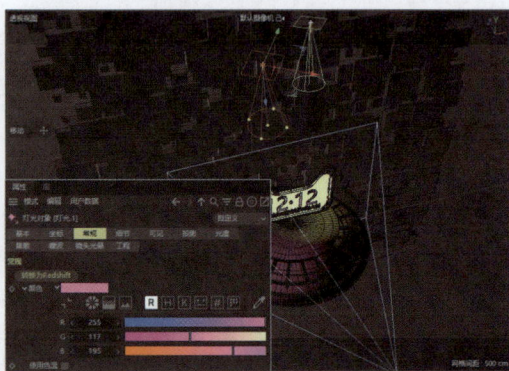

图4-160 设置灯光颜色

（64）在"对象"面板中单击"摄像机"对象右侧的■按钮，使其变为■，切换到摄像机视图。

（65）按Ctrl+B组合键打开"渲染设置"窗口，在"输出"选项中设置"宽度"为1280像素、"高度"为720像素，如图4-161所示。

（66）选择"抗锯齿"选项，设置"抗锯齿"为"最佳"、"最小级别"为2×2、"最大级别"为4×4、"过滤"为Mitchell，如图4-162所示。

图4-161 设置输出尺寸

图4-162 设置"抗锯齿"

（67）单击"效果"按钮，在弹出的下拉列表中选择"全局光照"选项，在打开的界面中设置"主算法"和"次级算法"均为"准蒙特卡罗（QMC）"，如图4-163所示。

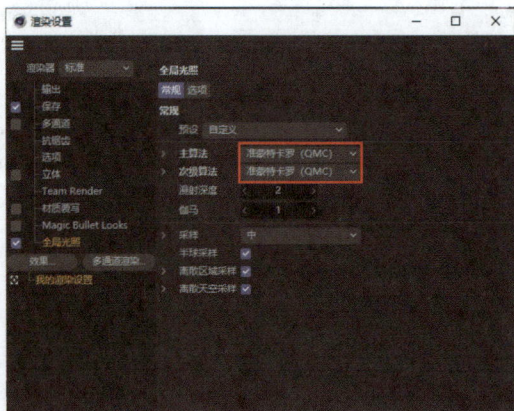

图4-163 设置"全局光照"

Cinema 4D R25电商美工视觉设计（全彩微课版）

（68）按Shift+R组合键渲染场景，效果如图4-164所示。

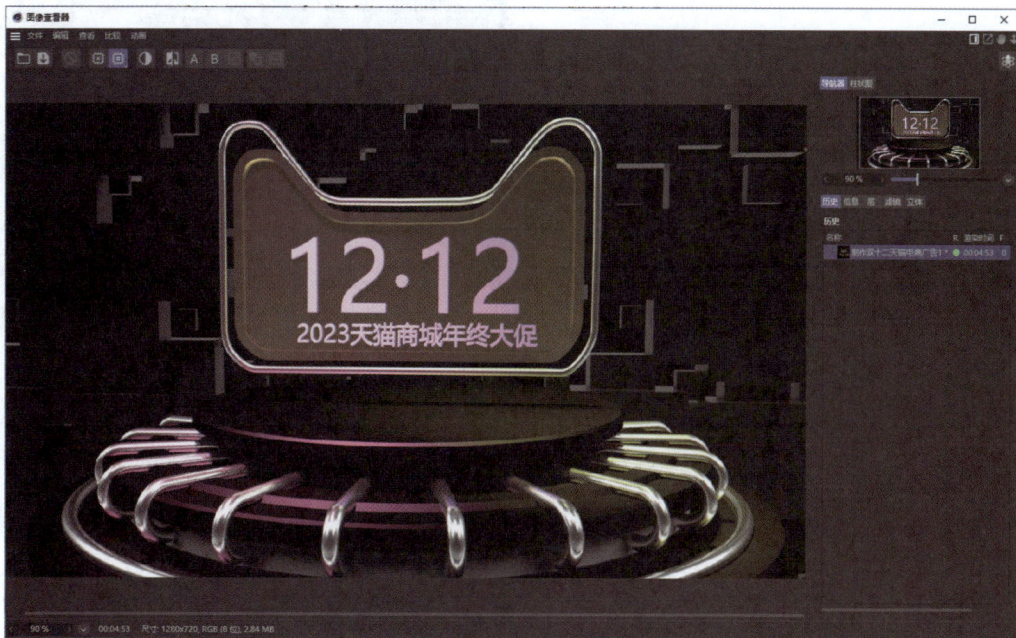

图4-164　广告渲染效果

2. 制作购物周电商促销广告

（1）单击工具栏中的"文本样条"按钮，创建一个文本对象，在"属性"面板的"文本样条"输入框中输入文本"购"，设置"字体"为"方正粗宋简体"，如图4-165所示。

（2）按住Alt键的同时长按工具栏中的"细分曲面"按钮，从弹出的面板中选择"挤压"工具，添加"挤压"生成器，如图4-166所示。

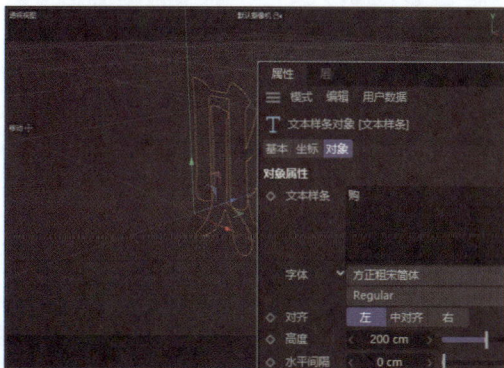

图4-165　创建文本样条

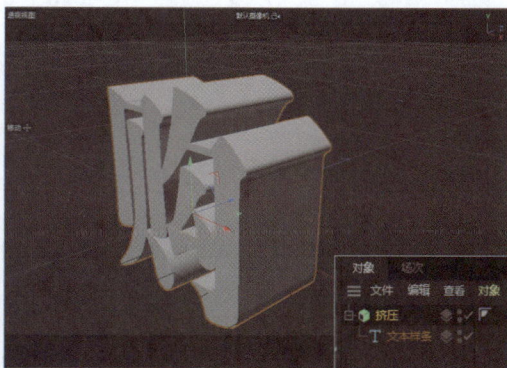

图4-166　添加"挤压"生成器

（3）在"对象"面板中选中"挤压"对象，在"属性"面板中将"偏移"设置为20cm、"细分数"设置为3，如图4-167所示。

（4）在"属性"面板中选择"封盖"选项卡，在"倒角外形"选项组中选择"圆角"选项，将"尺寸"设置为2cm，如图4-168所示。

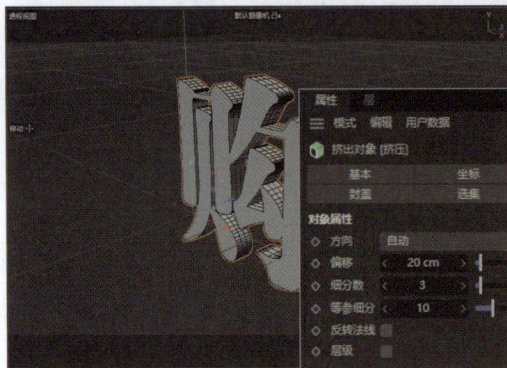

图4-167　设置"偏移"和"细分数"

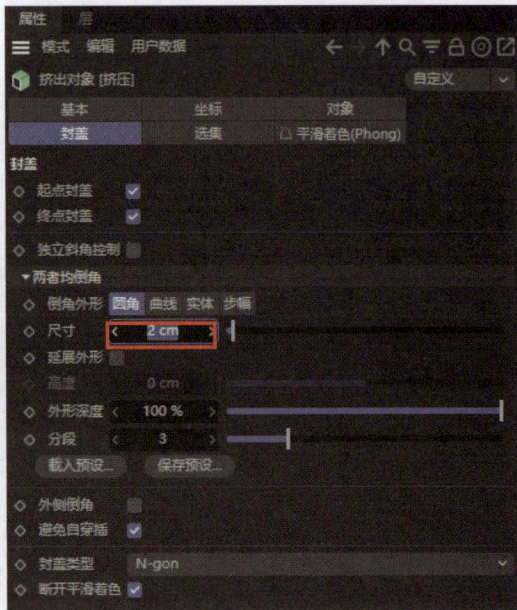

图4-168　设置圆角尺寸

（5）按住Ctrl键在"对象"面板中拖动"挤压"对象，将其复制一份，新复制的对象被系统命名为"挤压.1"对象。

（6）选中"挤压.1"对象子层级中的"文本样条"对象，在"属性"面板的"文本样条"输入框中输入"物"，如图4-169所示。

（7）使用"移动"工具和"旋转"工具调整场景中三维文本"物"的位置，并将其沿 X 轴旋转一定角度，如图4-170所示。

图4-169　制作第二个文字

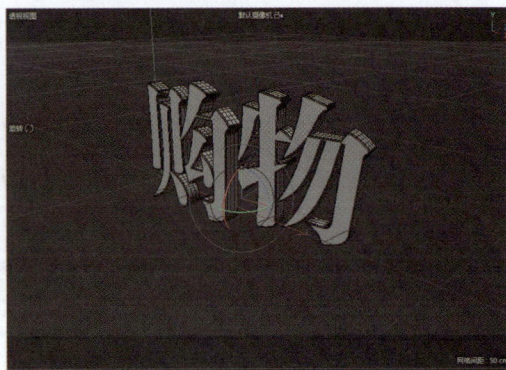

图4-170　调整文本位置和旋转角度

（8）按住Ctrl键在"对象"面板中拖动"挤压"对象，将其复制一份，新复制的对象被系统命名为"挤压.2"对象。

（9）选中"挤压.2"对象子层级中的"文本样条"对象，在"属性"面板的"文本样条"输入框中输入"周"。

（10）使用"移动"工具和"旋转"工具调整场景中三维文本"周"的位置，并将其沿 X 轴旋转一定角度，如图4-171所示。

（11）按住Ctrl键在"对象"面板中拖动"挤压"对象，将其复制一份，新复制的对象被系统命名为"挤压.3"对象。

（12）选中"挤压.3"对象子层级中的"文本样条"对象，在"属性"面板的"文本样条"输入框中输入"2023"，将"高度"设置为80cm。

（13）使用"移动"工具和"旋转"工具调整场景中三维文本"2023"的位置，并将其沿 *X* 轴旋转一定角度，如图4-172所示。

图4-171　制作第三个文字

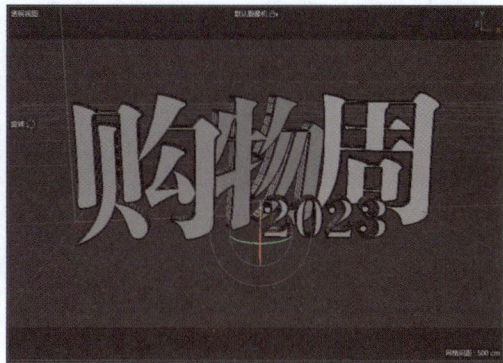

图4-172　制作日期文本

（14）按住Ctrl键在"对象"面板中拖动"挤压"对象，将其复制一份，新复制的对象被系统命名为"挤压.4"对象。

（15）选中"挤压.4"对象子层级中的"文本样条"对象，在"属性"面板的"文本样条"输入框中输入"5折"，将"高度"设置为350cm。

（16）使用"移动"工具和"旋转"工具调整场景中三维文本"5折"的位置，并将其沿 *X* 轴旋转一定角度，如图4-173所示。

（17）长按工具栏中的"天空"按钮 ⬛，在弹出的面板中选择"地板"工具，在场景中创建图4-174所示的地板。

图4-173　制作"5折"文本

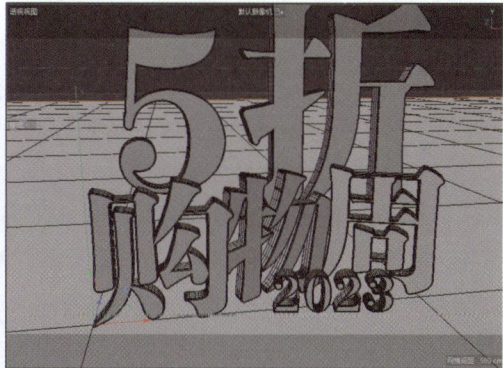

图4-174　创建地板

（18）长按工具栏中的"立方体"按钮 ⬛，从弹出的面板中选择"平面"工具，在场景中创建一个平面，在"属性"面板中将"宽度"和"高度"设置为2000cm。

（19）使用"移动"工具和"旋转"工具调整场景中平面的位置，如图4-175所示。

（20）单击工具栏中的"立方体"按钮 ⬛，在场景中创建4个立方体，并调整立方体的位置，如图4-176所示。

（21）按Shift+F2组合键打开"材质"面板，创建一个名为"红色"的材质，然后单击该材质，在打开的"材质编辑器"窗口中将"颜色"的RGB值设置为（255,0,0），如图4-177所示。

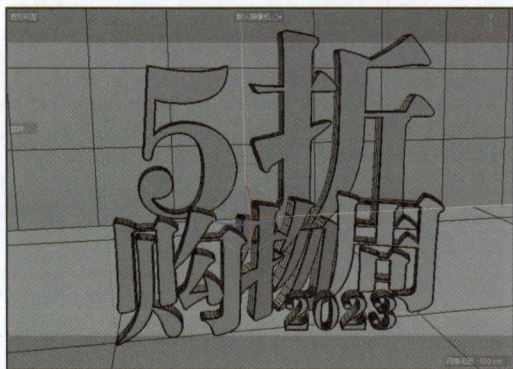

图4-175　调整平面

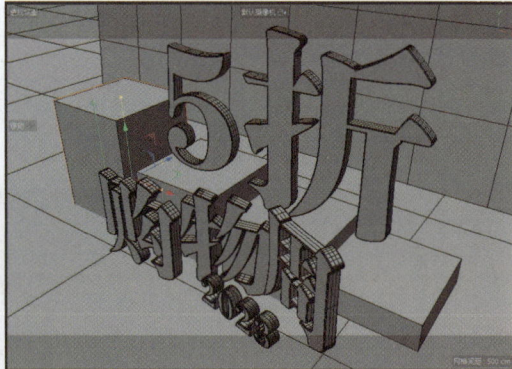

图4-176　创建立方体

（22）选中"反射"复选框，单击"添加"按钮，在弹出的下拉列表中选择"层各向异性"选项，然后将"菲涅耳"设置为"绝缘体"、"预置"设置为"玉石"，如图4-178所示。

图4-177　设置"颜色"参数

图4-178　设置"反射"参数

（23）在"材质"面板中将"红色"材质复制一份，并将复制的材质命名为"白色"，然后双击"白色"材质，在打开的"材质编辑器"窗口中将"颜色"的RGB值设置为（255，255，255），如图4-179所示。

（24）在"材质"面板中将"红色"材质复制一份，并将复制的材质命名为"黄色"，然后双击"黄色"材质，在打开的"材质编辑器"窗口中将"颜色"的RGB值设置为（255，255，0），如图4-180所示。

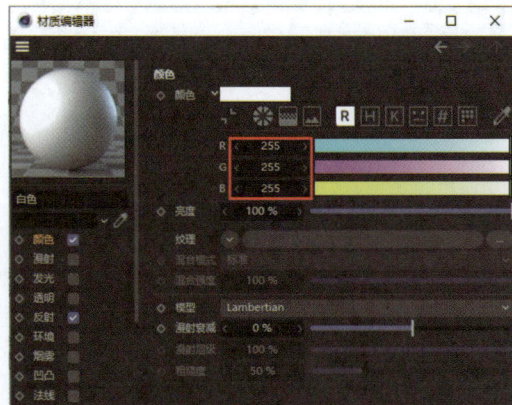

图4-179　设置"白色"材质

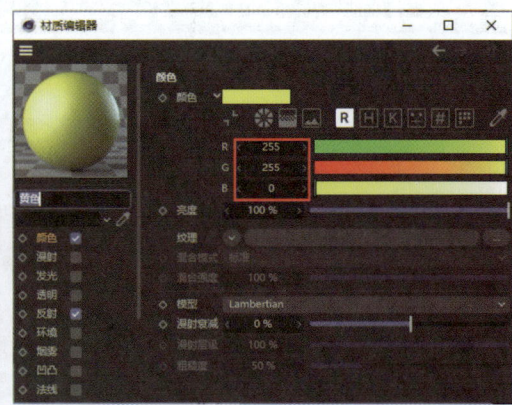

图4-180　设置"黄色"材质

（25）在"材质"面板中创建一个名为"金属"的材质，然后双击该材质，在打开的"材质编辑器"窗口中取消选中"颜色"复选框。

（26）选中"反射"复选框，单击"添加"按钮，在弹出的下拉列表中选择GGX选项。

（27）设置"粗糙度"为30%、"反射强度"为60%、"高光强度"为20%、"菲涅耳"为"导体"、"预置"为"金"，如图4-181所示。

（28）将"材质"面板中制作的"红色""黄色""白色""金属"材质分别赋予场景中的模型，效果如图4-182所示。

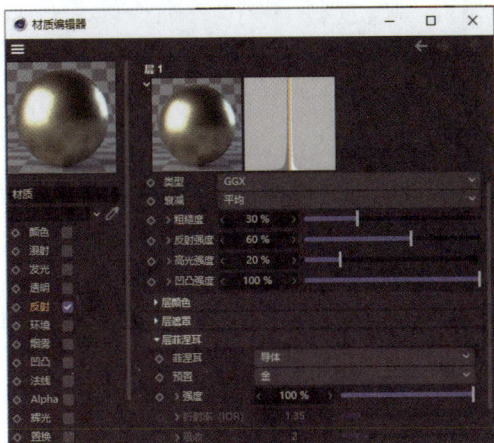

图4-181 设置"金属"材质

图4-182 将材质分别赋予场景中的模型

（29）单击工具栏中的"灯光"按钮，在场景中创建一个灯光，在"属性"面板中设置"颜色"的RGB值为（255,255,188），设置"强度"为150%，设置"投影"为"区域"，如图4-183所示。

（30）使用"移动"和"旋转"工具调整灯光在场景中的位置，如图4-184所示。

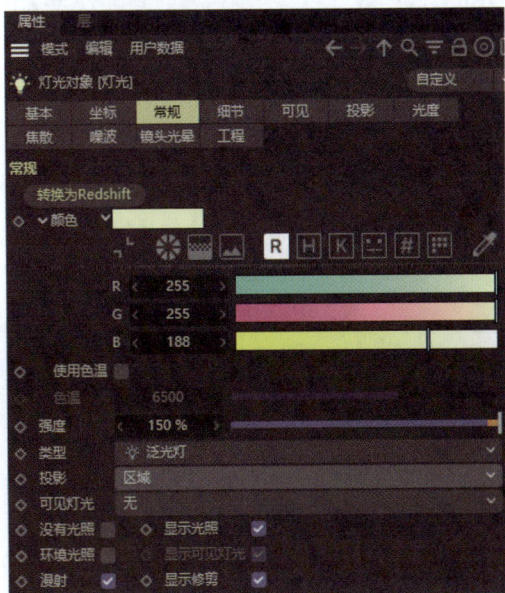

图4-183 设置灯光属性

图4-184 调整灯光在场景中的位置

（31）单击工具栏中的"摄像机"按钮，场景中将自动添加一个摄像机。

（32）在"对象"面板中单击"摄像机"对象右侧的■按钮，使其变为■，切换为摄像机视图，然后调整场景中的视角，如图4-185所示。

（33）按Ctrl+B组合键打开"渲染设置"窗口，在"输出"选项中设置"宽度"为1500像素、"高度"为1000像素，如图4-186所示。

图4-185 设置摄像机

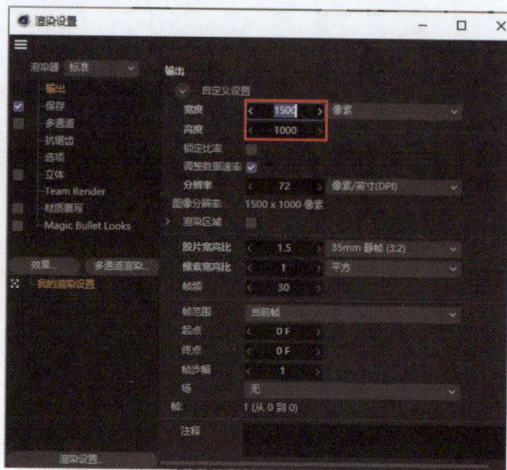

图4-186 设置输出尺寸

（34）选择"抗锯齿"选项，设置"抗锯齿"为"最佳"、"最小级别"为2×2、"最大级别"为4×4、"过滤"为Mitchell，如图4-187所示。

（35）单击"效果"按钮，在弹出的下拉列表中选择"全局光照"选项，在打开的界面中设置"主算法"和"次级算法"均为"准蒙特卡罗（QMC）"，如图4-188所示。

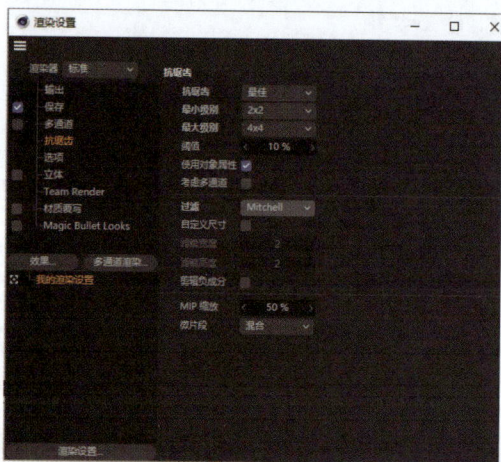

图4-187 设置"抗锯齿"

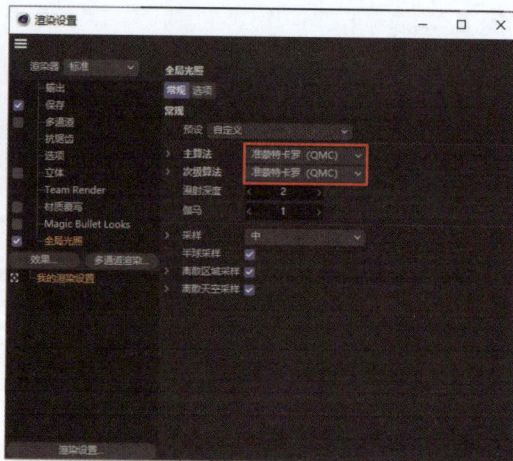

图4-188 设置"全局光照"

（36）选择"保存"选项，在显示的设置界面中设置文件的保存路径，设置"格式"为TIF、"深度"为"16位/通道"，然后关闭"渲染设置"窗口。

（37）选择"文件"｜"保存项目"命令，将制作好的促销广告保存。

（38）按Shift+R组合键，在"图像查看器"窗口中渲染制作好的购物周电商促销广告，效果如图4-189所示。

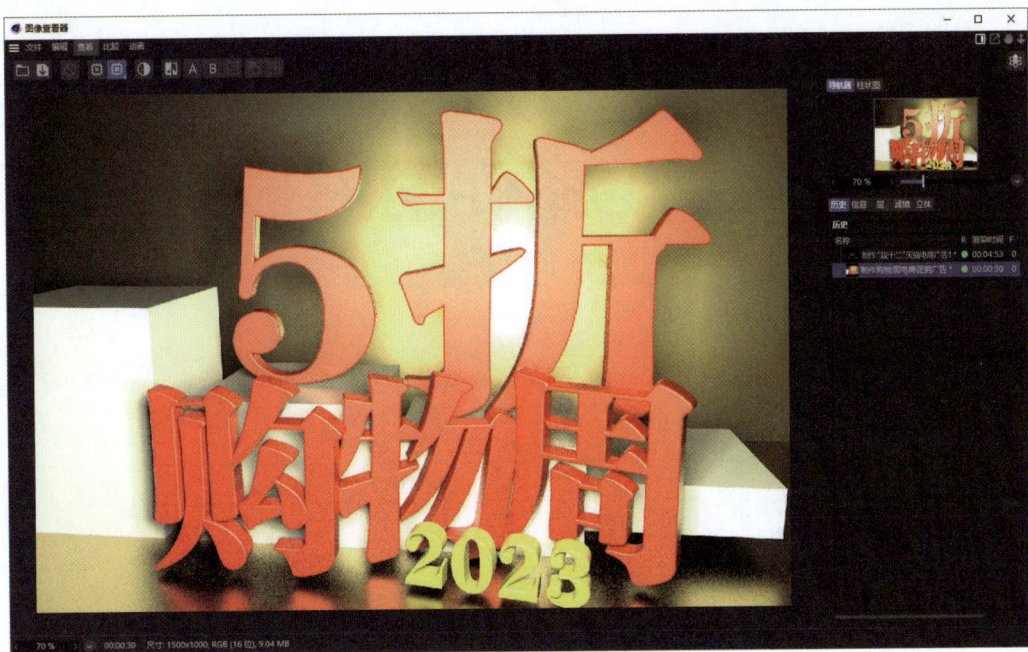

图4-189　促销广告渲染效果

第 5 章 电商促销海报制作

内容要点

- 电商促销海报设计基础知识
- 制作科技芯片海报
- 制作电商香水海报

内容简介

电商海报是为了在电商平台上宣传产品、促销活动或强调品牌形象而设计的广告海报，如图5-1所示。电商海报设计需要综合考虑美学、信息传达和品牌连贯性，在吸引用户注意力和激发用户购买兴趣方面发挥着重要作用，可以提升品牌形象和产品价值。

图5-1　用Cinema 4D设计的电商海报

5.1 电商促销海报设计

电商促销海报是在电子商务平台上广泛使用的一种宣传工具，它通过图像和文字的组合，以吸引人的方式展示促销活动和产品信息。

5.1.1 电商促销海报的特点

电商促销海报的创意设计在吸引用户眼球、传达信息和激发用户购买欲望方面起着关键作用。成功的电商促销海报应该具备以下特点。

1. 独特的视觉元素

电商促销海报设计可以利用各种视觉元素来吸引用户的眼球。这包括使用鲜艳的色彩、有创意的图形和吸引人的图像。独特而令人印象深刻的视觉元素，能让产品在竞争激烈的电商平台上脱颖而出，如图5-2所示。

图5-2　在电商促销海报中利用视觉元素吸引用户

2. 强调产品的核心信息

在电商促销海报设计中，核心信息是至关重要的。可以将重要的促销信息、产品特点或品牌口号放在海报的关键位置，并使用清晰、美观的字体和排版，确保用户能够一眼就了解到关键信息，同时使用醒目的标题和标语来吸引用户的注意力，如图5-3所示。

图5-3　使用文字强调产品的核心信息

3. 展示精美的产品图片

电商促销海报设计需要凸显促销产品，因此在海报中展示高质量的产品图片是有必要的。通过精美的产品图片激发用户对产品的兴趣，并引导用户点击以进一步了解或购买，如图5-4所示。

4. 利用负空间和层次感

负空间和层次感是电商促销海报设计中常用的设计技巧。巧妙利用空白区域可以让海报看起来更加清爽、简洁，同时使得核心信息更加突出。在不同的元素之间营造层次感，可以让海报更富有深度和立体感，如图5-5所示。

总的来说，电商促销海报创意设计是将创意和营销策略相结合的过程。通过独特的视觉元素、强调核心信息、展示产品优势以及利用负空间和层次感，可以创造出令人印象深刻的电商促销海报，进而提高品牌知名度、促进销售。

图5-4　在海报中展示精美的产品图片　　　　　图5-5　利用负空间和层次感

5.1.2　电商促销海报创意设计

在设计电商促销海报时，可以考虑以下创意方向。

- □　使用温暖、明亮的色彩搭配，营造浓厚的活动和节日氛围。将广告背景或产品布置为与活动和节日相关的场景，例如家庭聚会、春节等，让用户感受到活动的欢乐和节日的喜庆。
- □　突出活动优惠和特别折扣，例如限时折扣、买一赠一等。使用醒目的文字、数字和图形设计，让用户一目了然。也可以使用倒计时元素，以制造紧迫感。
- □　利用真实用户的积极反馈和体验分享来展示产品的优势和性能。其中可以包括文字评论、评级、用户反馈照片或视频等，通过用户的肯定和推荐，提高潜在用户对产品的信任度和购买意愿。
- □　通过广告展示品牌的背后故事，让用户了解品牌的来源、理念和文化。这种方式可以提升品牌形象，便于与用户建立情感联系。

根据具体的产品特点，可以有针对性地选择并结合不同的设计元素来设计海报，吸引用户并激发其购买欲望。

5.2　科技芯片海报

本节将使用Cinema 4D制作一幅科技芯片海报，在海报中展现出科技感和创新性，打造出令人印象深刻的视觉效果。

5.2.1　模型制作

本例要制作的模型由芯片模型、背景模型、相关的配件模型和文字模型组成。

1. 芯片模型制作

【例5-1】制作位于海报中心位置的芯片模型。

（1）单击工具栏中的"立方体"按钮，在场景中创建一个立方体模型，

例5-1

在"属性"面板中设置"尺寸.X"为1600cm，设置"尺寸.Y"为300cm，设置"尺寸.Z"为1600cm，如图5-6所示。

（2）按C键将创建的立方体模型转换为可编辑对象，单击工具栏中的"多边形"按钮，在"多边形"模式中选中图5-7所示的多边形。

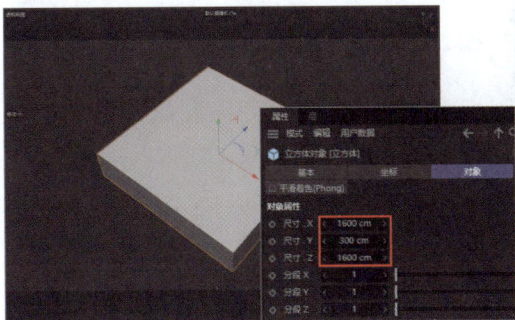

图5-6　创建立方体

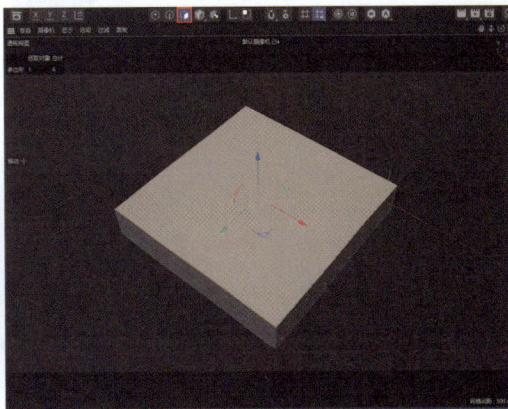

图5-7　选中立方体顶部的多边形

（3）在场景中右击，在弹出的菜单中选择"嵌入"命令，如图5-8左图所示。

（4）在"属性"面板的"偏移"输入框中输入80cm，然后按Enter键，将选中的多边形向内挤出80cm，如图5-8右图所示。

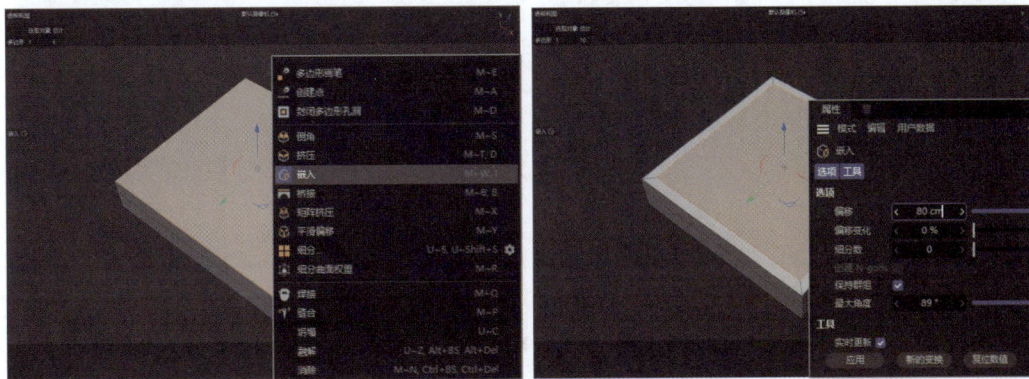

图5-8　将选中的多边形向内挤出80cm

（5）继续使用"嵌入"工具分别将选中的多边形向内挤出30cm、40cm和30cm，如图5-9所示。

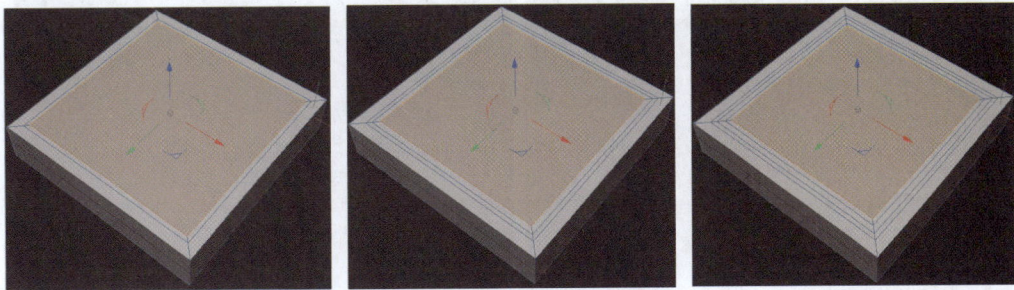

图5-9　继续向内挤压多边形

（6）按住Shift键选中图5-10左图所示的多边形，然后在场景中右击，从弹出的菜单中选择"挤压"命令，在"属性"面板的"偏移"输入框中输入-60cm后按Enter键，将选中的多边形向下挤压60cm，如图5-10右图所示。

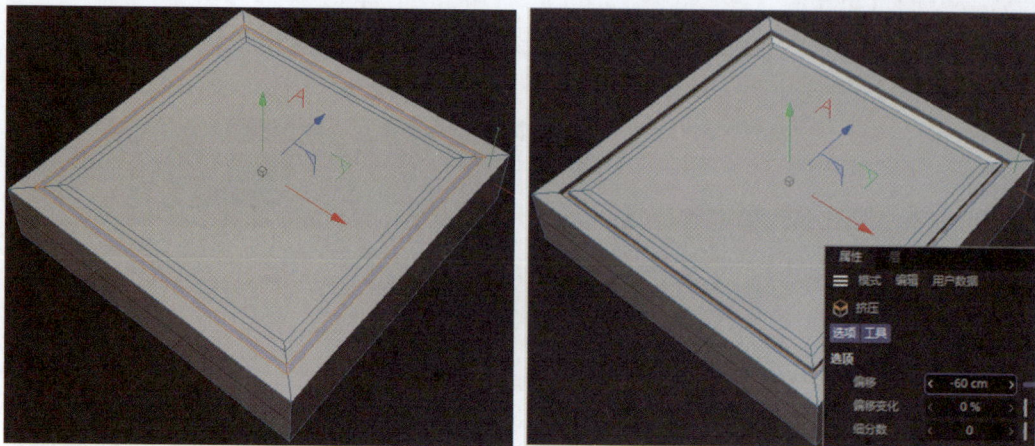

图5-10　将选中的多边形向下挤压60cm

（7）按住Shift键选中图5-11左图所示的多边形，然后在场景中右击，从弹出的菜单中选择"挤压"命令，在"属性"面板的"偏移"输入框中输入-60cm后按Enter键，将选中的多边形向下挤压60cm，如图5-11右图所示。

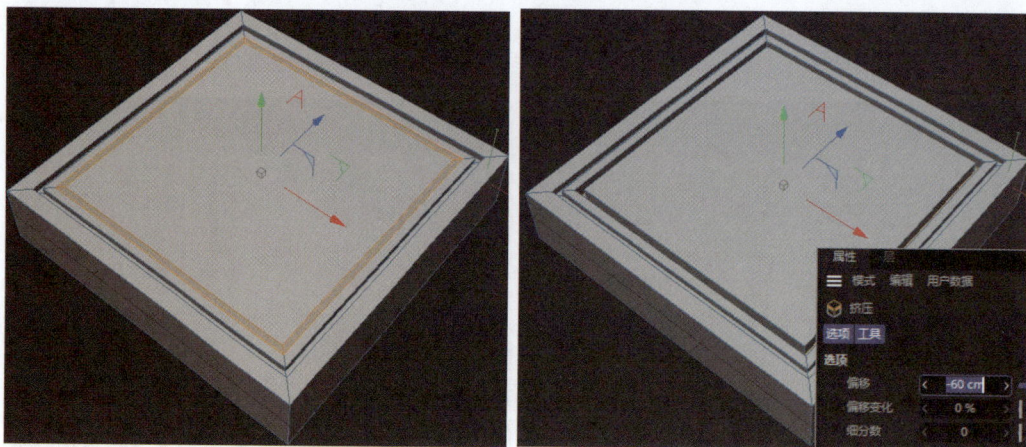

图5-11　将内侧多边形向下挤压60cm

（8）单击工具栏中的"点"按钮■，使用"框选"工具选中图5-12左图中的点，然后使用"移动"工具将其向下移动一段距离，如图5-12右图所示。

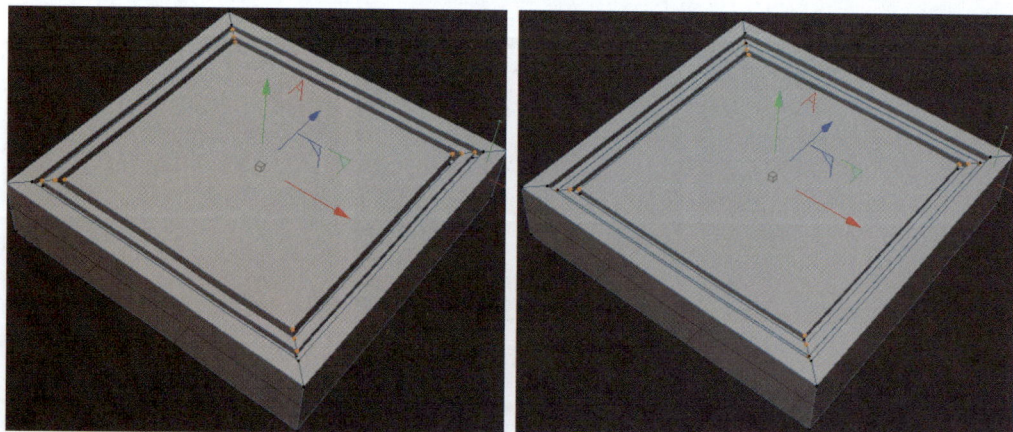

图5-12　在"点"模式中移动选中的点

（9）单击工具栏中的"立方体"按钮 ，在场景中创建一个立方体模型，在"属性"面板中设置"尺寸.X"为90cm、"尺寸.Y"为60cm、"尺寸.Z"为200cm，并使用"移动"工具调整其在场景中的位置，如图5-13所示。

（10）按C键，将步骤（9）创建的立方体转换为可编辑对象。

（11）在场景中右击，从弹出的菜单中选择"循环/路径切割"命令，在模型上添加4条循环路径切割线，如图5-14所示。

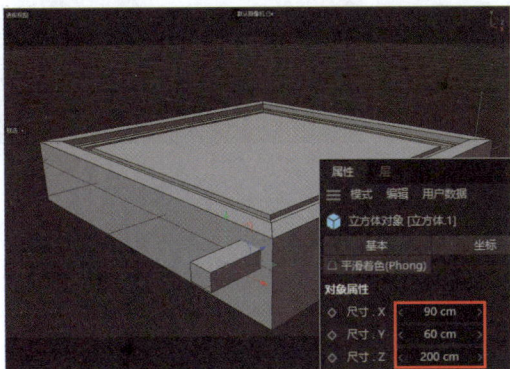

图5-13　创建小立方体

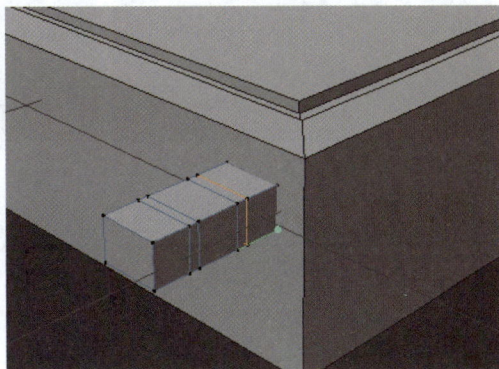

图5-14　添加4条循环路径切割线

（12）单击工具栏中的"多边形"按钮 ，选择"选择"｜"循环选择"命令，按住Shift键在"多边形"模式中选中图5-15左图所示的多边形。然后在场景中右击，从弹出的菜单中选择"挤压"命令，在"属性"面板的"偏移"输入框中输入-6cm后按Enter键，将选中的多边形向内挤出6cm，如图5-15右图所示。

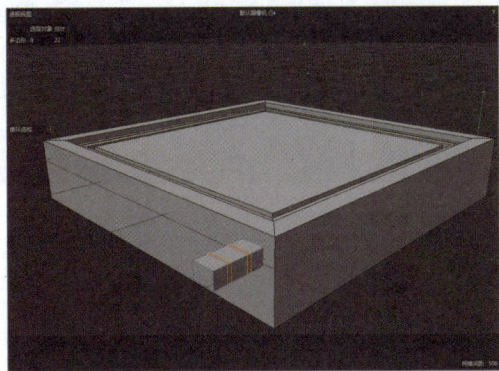

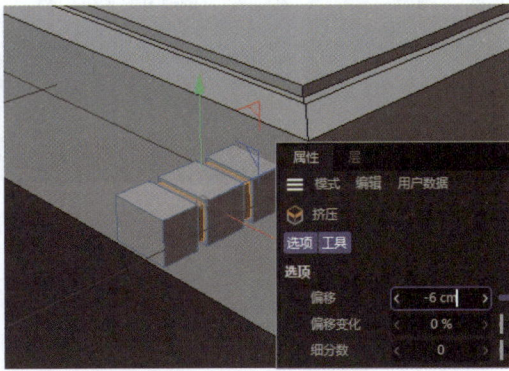

图5-15　将选中的多边形向内挤出6cm

（13）按住Alt键单击工具栏中的"克隆"按钮 ，为小立方体添加"克隆"生成器。在"属性"面板中设置"模式"为"线性"、"数量"为9、"位置.X"为-175cm，如图5-16所示。

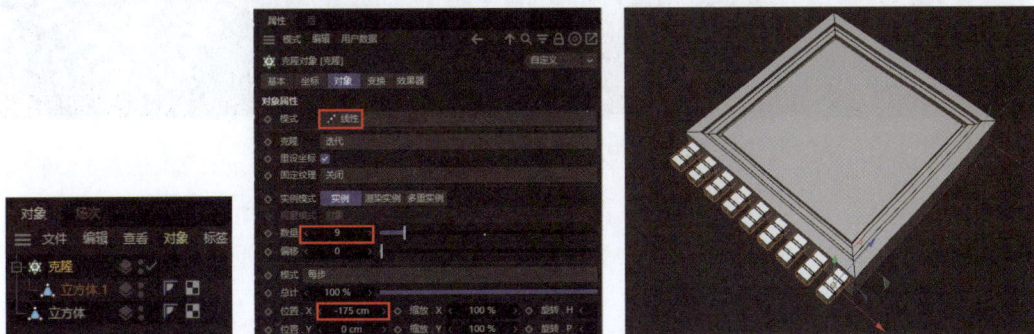

图5-16　设置"克隆"生成器

（14）在"对象"面板中将"克隆"对象复制3份，然后调整复制模型的位置，如图5-17所示。

图5-17　复制并调整"克隆"对象

（15）在"对象"面板中选中"立方体"对象，然后按住Shift键单击工具栏中的"弯曲"按钮◎，在弹出的面板中选择"倒角"工具。

（16）在"对象"面板中选中"倒角"对象，在"属性"面板中将"偏移"设置为10cm，为立方体设置图5-18所示的倒角效果。

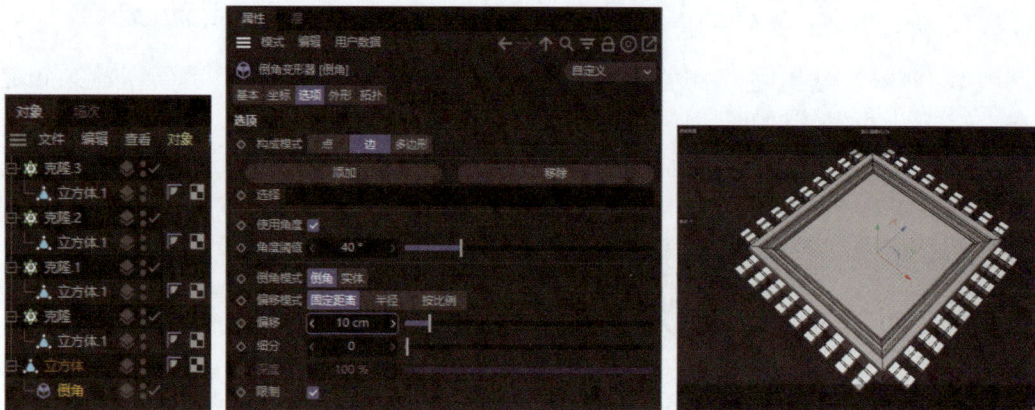

图5-18　为立方体设置倒角效果

（17）单击工具栏中的"立方体"按钮▣，在场景中再创建一个立方体，在"属性"面板中设置"尺寸.X"为1000cm、"尺寸.Y"为50cm、"尺寸.Z"为1000cm，并使用"移动"工具调整其在场景中的位置，如图5-19所示。

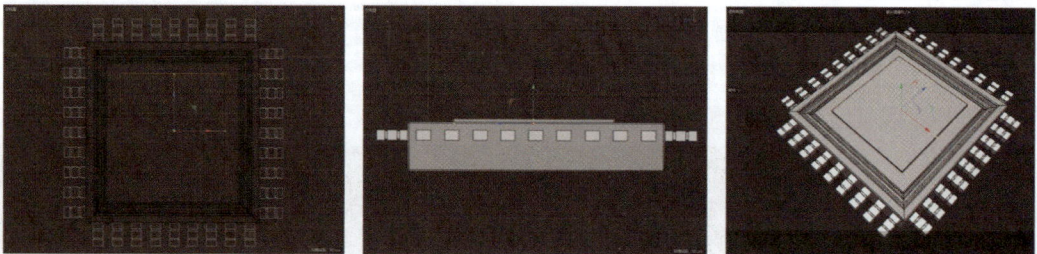

图5-19　创建立方体并调整其位置

（18）单击工具栏中的"立方体"按钮▣，在场景中创建一个小立方体，在"属性"面板中设置"尺寸.X"为50cm、"尺寸.Y"为12cm、"尺寸.Z"为50cm，并使用"移动"工具调整其在场景中的位置，如图5-20所示。

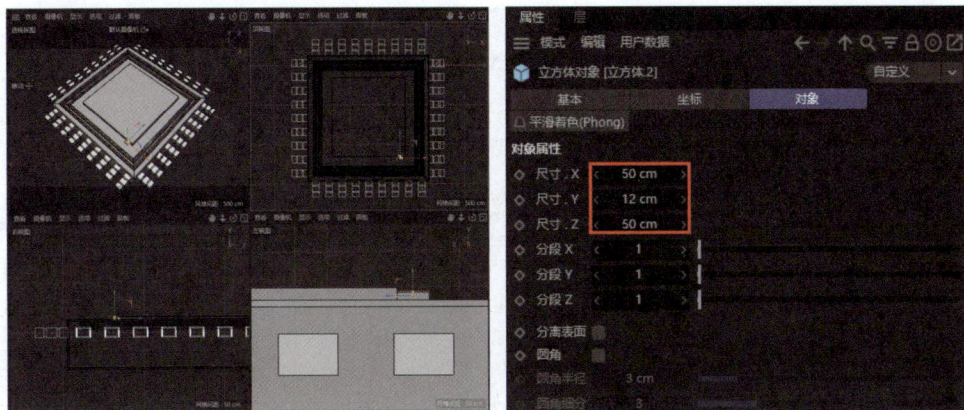

图5-20 创建并调整小立方体

（19）按C键将上一步创建的立方体对象转换为可编辑对象，然后单击工具栏中的"边"按钮 ⬛，选择"选择"｜"循环选择"命令，选中图5-21左图所示立方体外侧的边。

（20）在场景中右击，从弹出的菜单中选择"倒角"命令，在"属性"面板中将"偏移"设置为2cm后按Enter键，为立方体外侧的边设置倒角效果，如图5-21右图所示。

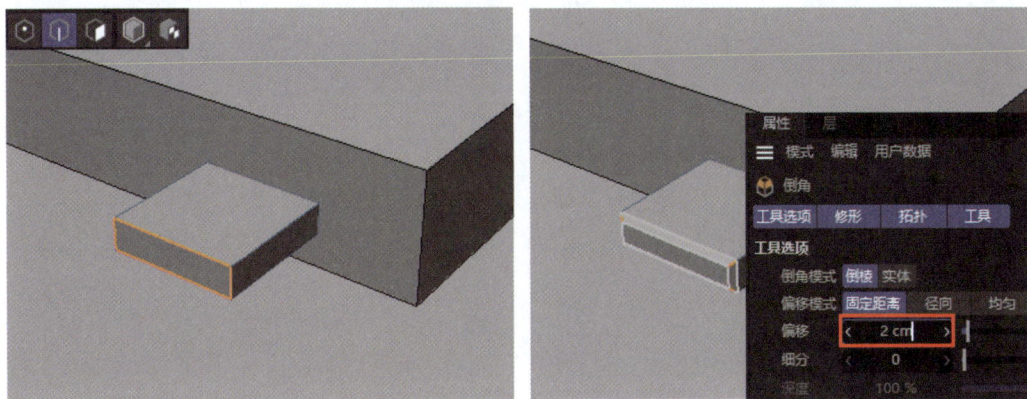

图5-21 为立方体外侧边设置倒角效果

（21）单击工具栏中的"模型"按钮 ⬛，然后按住Alt键单击"克隆"按钮 ⚙，对小立方体进行复制，使其位于图5-22所示的立方体四周。

（22）在"对象"面板中将步骤（21）创建的"克隆"对象复制3份，然后调整复制模型的位置，使其位于立方体四周。

（23）单击工具栏中的"立方体"按钮 ⬛，在场景中创建一个立方体模型，在"属性"面板中设置"尺寸.X"为960cm、"尺寸.Y"为100cm、"尺寸.Z"为960cm、"分段.X"为5、"分段.Y"为2、"分段.Z"为5，并使用"移动"工具调整该立方体模型在场景中的位置，如图5-23所示。

（24）按C键将步骤（23）创建的立方体模型转换为可编辑对象，在工具栏中单击"多边形"按钮 ⬛，按住Shift键选中立方体侧面的多边形，如图5-24所示。

（25）在场景中右击，从弹出的菜单中选择"嵌入"命令，在"属性"面板的"偏移"输入框中输入10cm后按Enter键，为选中的多边形设置图5-25所示的嵌入效果。

图5-22　复制小立方体

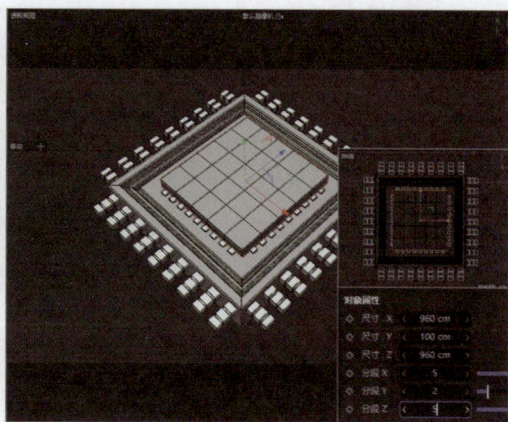

图5-23　创建顶部立方体模型

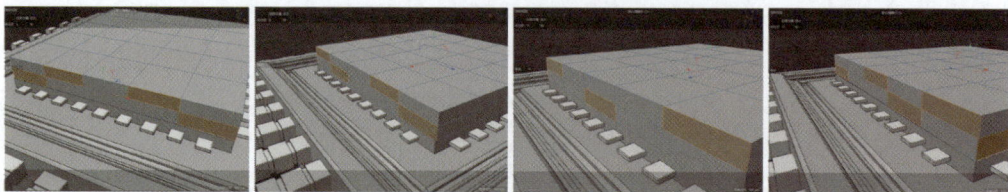

图5-24　按住Shift键选中立方体侧面的多边形

2. 背景模型制作

【例5-2】制作芯片四周的光带和底部的背景模型。

（1）单击工具栏中的"立方体"按钮 ，创建一个立方体模型，在"属性"面板中设置"尺寸.X"为970cm、"尺寸.Y"为100cm、"尺寸.Z"为970cm，如图5-26所示。

例 5-2

（2）按住Alt键长按工具栏中的"克隆"按钮 ，在弹出的面板中选择"晶格"工具，为创建的立方体添加"晶格"生成器。在"属性"面板中设置"圆柱半径"和"球体半径"为2cm，如图5-27所示。

（3）使用"移动"工具调整"晶格"对象在场景中的位置，如图5-28所示。

（4）单击工具栏中的"立方体"按钮 ，在场景中创建一个"尺寸.X""尺寸.Y""尺寸.Z"均为50cm的立方体模型。

（5）选择"运动图形"|"克隆"命令，添加"克隆"对象，在"对象"面板中将步骤（3）创建的"立方体"对象拖动至"克隆"的子层级。

图5-25　设置嵌入效果

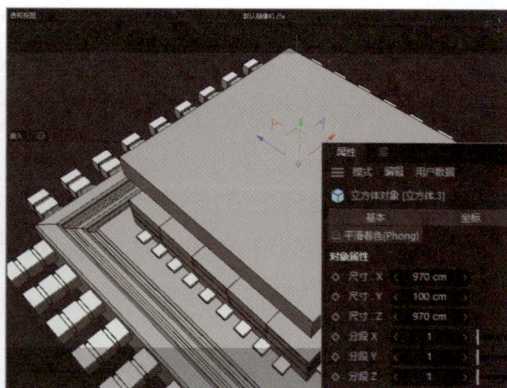

图5-26　创建较大的立方体

图5-27 设置"晶格"生成器

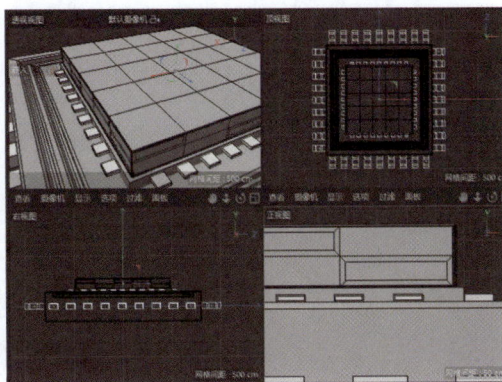

图5-28 调整"晶格"对象的位置

（6）选择"运动图形"｜"效果器"｜"随机"命令，为"克隆"添加"随机"效果器。

（7）在"对象"面板中选中"克隆"对象，在"属性"面板中设置"数量"为50、2、50，如图5-29所示，"尺寸"均为30cm。

图5-29 设置克隆参数

3. 配件模型制作

【例5-3】在场景中制作芯片附近的配件模型。

（1）单击工具栏中的"立方体"按钮■，在场景中创建一个立方体模型，在"属性"面板中设置"尺寸.X"为320cm、"尺寸.Y"为180cm、"尺寸.Z"为600cm，如图5-30所示。

例 5-3

（2）按C键将立方体模型转换为可编辑对象，然后单击工具栏中的"多边形"按钮■，选中立方体的顶部面，如图5-31所示。

（3）在"对象"面板中单击"随机"对象左侧的■按钮，使其变为■。

（4）单击工具栏中的"立方体"按钮■，在场景中创建一个立方体模型，在"属性"面板中设置"尺寸.X"为60cm、"尺寸.Y"为5cm、"尺寸.Z"为50cm，并使用"移动"工具调整该立方体的位置，如图5-32所示。

（5）按住Alt键单击"克隆"按钮■，对立方体进行复制，使其位于大立方体的一侧，效果如图5-33所示。

（6）将步骤（5）创建的立方体模型复制一份，并调整其位置至大立方体的另一侧，如图5-34所示。

图5-30 创建立方体

图5-31 选中顶部的面

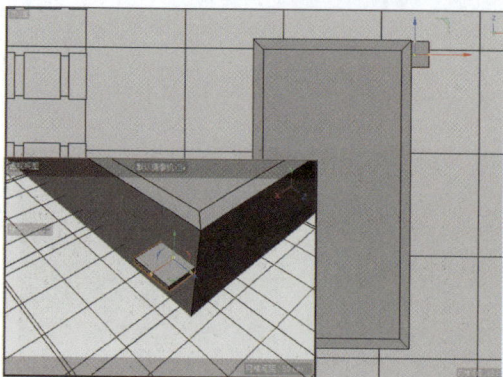

图5-32 调整立方体位置

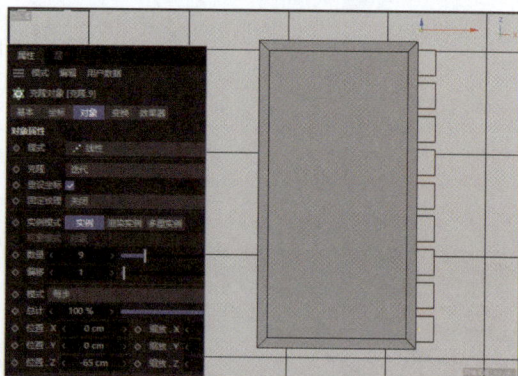

图5-33 克隆立方体

（7）在"对象"面板中按住Shift键，同时选中步骤（1）~（6）创建的立方体和"克隆"对象，按Alt+G组合键创建一个组，并将组重命名为"配件芯片1"，如图5-35所示。

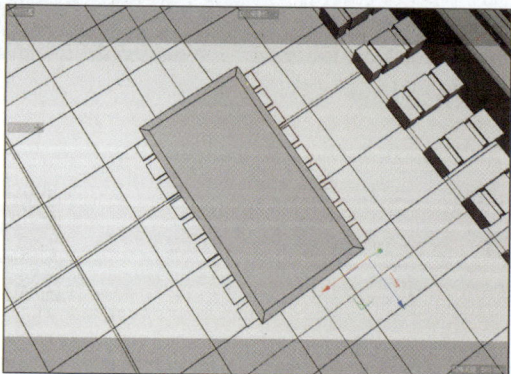

图5-34 复制"克隆"对象

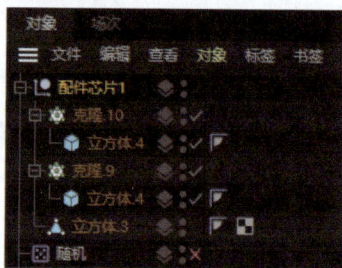

图5-35 创建组

（8）将创建的"配件芯片1"对象复制多份，并使用"移动"工具和"旋转"工具调整复制对象在场景中的位置，如图5-36所示。

（9）长按工具栏中的"立方体"按钮 ，在弹出的面板中选择"圆柱体"工具，在场景中创建一个圆柱体，在"属性"面板中将"半径"设置为80cm、"高度"设置为200cm、"高度分段"和"旋转分段"均为28，如图5-37所示。

（10）按C键将创建的圆柱体转换为可编辑对象，单击工具栏中的"边"按钮 ，选择"选择"｜"循环选择"命令，选中圆柱体顶部的边界线，然后在场景中右击，在弹出的菜单中选

Cinema 4D R25电商美工视觉设计（全彩微课版）

择"倒角"命令，如图5-38所示。

（11）在打开的"属性"面板中将"偏移"设置为5cm后按Enter键。

（12）单击工具栏中的"多边形"按钮，选择"选择"|"环状选择"命令，选中图5-39中的环状多边形。

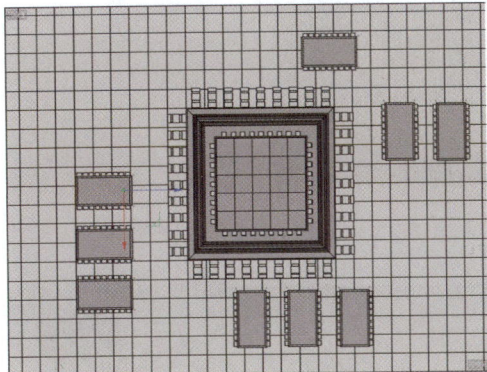

图5-36 复制"配件芯片1"对象

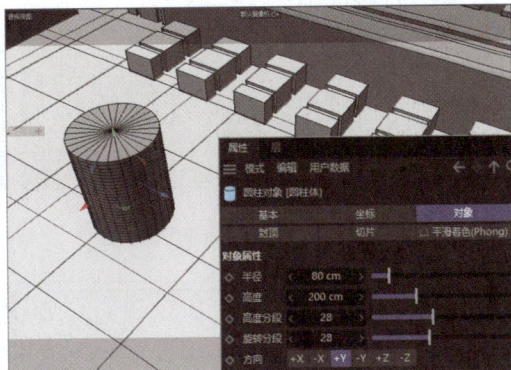

图5-37 创建圆柱体

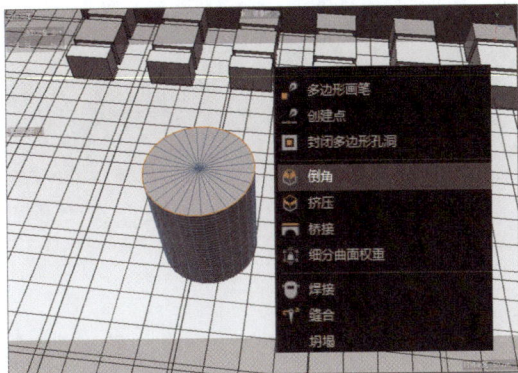

图5-38 选择"倒角"命令

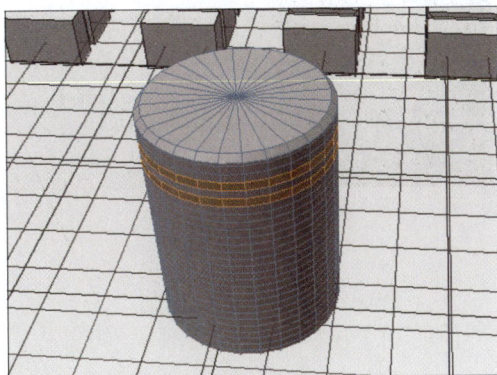

图5-39 选中环状多边形

（13）在场景中右击，从弹出的菜单中选择"挤压"命令，在打开的"属性"面板中将"偏移"设置为-5cm后按Enter键。

（14）单击工具栏中的"模型"按钮，将圆柱体模型复制多份，并分别调整其在场景中的位置，如图5-40所示。

（15）单击工具栏中的"立方体"按钮，在场景中创建一个立方体模型，在"属性"面板中设置"尺寸.X"为400cm、"尺寸.Y"为100cm、"尺寸.Z"为400cm。

（16）再次单击工具栏中的"立方体"按钮，在场景中创建一个立方体模型，在"属性"面板中设置"尺寸.X"为100cm、"尺寸.Y"为2cm、"尺寸.Z"为5cm，并使用"移动"工具调整立方体在场景中的位置，如图5-41所示。

（17）按住Alt键单击"克隆"按钮，对步骤（15）创建的立方体进行复制，使其位于立方体的一侧，如图5-42所示。

（18）在"对象"面板中按住Shift键，同时选中步骤（15）~（17）创建的"立方体"对象和"克隆"对象，按Alt+G组合键创建一个组，并将其重命名为"芯片配件2"。

（19）将"芯片配件2"对象复制多份，并使用"移动"工具将复制的对象放置在场景中不同的位置，如图5-43所示。

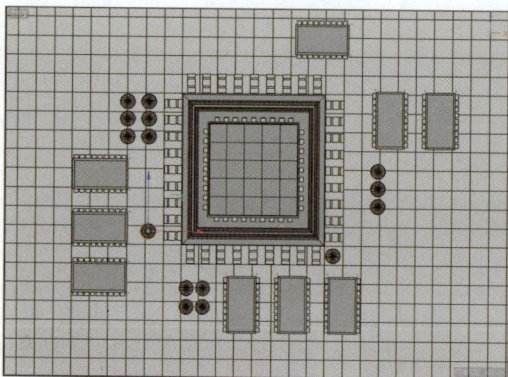

图5-40 复制并调整圆柱体模型的位置

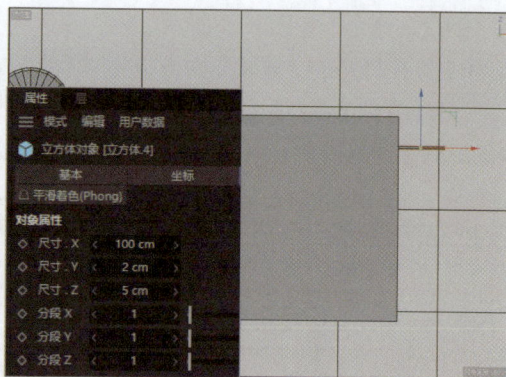

图5-41 创建并调整立方体配件模型

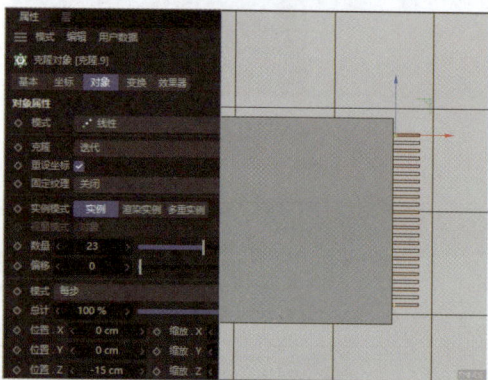

图5-42 复制对象

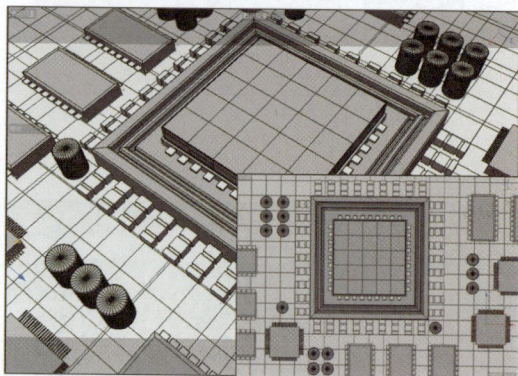

图5-43 调整"芯片配件2"的位置

4. 文字模型制作

【例5-4】在芯片的上方制作文字模型。

（1）长按工具栏中的"文本样条"按钮 **T**，在弹出的面板中选择"文本"工具，在场景中创建一个文本模型。

（2）在"属性"面板的"文本样条"输入框中输入"5G"，设置"深度"为5cm、"高度"为600cm、"字体"为"微软雅黑"，如图5-44左图所示。

（3）选择"坐标"选项卡，将"R.H"设置为90°、"R.P"设置为-90°，然后使用"移动"工具调整"文本"对象在场景中的位置，如图5-44右图所示。

例 5-4

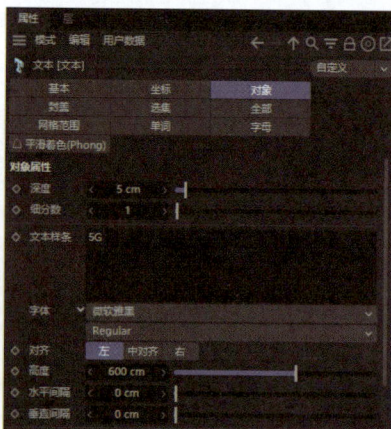

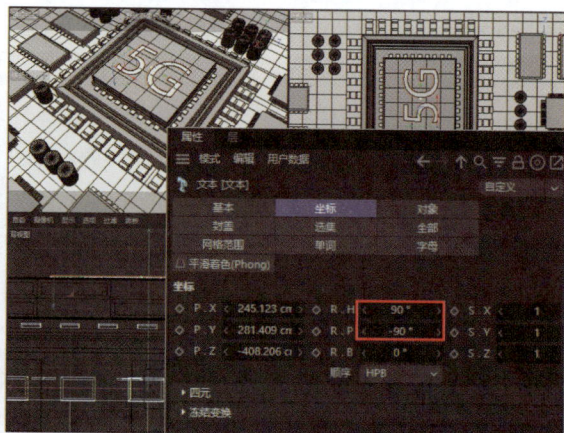

图5-44 制作并调整文本模型

Cinema 4D R25电商美工视觉设计（全彩微课版）

5.2.2 设置环境

【例5-5】在场景中使用"天空"工具创建环境效果。

（1）单击工具栏中的"天空"按钮 ⊕ ，在场景中创建"天空"对象。

（2）按Shift+F8组合键打开"资产浏览器"窗口，在搜索栏中输入HDRI，然后在搜索结果中打开HDRI文件夹，如图5-45左图所示。

（3）将HDRI文件夹中的Photo Studio材质赋予"对象"面板中的"天空"对象，如图5-45右图所示。

图5-45 赋予"天空"对象Photo Studio材质

（4）在"对象"面板中右击"天空"对象，在弹出的菜单中选择"渲染标签"|"合成"命令，为"天空"对象添加"合成"标签 ■ ，如图5-46左图所示。

（5）在"对象"面板中选中"合成"标签 ■ ，在"属性"面板中取消选中"摄像机可见"复选框，如图5-46右图所示。

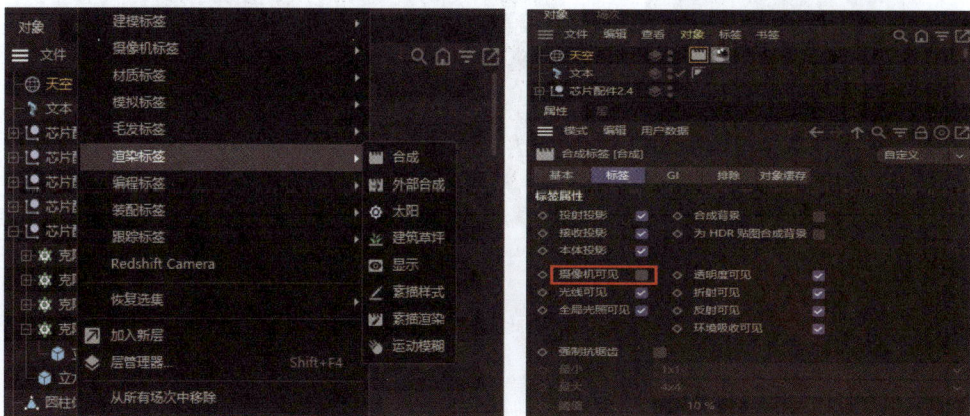

图5-46 为"天空"对象添加"合成"标签

（6）在"属性"面板中单击"随机"对象左侧的 ■ 按钮，使其变为 ■ 。

（7）按Ctrl+B组合键打开"渲染设置"窗口，设置测试渲染参数，如图5-47左图所示。然后按Ctrl+R组合键渲染场景，效果如图5-47右图所示。

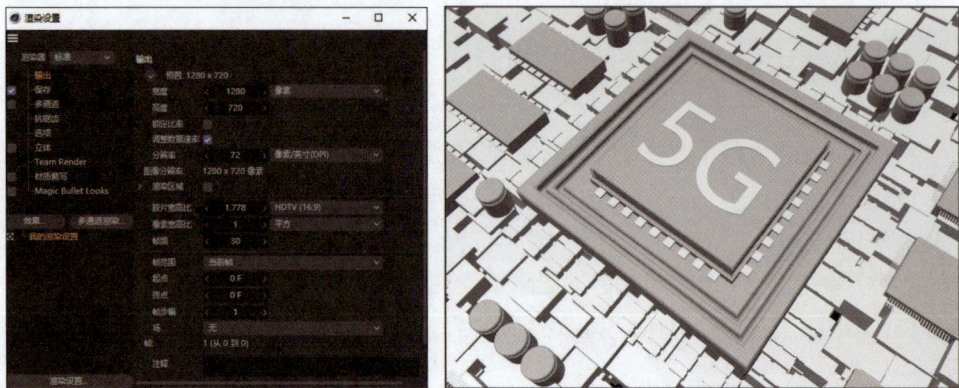

图5-47 测试渲染场景

5.2.3 材质制作

本例需要制作磨砂塑料材质、金属材质和发光材质。

1. 磨砂塑料材质制作

【例5-6】为场景中的模型制作塑料材质。

（1）按Shift+F2组合键打开"材质"面板，新建一个默认材质，将其命名为"塑料材质1"，如图5-48所示。

（2）双击"塑料材质1"材质，在打开的"材质编辑器"窗口中选中"颜色"复选框，将"颜色"的RGB值设置为（51，51，51），如图5-49所示。

例 5-6

图5-48 创建"塑料材质1"

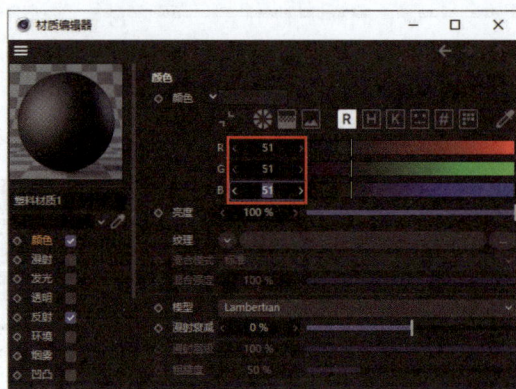

图5-49 设置材质的"颜色"参数

（3）在"材质编辑器"窗口中选中"反射"复选框，然后单击"添加"按钮，在弹出的下拉列表中选择GGX选项，如图5-50左图所示。

（4）在显示的面板中将"粗糙度"设置为40%、"反射强度"设置为70%、"菲涅耳"设置为"绝缘体"、"预置"设置为"聚酯"，如图5-50右图所示。

（5）在"材质"面板中选中"塑料材质1"材质后，先按Ctrl+C组合键，再按Ctrl+V组合键，将该材质复制一份，并重命名为"塑料材质2"。

（6）双击"塑料材质2"材质，在打开的"材质编辑器"窗口中，选中"颜色"复选框，将"亮度"设置为30%，如图5-51左图所示。

（7）选中"反射"复选框，将"全局反射亮度"设置为10%、"全局高光亮度"设置为20%，如图5-51右图所示。

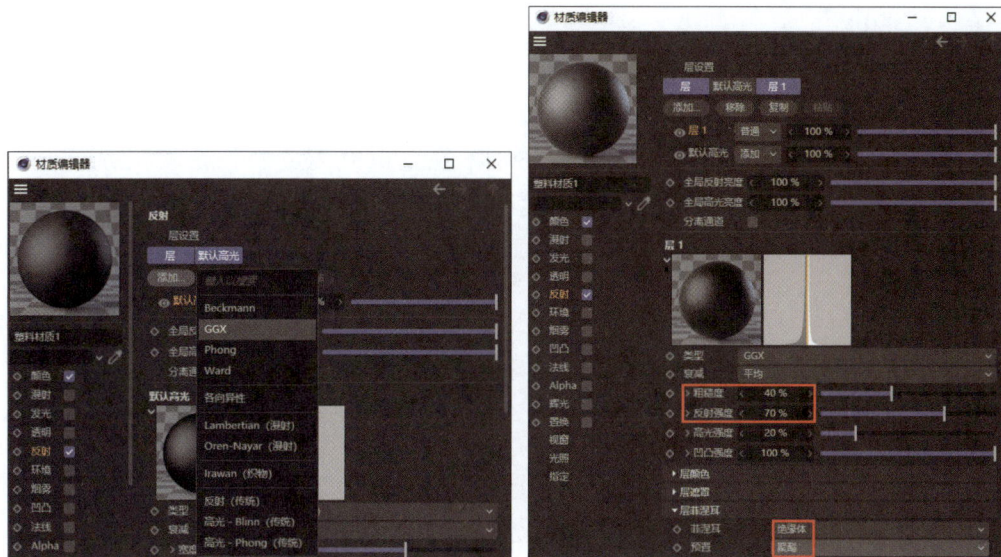

图5-50　添加并设置GGX属性

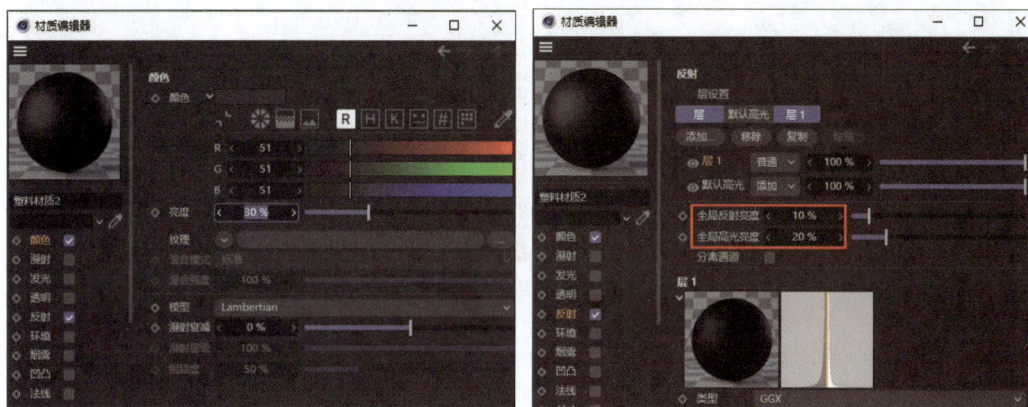

图5-51　设置"塑料材质2"材质参数

（8）将"材质"面板中的"塑料材质1"和"塑料材质2"赋予场景中的模型对象后，按Ctrl+R组合键渲染场景，效果如图5-52所示。

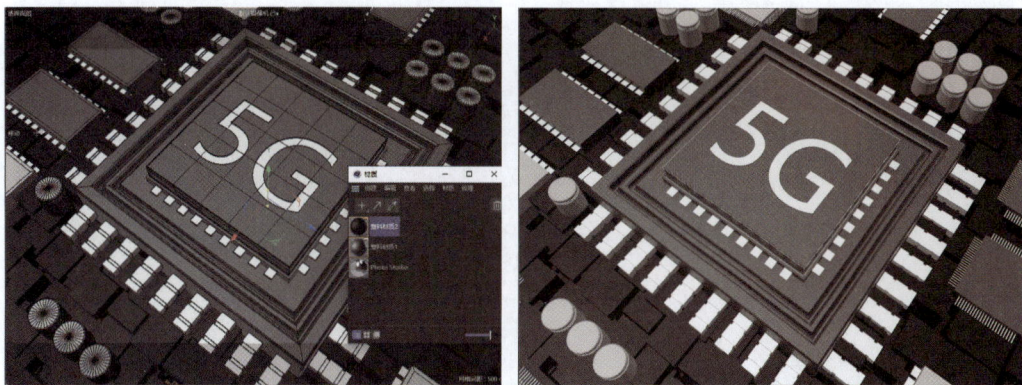

图5-52　将塑料材质赋予模型后的渲染效果

2. 金属材质制作

【例5-7】为场景中的模型制作金属材质。

（1）在"材质"面板中创建一个名为"金属材质1"的材质，双击该材质，在打开的"材质编辑器"窗口中选中"颜色"复选框，将"颜色"的RGB值设置为（128，128，126），如图5-53左图所示。

例 5-7

（2）选中"反射"复选框并单击"添加"按钮，在弹出的下拉列表中选择GGX选项。

（3）将"粗糙度"设置为15%、"反射强度"设置为90%、"菲涅耳"设置为"导体"、"预置"设置为"钢"，如图5-53右图所示。

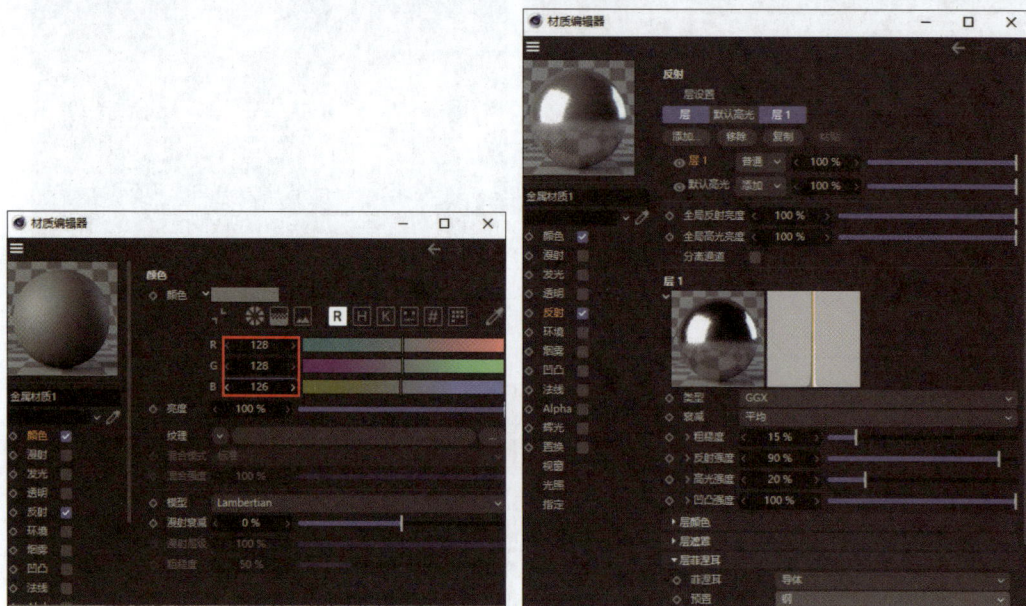

图5-53　创建并设置"金属材质1"材质

（4）在"材质"面板中创建一个新材质，将其重命名为"金属材质2"。然后双击"金属材质2"材质，在打开的"材质编辑器"窗口中选中"颜色"复选框，将"颜色"的RGB值设置为（94，53，15），如图5-54左图所示。

（5）选中"反射"复选框，单击"添加"按钮，添加GGX，将"粗糙度"设置为18%、"菲涅耳"设置为"导体"、"预置"设置为"金"，如图5-54右图所示。

（6）将"材质"面板中的"金属材质1"和"金属材质2"赋予场景中的模型对象后，按Ctrl+R组合键渲染场景，效果如图5-55所示。

3. 发光材质制作

【例5-8】为场景中的模型制作发光材质。

（1）在"材质"面板中创建一个名为"自发光"的材质，然后双击该材质打开"材质编辑器"窗口，取消选中"颜色"复选框，选中"发光"复选框，将"颜色"的RGB值设置为（234，50，255）、"亮度"设置为200%，如图5-56所示。

例 5-8

（2）取消选中"反射"复选框，选中"辉光"复选框，将"内部强度"设置为0%、"外部强度"设置为80%、"半径"设置为10cm、"随机"设置为50%，如图5-57所示。

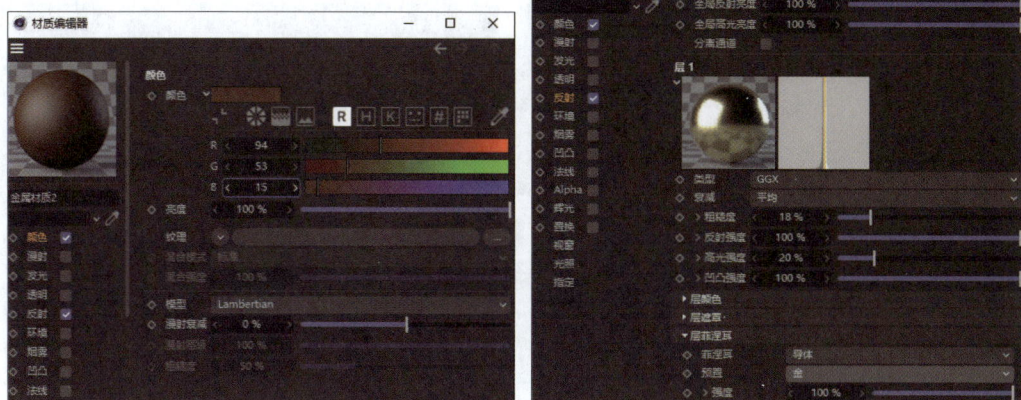

图5-54 创建"金属材质2"材质

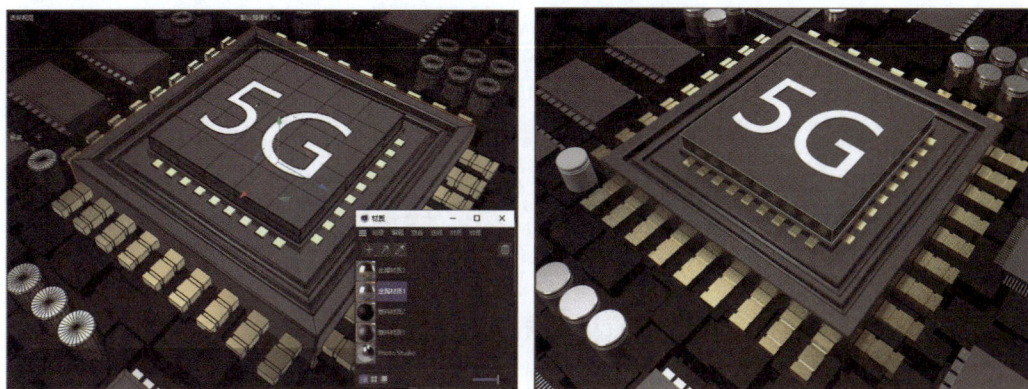

图5-55 将金属材质赋予模型后的渲染效果

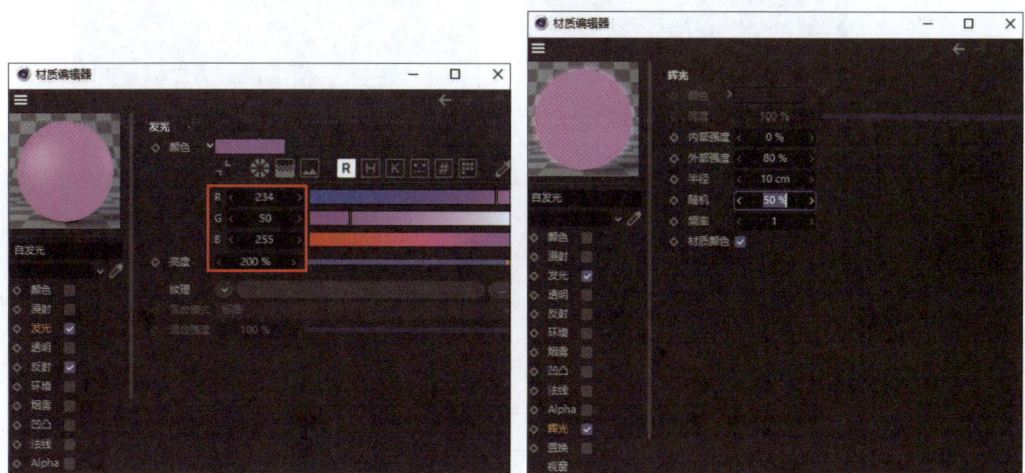

图5-56 设置"发光"属性

图5-57 设置"辉光"属性

（3）长按工具栏中的"立方体"按钮 ，在弹出的面板中选择"平面"工具，在场景中创建一个平面，并在"属性"面板中将其"宽度"和"高度"均设置为5000cm。

（4）调整场景中平面的位置，将本例制作的"自发光"材质赋予场景中的模型和步骤（3）创建的平面对象，如图5-58所示。

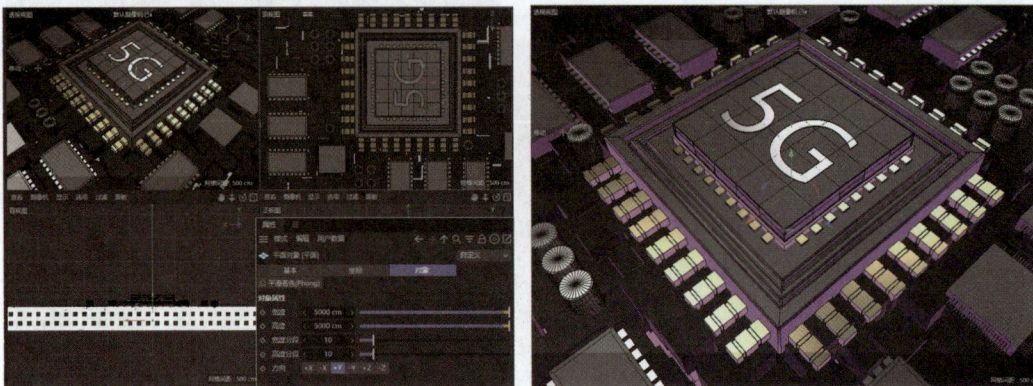

图5-58 将"自发光"材质赋予场景模型

5.2.4 设置摄像机

【例5-9】在场景中设置摄像机。

（1）单击工具栏中的"摄像机"按钮 ，在场景中创建一个摄像机。

（2）在"对象"面板中单击"摄像机"对象右侧的 按钮，使其变为 ，进入摄像机视图调整摄像机视角，如图5-59所示。

例 5-9

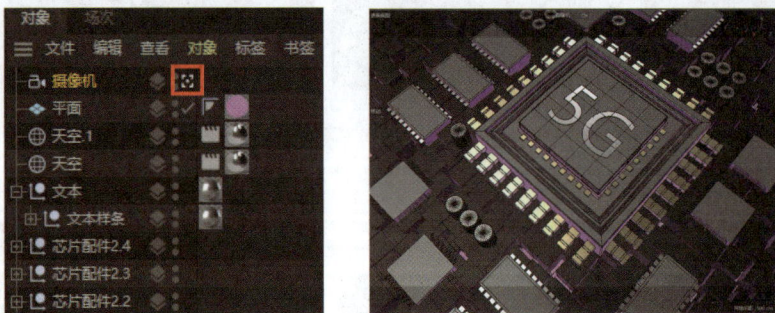

图5-59 设置摄像机

5.2.5 渲染场景

完成海报的制作后，按Ctrl+B组合键打开图5-60左图所示的"渲染设置"窗口，在"输出"选项中将"宽度"设置为500像素、"高度"设置为750像素。设置渲染文件的输出格式和路径，然后按Shift+R组合键渲染海报，效果如图5-60右图所示。

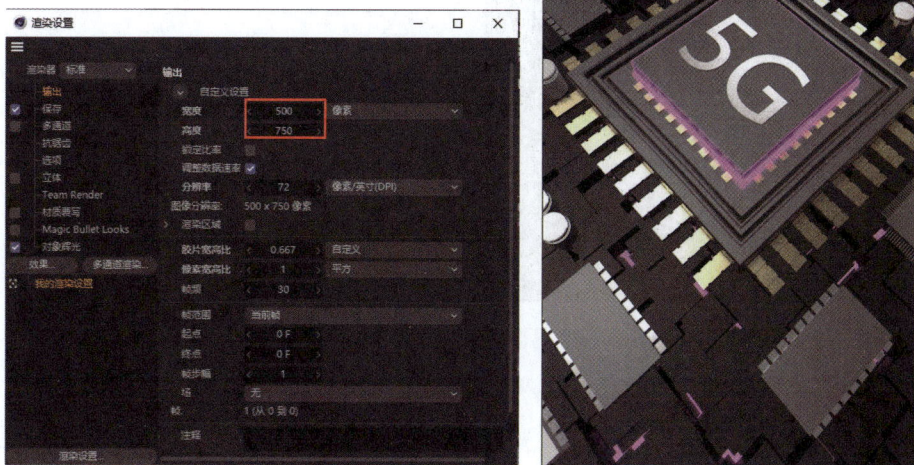

图5-60　按指定设置渲染海报

5.3. 电商香水海报

本节将使用Cinema 4D制作一个电商香水海报。海报应以主打的香水产品为重点展示对象，将产品置于海报的中心位置，清晰地展示其外观设计。

5.3.1　模型制作

化妆品海报的场景通常以吸引人眼球和展示产品特色为目的。这类海报场景通常会使用引人注意的色彩和精心设计的布局，以吸引人们的注意力。

【例5-10】制作香水瓶模型。

（1）创建一个空白文件后，单击"切换活动视图"按钮▣，切换到图5-61左图所示的四视图，然后单击正视图右上角的"切换活动视图"按钮▣，切换到图5-61右图所示的正视图。

例5-10

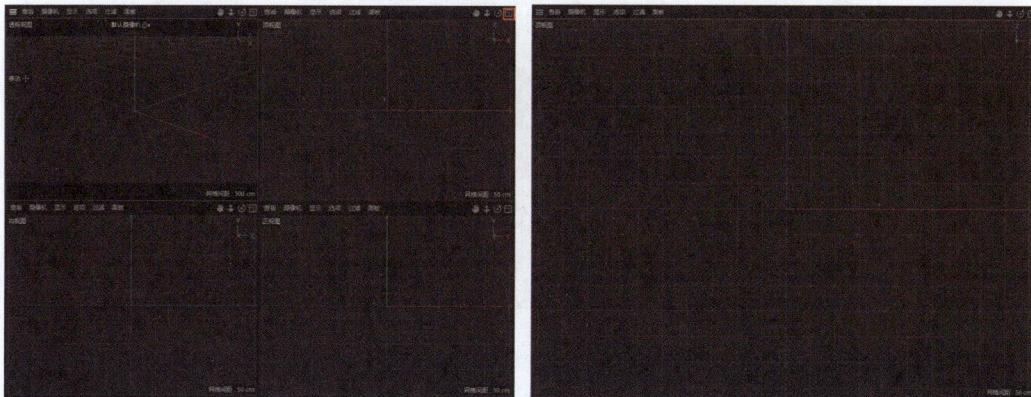

图5-61　切换到正视图

183

（2）按Shift+V组合键打开"视窗"面板，选择"背景"选项卡，单击"图像"输入框右侧的■按钮，在打开的对话框中选中香水产品贴图，单击"打开"按钮，如图5-62所示。

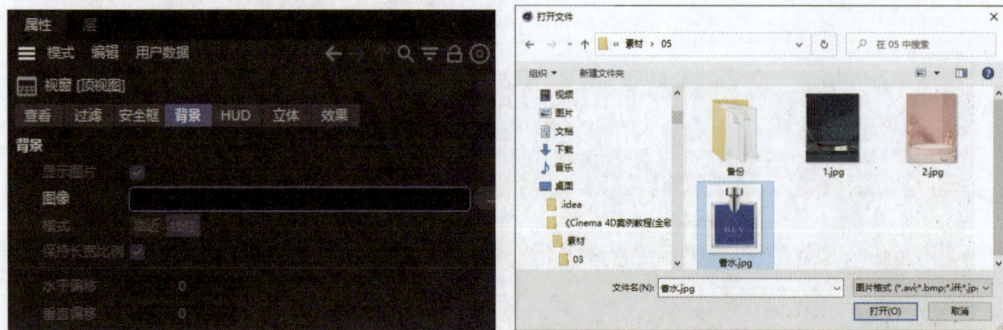

图5-62　设置背景

（3）正视图中的背景图如图5-63左图所示。

（4）在"视窗"面板中将"透明"设置为60%，并调整"水平偏移"和"垂直偏移"参数，使背景图在场景中居中，如图5-63右图所示。

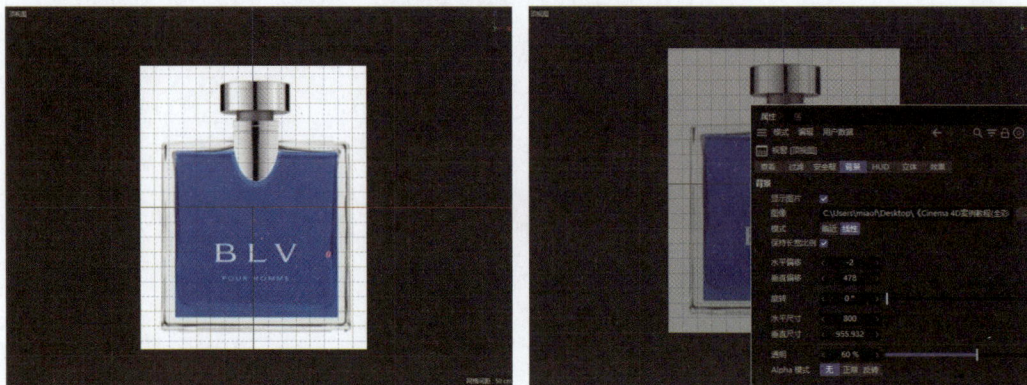

图5-63　设置背景图透明度和居中显示

（5）单击工具栏中的"样条画笔"按钮 ，沿着背景图中香水盖的一侧绘制图5-64所示的样条线。

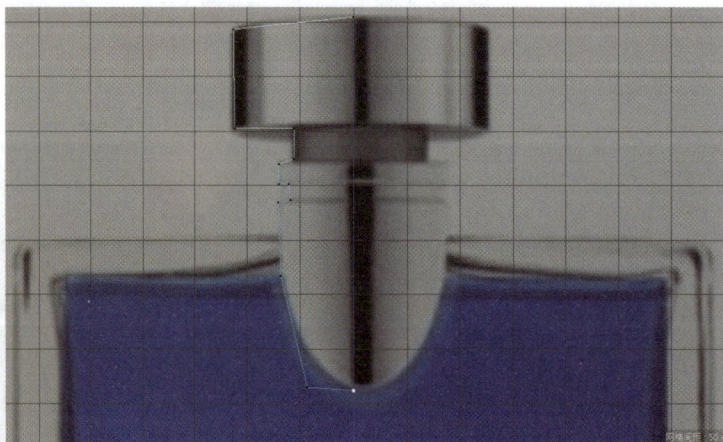

图5-64　参照背景图绘制样条线

（6）在场景中右击，在弹出的菜单中选择"柔性插值"命令（如图5-65左图所示），然后

Cinema 4D R25电商美工视觉设计（全彩微课版）

分别选中场景中样条线上的点，拖动显示的控制柄，调整点与线之间的效果，如图5-65右图所示。

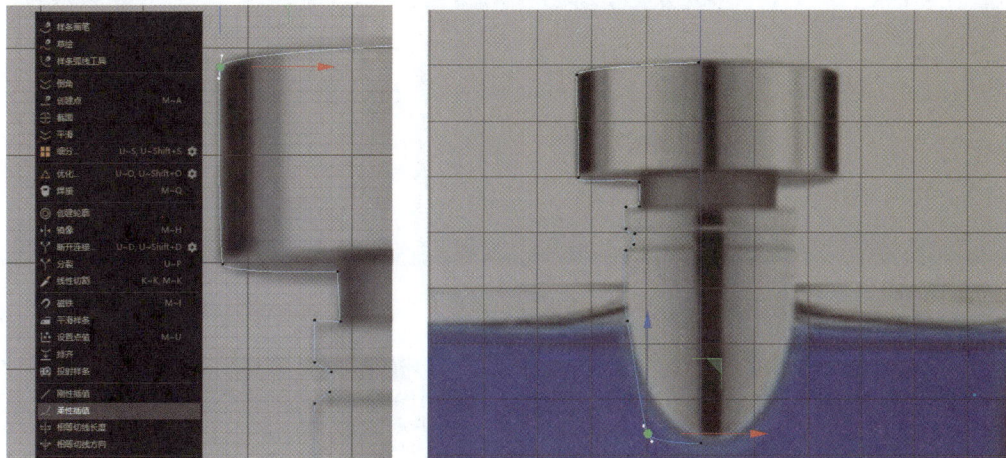

图5-65　调整样条线

（7）选择"摄像机"｜"透视视图"命令，切换到透视视图，如图5-66所示。

（8）长按工具栏中的"细分曲面"按钮，在弹出的面板中选择"旋转"工具，添加一个"旋转"变形器。

（9）在"对象"面板中将"样条"对象拖动至"旋转"对象的子层级，制作效果如图5-67所示的瓶盖模型。

图5-66　切换到透视视图

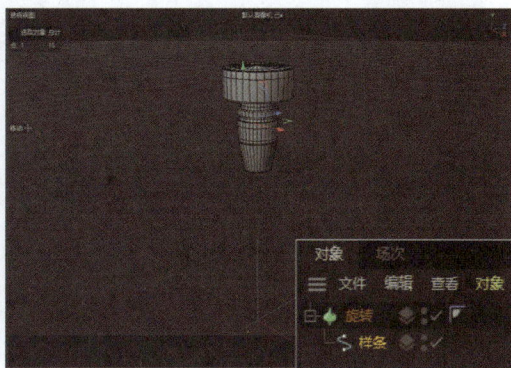

图5-67　旋转样条线

（10）单击"切换活动视图"按钮，切换到四视图，在正视图中调整样条线，对制作的瓶盖模型做进一步调整。

（11）在"对象"面板中选中"旋转"对象，在"属性"面板中将"细分数"设置为60，如图5-68所示。

（12）切换到正视图，按Shift+V组合键显示"视窗"面板，调整"背景"选项卡中的"水平偏移"参数，将背景图片与制作的瓶盖模型对齐，如图5-69所示。

（13）单击工具栏中的"矩形"按钮，在场景中绘制一个矩形。

（14）调整"属性"面板中的"宽度"和"高度"参数，将矩形调整至与香水瓶的瓶身大小接近，如图5-70所示。

（15）选中矩形后按C键，将其转换为可编辑对象，然后在场景中右击，从弹出的菜单中选择"创建点"命令，在矩形上单击，增加图5-71所示的两个点。

图5-68　设置旋转细分数

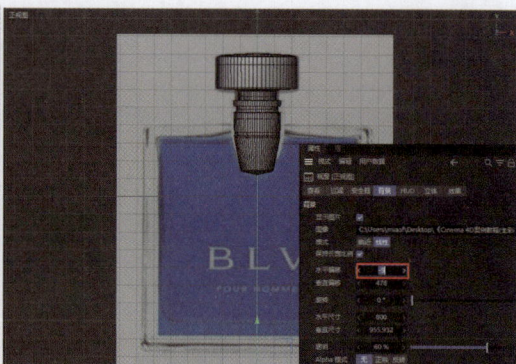

图5-69　调整背景图

图5-70　在场景中创建矩形

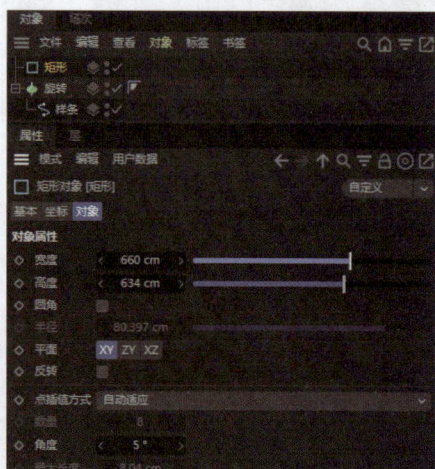

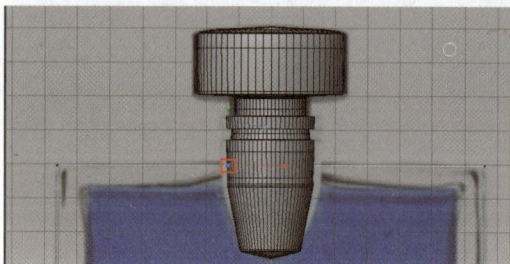

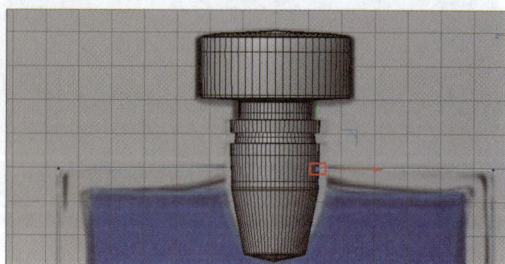

图5-71　创建两个点

（16）选择"选择"｜"框选"命令，然后同时选中图5-71中的两个点，使用"移动"工具将选中的点向上拖动一点距离，如图5-72所示。

（17）按住Shift键选中矩形的4个顶点，在场景中右击，从弹出的菜单中选择"倒角"命令，如图5-73所示。

（18）在"属性"面板的"半径"输入框中输入3.5cm后按Enter键，如图5-74所示。

（19）选择"摄像机"｜"透视视图"命令，切换到图5-75所示的透视视图。

（20）长按工具栏中的"细分曲面"按钮，在弹出的面板中选择"挤压"工具，添加一个"挤压"变形器，然后在"对象"面板中将"矩形"对象拖动至"挤压"对象的子层级，制作图5-76所示的香水瓶瓶身模型。

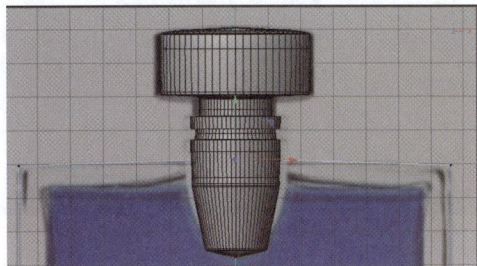

图5-72 向上拖动选中的点

图5-73 选择"倒角"命令

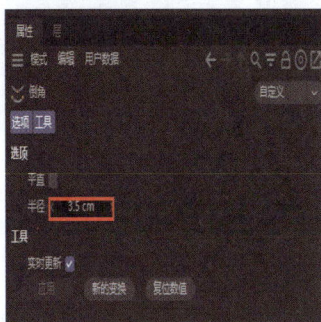

图5-74 设置倒角半径

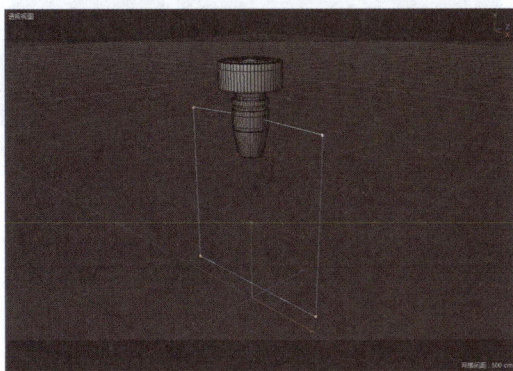

图5-75 透视视图中的矩形

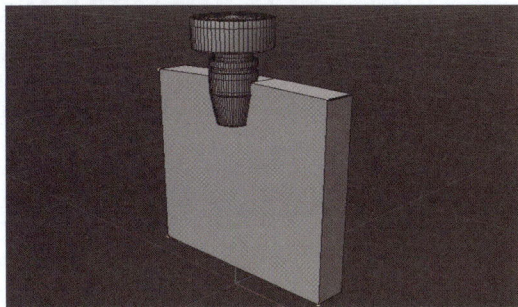

图5-76 使用"挤压"生成器制作香水瓶瓶身模型

（21）在"对象"面板中选中"挤压"对象，在"属性"面板中将"偏移"设置为260cm，然后使用"移动"工具调整场景中瓶身模型的位置，如图5-77所示。

（22）选择"摄像机"|"顶视图"命令切换到顶视图，在顶视图中调整瓶身的位置，如图5-78所示。

（23）按住Alt键的同时在场景中拖动鼠标，查看香水瓶模型是否存在明显的错误，如图5-79所示。

（24）在"对象"面板中按住Shift键选中"挤压"和"矩形"对象，按Alt+G组合键创建一个名为"瓶身"的组。按住Shift键选中"旋转"和"样条"对象，按Alt+G组合键创建一个名为"瓶盖"的组，如图5-80所示。

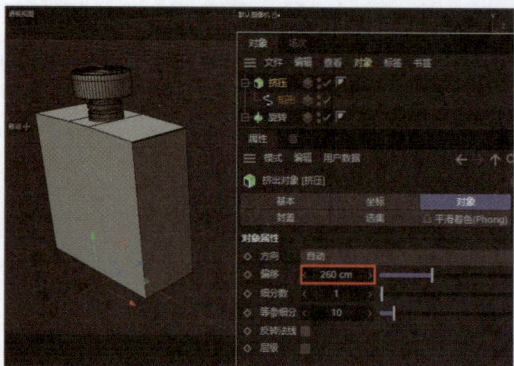

图5-77　设置挤压偏移值

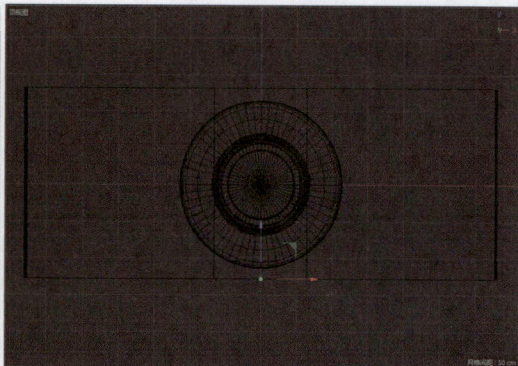

图5-78　在顶视图中调整瓶身的位置

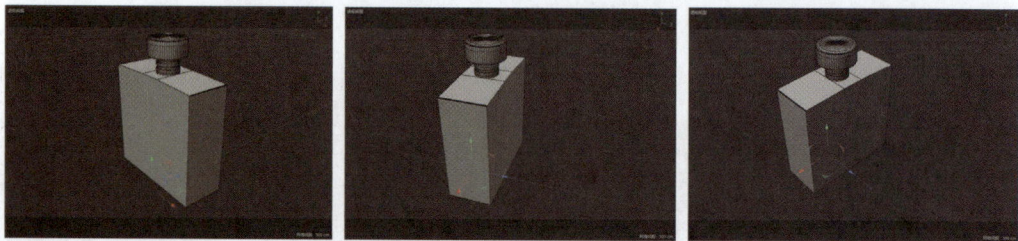

图5-79　检查模型状态

（25）在"对象"面板中右击"挤压"对象，从弹出的菜单中选择"当前状态转对象"命令，如图5-81所示。

图5-80　创建组

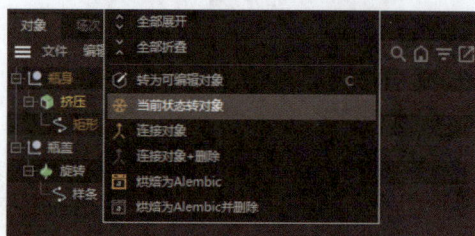

图5-81　当前状态转对象

（26）在"对象"面板中右击"旋转"对象，从弹出的菜单中选择"当前状态转对象"命令。

（27）将转为对象的"旋转"对象和"挤压"对象拖出"瓶身"组和"瓶盖"组，然后分别单击"瓶身"组和"瓶盖"组右侧的█按钮，使其变为█，如图5-82所示。

（28）在工具栏中单击"边"按钮█，然后在场景中右击，从弹出的菜单中选择"循环/路径切割"命令，如图5-83所示。

（29）在顶视图和透视视图中为模型添加图5-84所示的线。

（30）在工具栏中单击"点"按钮█，然后按住Shift键选中模型两侧的点（如图5-85左图所示），使用"缩放"工具将选中的点向模型中间调整，如图5-85右图所示。

（31）在"对象"面板中选中"挤压"对象后，按Ctrl+C组合键和Ctrl+V组合键将该对象复制一份，如图5-86所示。

（32）按Shift+F2组合键打开"材质"面板，创建一个名为"透明"的材质，然后双击该材质，在打开的"材质编辑器"窗口中取消选中"颜色"复选框，选中"透明"复选框，将"折射率"设置为1.3，如图5-87所示。

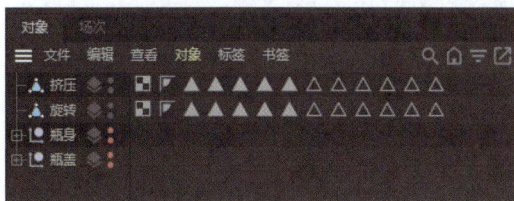

图5-82　"对象"面板

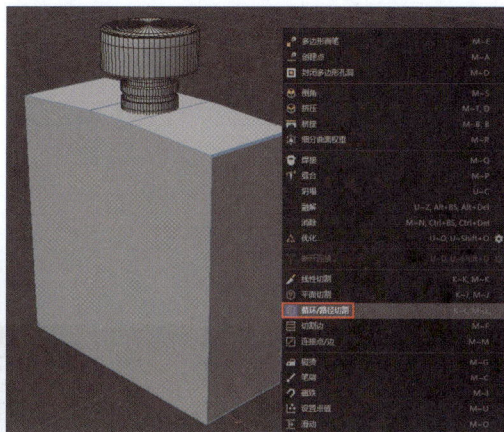

图5-83　循环/路径切割

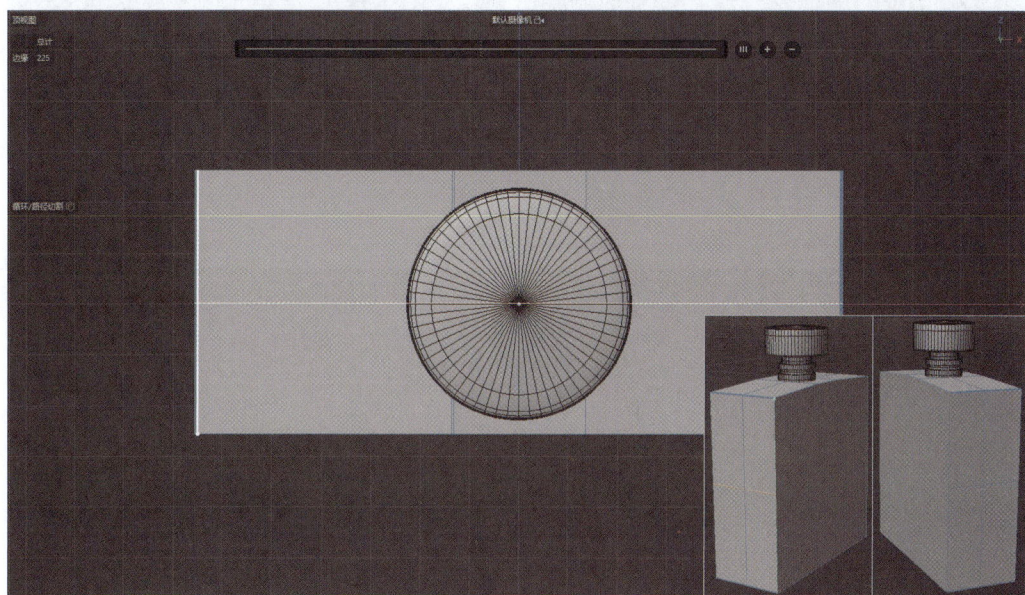

图5-84　为模型添加线

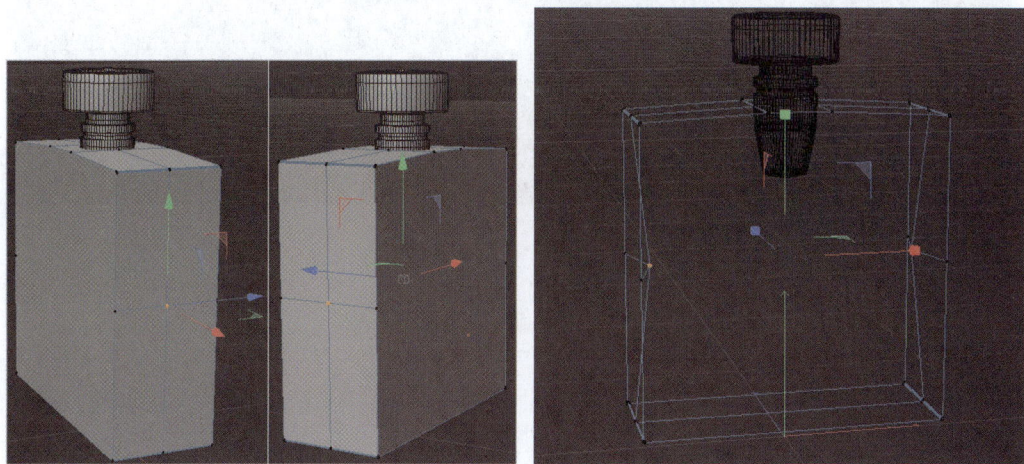

图5-85　调整选中的点

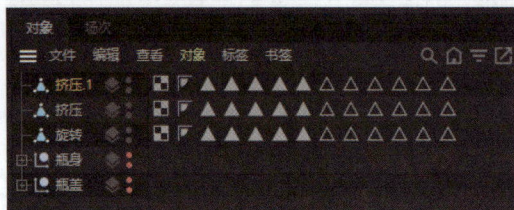

图5-86 复制"挤压"对象

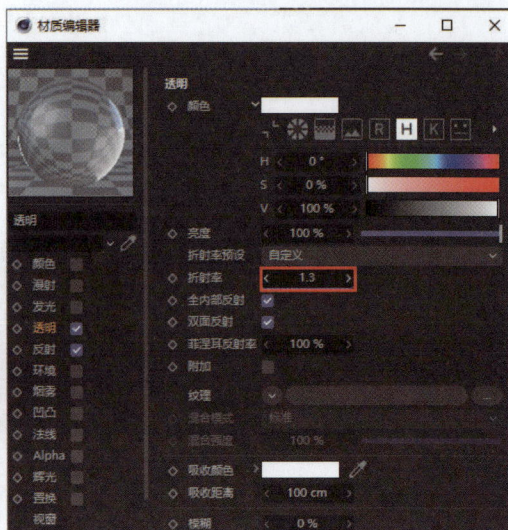

图5-87 设置"透明"参数

（33）关闭"材质编辑器"窗口，将制作的"透明"材质赋予场景中的"挤压"对象。

（34）在工具栏中单击"模型"按钮，在"对象"面板中选中步骤（31）复制所得的"挤压.1"对象，使用"缩放"工具将该对象在场景中缩小一点，如图5-88所示。

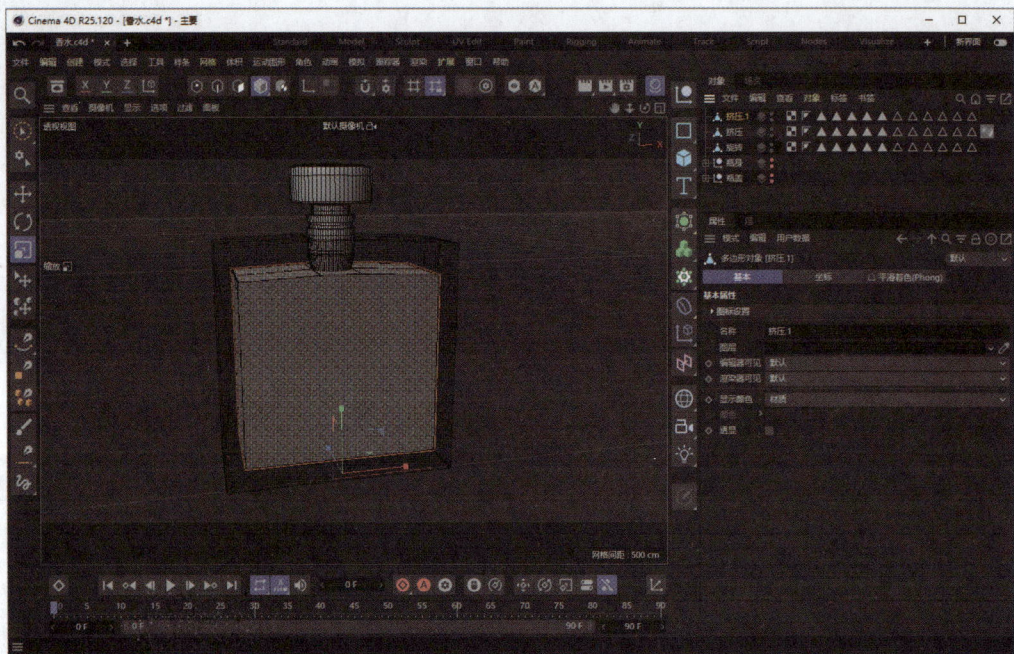

图5-88 调整"挤压.1"对象的大小

（35）长按工具栏中的"文本样条"按钮，在弹出的面板中选择"文本"工具，在场景中创建一个立体文本对象。

（36）在"属性"面板的"文本样条"输入框中输入BLV，并为其设置一种合适的字体（可自行选择），设置"深度"为5cm、"高度"为150cm，如图5-89所示。

（37）在视图中调整立体文本对象的位置，如图5-90所示。

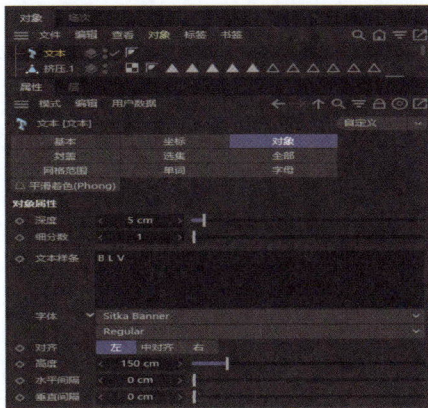

图5-89　设置文本属性

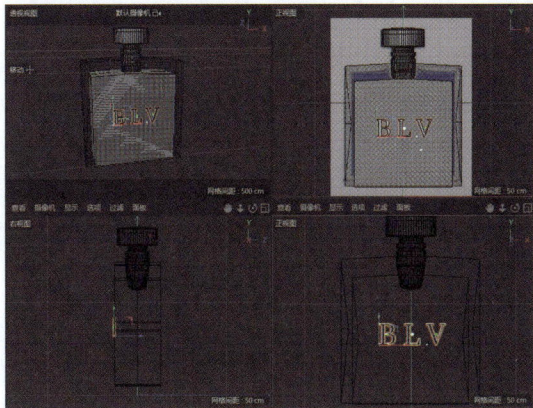

图5-90　调整文本位置

（38）使用同样的方法在场景中再创建一行立体文字，如图5-91所示。完成香水瓶模型的制作。

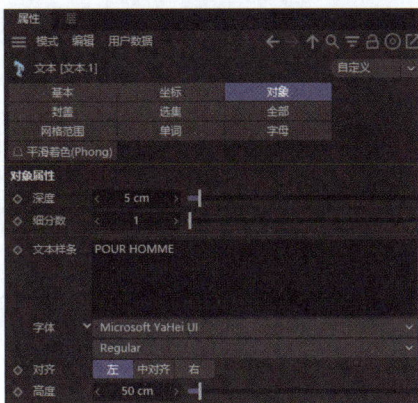

图5-91　在模型上制作立体文本

5.3.2　材质制作

在Cinema 4D中制作香水瓶材质时可以使用多种材质属性来实现逼真的效果。以下是一些常用的材质。

- ❑ 透明材质：香水瓶通常具有透明的外观，因此可以使用"透明"属性来模拟玻璃或塑料材质的透明效果。可以通过调整透明度和折射率来调节光线的透明和折射效果。
- ❑ 反射材质：香水瓶表面通常会映射出周围环境或光源。可以使用"反射"属性来模拟瓶体的镜面反射效果，调整反射强度、粗糙度和反射的颜色。
- ❑ 投影材质：用于在瓶体表面创建图案、纹理或标志。可以使用噪声、图像纹理、法线贴图等来实现瓶体表面的细节效果。
- ❑ 环境材质：用于模拟周围环境对瓶体的影响，比如通过添加环境贴图来实现瓶体反射纹理的变化。
- ❑ 金属材质：可以使用反射和镜面贴图来创建逼真的金属材质效果，用于模拟香水瓶盖或瓶身中的金属部分。

本小节将为电商广告中的香水瓶模型制作液体材质、金属材质和透明玻璃材质。

1. 蓝色液体材质制作

【例5-11】为香水瓶模型中的瓶盖和文本模型制作蓝色液体材质。

（1）按Shift+F2组合键打开"材质"面板，创建一个新的默认材质并将其重命名为"液体"。

（2）双击"液体"材质，打开"材质编辑器"窗口，选中"透明"复选框，在系统显示的选项区域中单击"纹理"选项后的█按钮，在弹出的下拉列表中选择"表面"|"水面"选项，设置"颜色"的RGB值为（0，0，255），如图5-92所示。

（3）在"材质编辑器"窗口中选中"反射"复选框，单击"添加"按钮，在弹出的下拉列表中选择GGX选项，如图5-93所示。

图5-92　设置"透明"参数

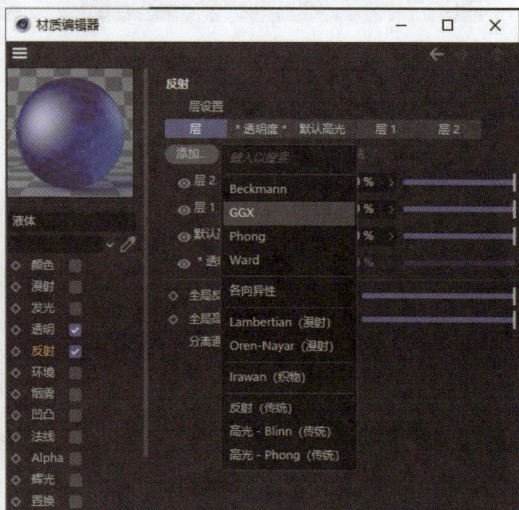

图5-93　添加GGX

（4）将"粗糙度"设置为0%、"反射强度"设置为80%、"高光强度"设置为60%、设置"菲涅耳"为"绝缘体"、"预置"为"沥青"，如图5-94所示。

（5）将制作好的"液体"材质赋予场景中的"挤压.1"对象，按Shift+R组合键渲染场景，效果如图5-95所示。

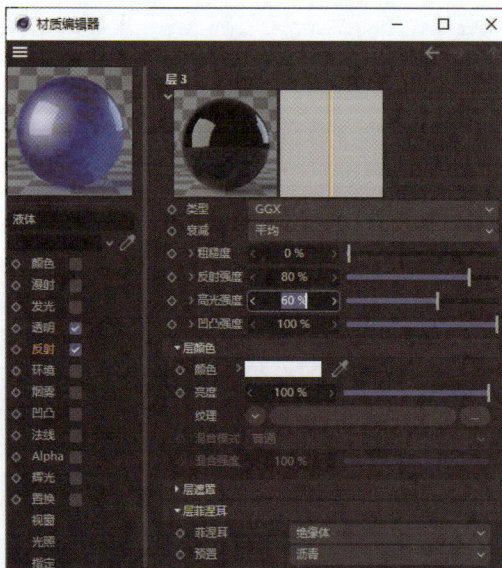

图5-94　设置"反射"属性

图5-95　"液体"材质渲染效果

2. 金色金属材质制作

【例5-12】为香水瓶模型中的瓶盖和文本模型制作金色金属材质。

（1）在"材质"面板中创建一个名为"金属"的材质，然后双击该材质，打开"材质编辑器"窗口。

例 5-12

（2）在"材质编辑器"窗口中取消选中"颜色"复选框，选中"反射"复选框，单击"移除"按钮，移除"默认高光"通道，如图5-96所示。

（3）单击"添加"按钮，在弹出的下拉列表中选择GGX选项，如图5-97所示。

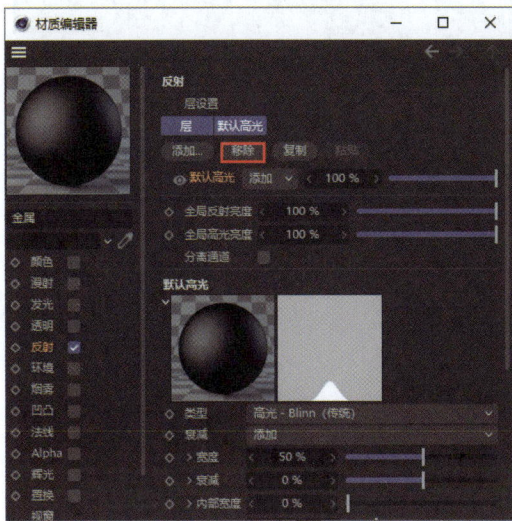

图5-96 移除默认高光

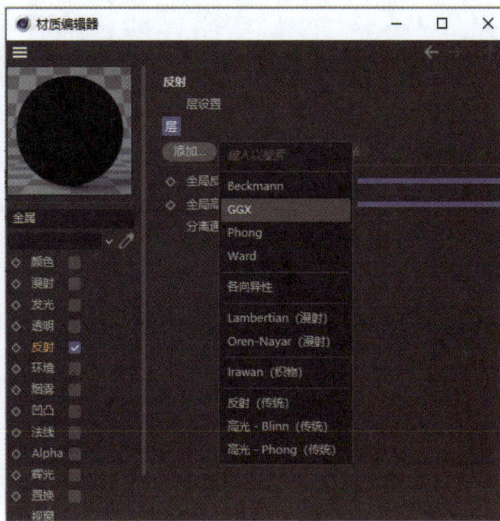

图5-97 添加GGX

（4）将"粗糙度"设置为0%、将"菲涅耳"设置为"导体"、"预置"设置为"金"，如图5-98所示。

（5）将制作好的"金属"材质赋予瓶盖和文本模型，如图5-99所示。

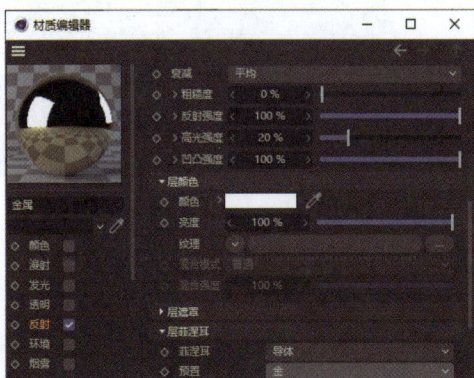

图5-98 制作金色金属材质

图5-99 将材质应用于模型

3. 透明玻璃材质制作

【例5-13】为香水瓶模型中的瓶身模型制作透明玻璃材质。

（1）在"材质"面板中创建一个名为"玻璃"的材质，然后双击该材质，打开"材质编辑器"窗口。

例 5-13

（2）在"材质编辑器"窗口中取消选中"颜色"和"反射"复选框，选中"透明"复选框，将"折射率预设"设置为"钻石"，如图5-100左图所示。

（3）将制作的"玻璃"材质赋予场景中的瓶身模型，如图5-100右图所示。

图5-100　制作"玻璃"材质并将其赋予模型

5.3.3　创建场景

在Cinema 4D中，场景是由各种元素组成的，包括模型、灯光、材质等。下面为制作好的模型创建一个简单的场景。

【例5-14】使用"平面"工具创建一个简单的场景。

（1）长按工具栏中的"立方体"按钮，在弹出的面板中选择"平面"工具，在场景中创建图5-101所示的几个平面。

（2）在"材质"面板中创建一个空白材质，双击该材质，在打开的"材质编辑器"窗口中选中"发光"复选框，如图5-102所示。

例5-14

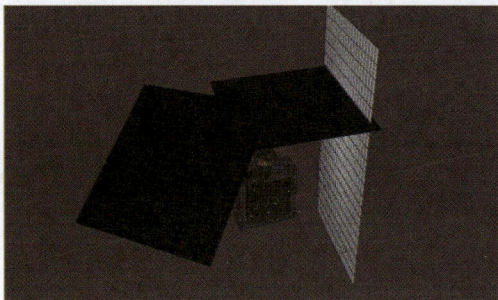

图5-101　创建平面

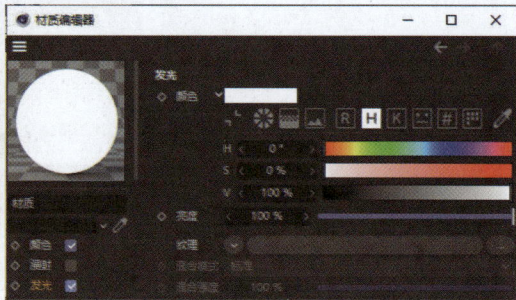

图5-102　设置发光材质

（3）将制作的发光材质赋予场景中的平面。

5.3.4　设置摄像机与灯光

调整场景视角如图5-103左图所示后，单击工具栏中的"摄像机"按钮创建一个摄像机对象。在"对象"面板中单击"摄像机"对象右侧的按钮，使其变为，设置摄像机视角。再次单击按钮，使其变为，场景中摄像机的位置如图5-103右图所示。

单击"对象"面板中"摄像机"对象右侧的按钮，再次切换回摄像机视图。按Ctrl+R组合键渲染场景，香水瓶模型效果如图5-104所示。

单击工具栏中的"灯光"按钮，在场景中创建两个灯光，使用"移动"工具调整灯光在场景中的位置。在摄像机视图中按Ctrl+R组合键渲染场景，效果如图5-105所示。

图5-103　在场景中创建摄像机

图5-104　渲染场景

图5-105　创建灯光后渲染场景

5.3.5　制作渐变噪波球

在Cinema 4D中，噪波球是一个基于噪波纹理生成的球体，常用于创造有机形状（一种不规则、不对称但自然、流畅的形状）和纹理等艺术效果，以增强电商海报的视觉吸引力。

1. 噪波球模型制作

【例5-15】在场景中制作噪波球模型。

（1）单击"对象"面板中"摄像机"对象右侧的■按钮，使其变为■，进入摄像机视图，然后长按工具栏中的"立方体"按钮■，在弹出的面板中选择"球体"工具，在场景中创建一个球体模型。

例5-15

（2）在"属性"面板中将"半径"设置为800cm、"分段"设置为80，使用"移动"工具调整场景中球体模型的位置，如图5-106所示。

（3）长按工具栏中的"弯曲"按钮■，在弹出的面板中选择"置换"工具，然后在"对象"面板中将"置换"对象放在"球体"对象的子层级，如图5-107所示，为球体添加"置换"变形器。

（4）在"对象"面板中选中"置换"对象，在"属性"面板中选择"对象"选项卡，将"高度"设置为800cm，如图5-108所示。

（5）在图5-109所示的"着色"选项卡中设置"着色器"为"噪波"，单击噪波贴图，在打开的"噪波着色器"面板中设置"种子"数量为2000、"噪波"为"湍流"，如图5-110所示。

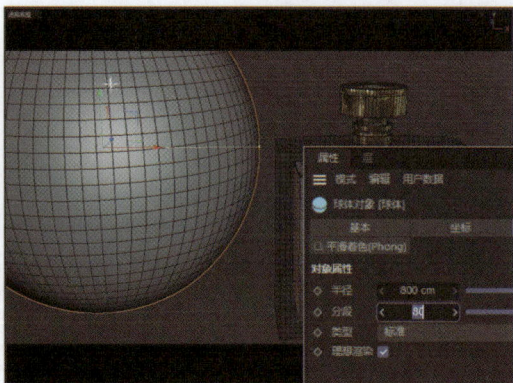

图5-106 设置球体模型参数

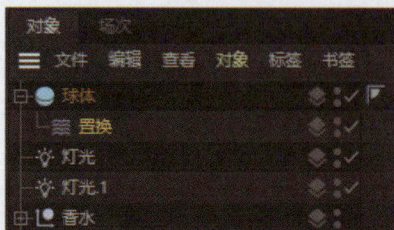

图5-107 为球体添加"置换"变形器

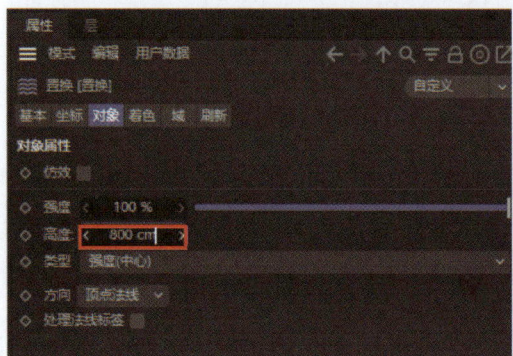

图5-108 "对象"选项卡

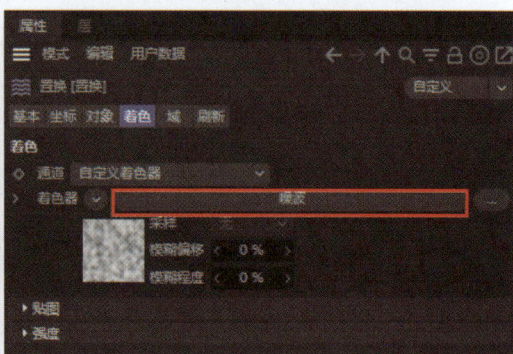

图5-109 "着色"选项卡

（6）在"对象"面板中选中"球体"对象，按住Alt键的同时单击工具栏中的"细分曲面"按钮，为置换后的模型添加"细分曲面"生成器，如图5-111所示。

图5-110 设置"噪波着色器"

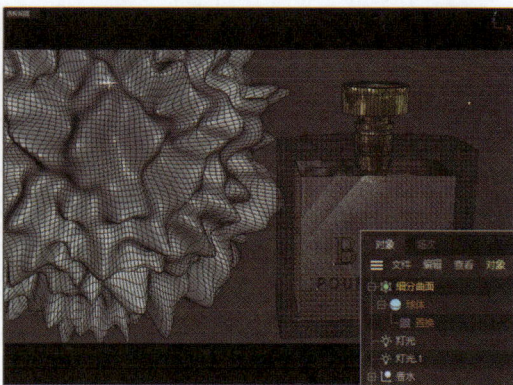

图5-111 添加"细分曲面"生成器

2. 噪波球材质制作

【例5-16】为噪波球模型制作"渐变"材质。

（1）按Shift+F2组合键打开"材质"面板后创建一个名为"渐变"的材质，然后双击该材质，在打开的"材质编辑器"窗口中选中"颜色"复选框，将"纹理"设置为"渐变"，如图5-112所示。

（2）单击图5-112中的渐变贴图，在打开的"着色器"选项卡中单击"渐变"颜色条左侧的■按钮，在打开的对话框中将RGB值设置为（8，8，130），如图5-113所示。

例5-16

Cinema 4D R25电商美工视觉设计（全彩微课版）

图5-112 设置纹理

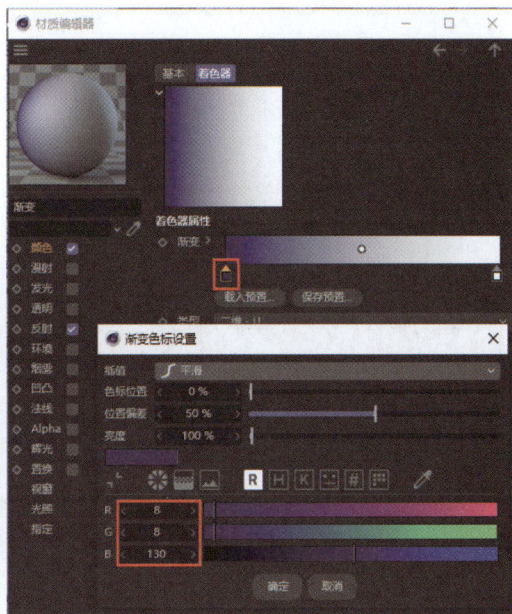

图5-113 设置渐变色

（3）在"渐变"颜色条中间单击，创建一个 ▣ 按钮，然后单击该按钮，在打开的对话框中将RGB值设置为（155，90，245），如图5-114所示。

（4）单击"渐变"颜色条右侧的 ▣ 按钮，将RGB值设置为（115，100，245），如图5-115所示。

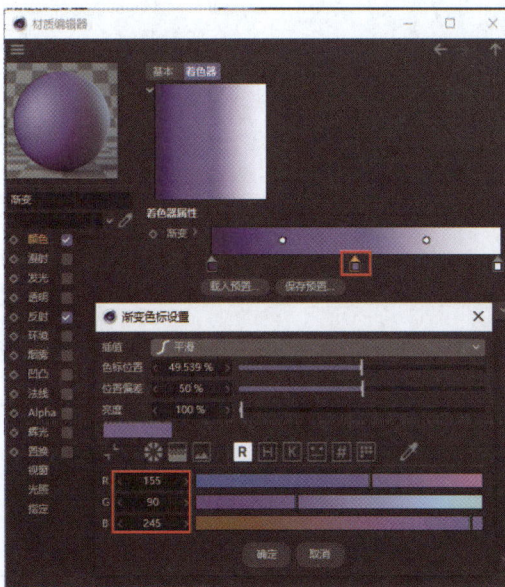

图5-114 设置中间渐变色

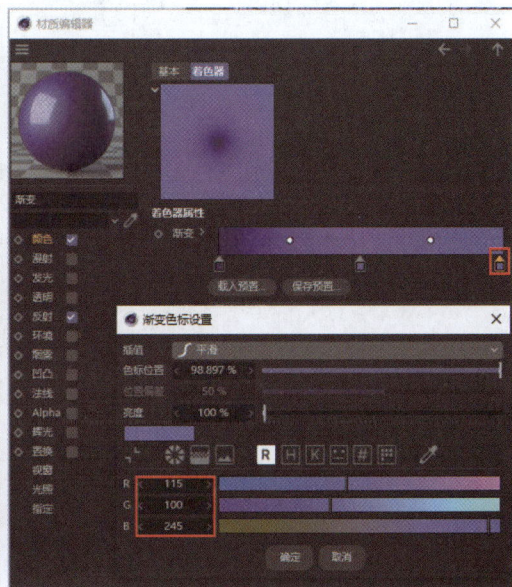

图5-115 设置右侧渐变色

（5）在"着色器"选项卡中将"类型"设置为"三维－球面"、"半径"设置为800cm，如图5-116所示。

（6）选中"反射"复选框，单击"添加"按钮，在弹出的下拉列表中选择GGX选项。然后设置"粗糙度"为10%、"反射强度"为50%、"菲涅耳"为"绝缘体"、"预置"为"翡翠"，如图5-117所示。

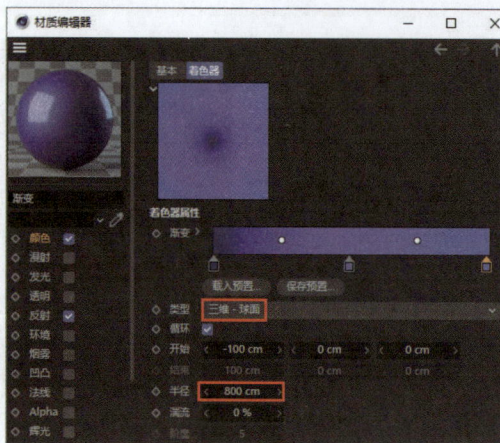

图5-116　设置"着色器"参数

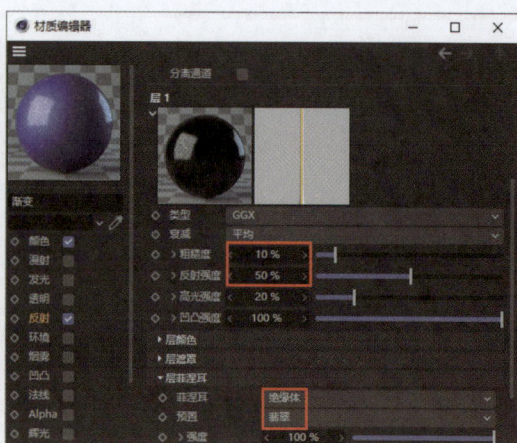

图5-117　设置"反射"参数

（7）将材质赋予场景中的模型，如图5-118所示。

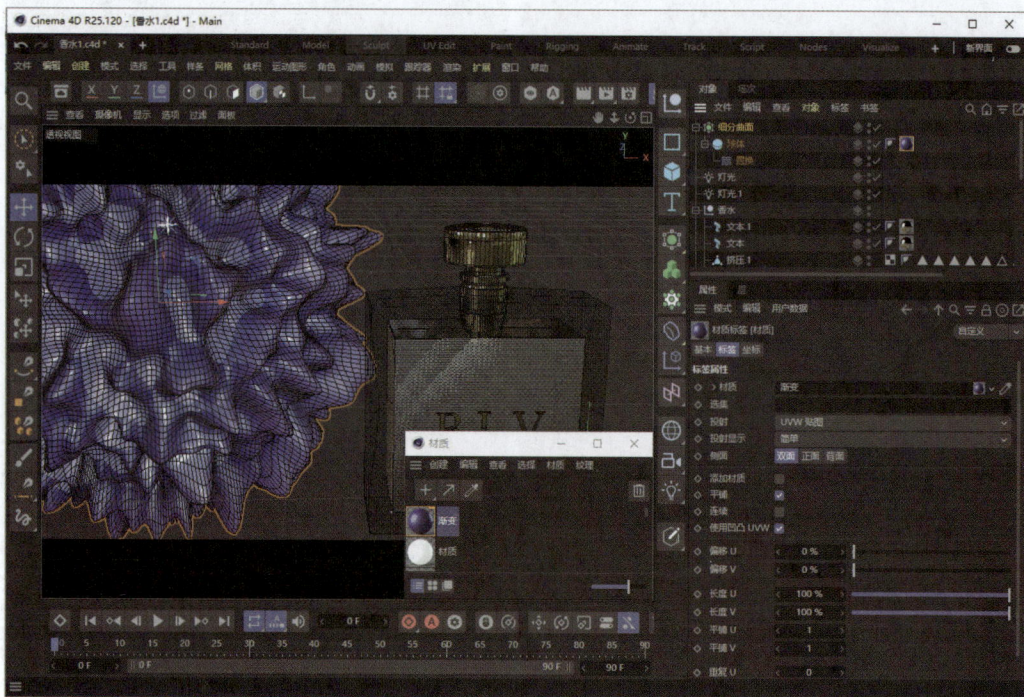

图5-118　将渐变材质赋予模型

5.3.6　渲染输出

　　调整场景中材质球和香水模型的位置，在"对象"面板中单击"摄像机"对象右侧的 按钮，使其变为 ，进入摄像机视图后调整摄像机视角，如图5-119所示。

　　按Ctrl+B组合键打开"渲染设置"窗口，在"输出"选项中设置"宽度"为800像素、"高度"为600像素，如图5-120所示。

　　选择"抗锯齿"选项，设置"抗锯齿"为"最佳"、"最小级别"为2×2、"最大级别"为4×4、"过滤"为Mitchell，如图5-121所示。

　　按Shift+R组合键渲染场景，效果如图5-122所示。

图5-119　调整摄像机视角

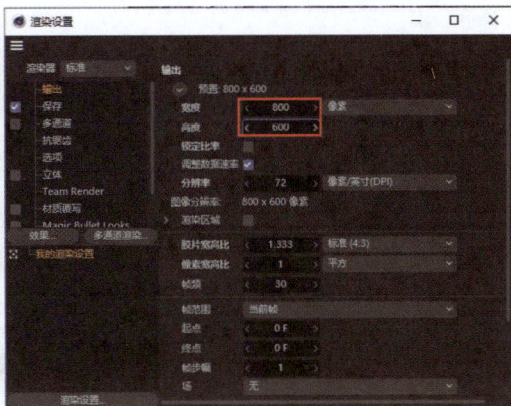

图5-120　设置渲染输出尺寸

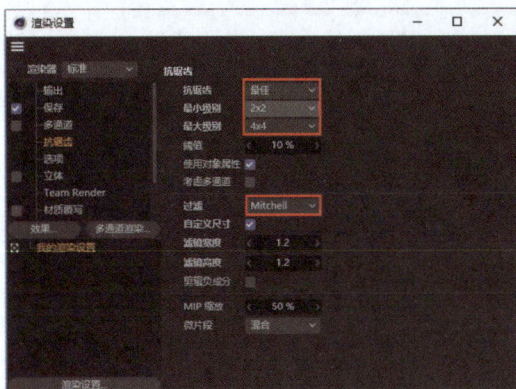

图5-121　设置"抗锯齿"

图5-122　海报渲染结果

5.4 进阶练习

实训目的

- 进一步学习Cinema 4D电商海报的制作
- 学会为电商海报设置参考背景图

实训步骤

1. 制作红酒电商海报

（1）按Shift+F8组合键打开"资产浏览器"窗口，在其中找到一个产品模型并将其拖动至场景中，如图5-123所示。

（2）长按工具栏中的"天空"按钮 ⊕ ，在弹出的面板中选择"背景"工具，在场景中创建背景。

（3）按Shift+F2组合键打开"材质"面板，创建一个空白材质，然后双击该材质，打开"材质编辑器"窗口，选中"颜色"复选框，单击"纹理"选项右侧的■按钮，如图5-124所示。

（4）打开"打开文件"对话框，选择一个图片文件后单击"打开"按钮，如图5-125所示。

（5）返回"材质编辑器"窗口，在弹出的提示对话框中单击"否"按钮，如图5-126所示。

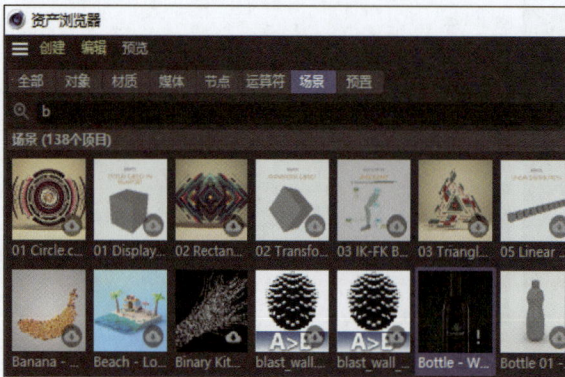

图5-123 在场景中导入资产浏览器中的模型

图5-124 设置材质纹理贴图

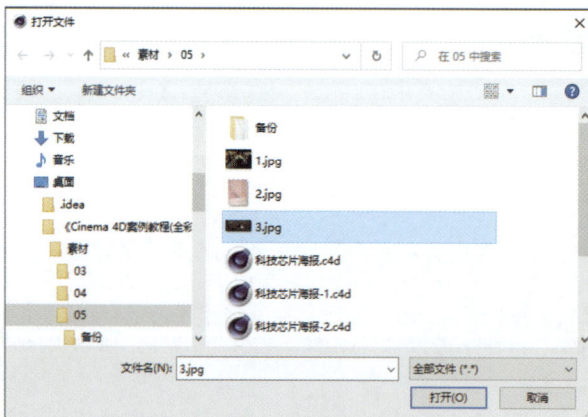

图5-125 "打开文件"对话框

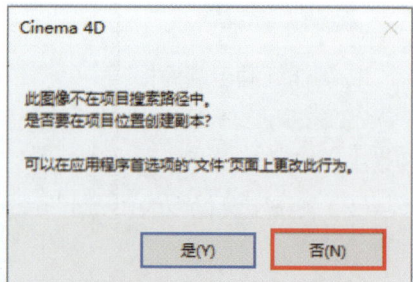

图5-126 提示对话框

（6）关闭"材质编辑器"窗口。将"材质"面板中步骤（3）创建的材质赋予"对象"面板中的"背景"对象，如图5-127所示。

图5-127 将材质赋予"背景"对象

（7）使用Windows系统自带的图片查看器打开步骤（4）选择的图片，单击"查看更多"按钮 ，在弹出的下拉列表中选择"文件信息"选项，如图5-128左图所示。

（8）在打开的"信息"界面中查看并记录查看的"大小信息"（本例为1276×537），如图5-128右图所示。

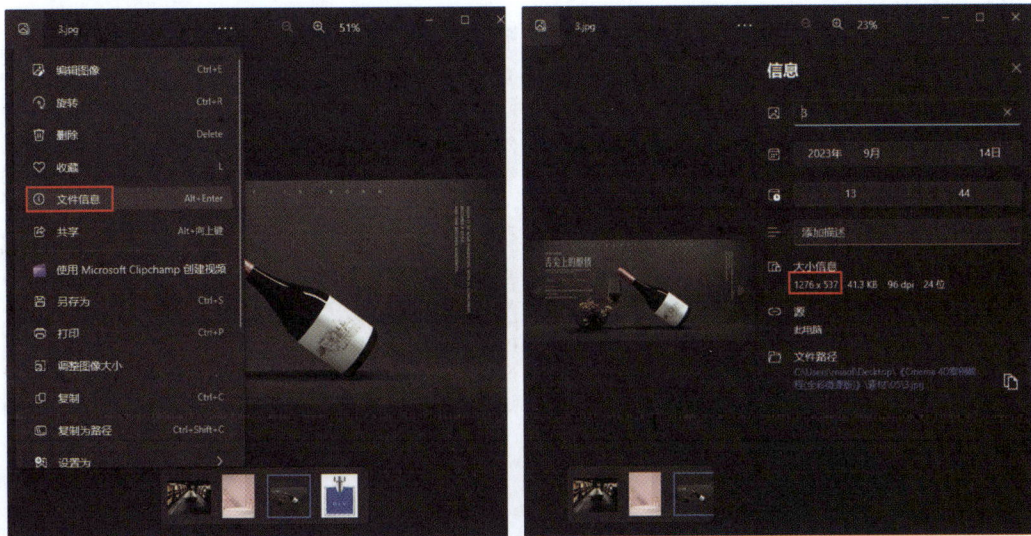

图5-128 查看图像文件的大小信息

（9）返回Cinema 4D，按Ctrl+B组合键打开"渲染设置"窗口，在"输出"选项中取消选中"锁定比率"复选框，将"宽度"设置为1276像素、"高度"设置537像素，如图5-129所示。

（10）调整场景中视图的大小，并使用"移动"工具调整模型在场景中的位置，如图5-130所示。

（11）单击工具栏中的"摄像机"按钮 ，在场景中创建一个摄像机。

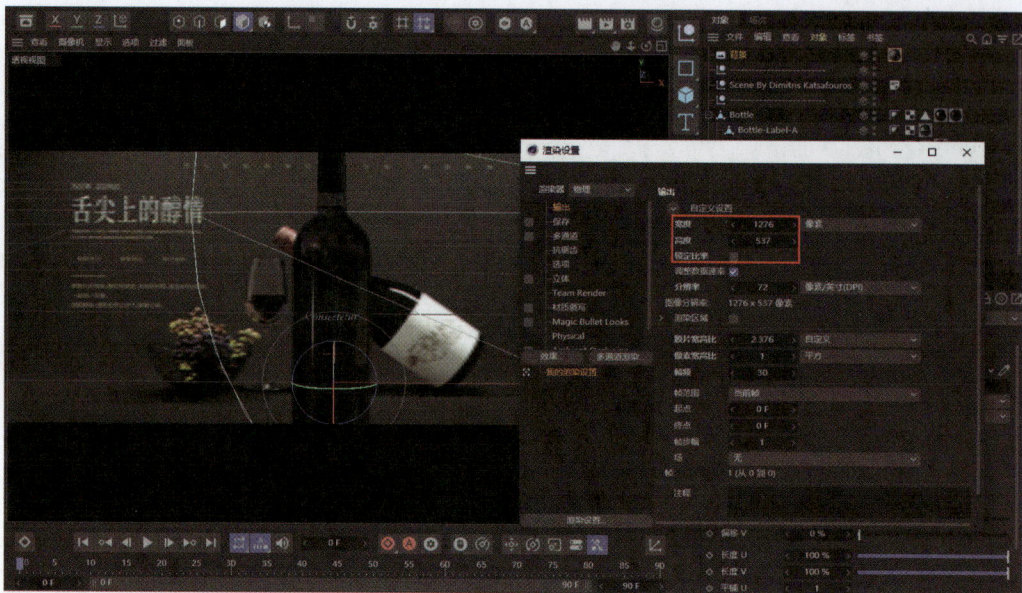

图5-129　设置渲染输出尺寸

（12）在"对象"面板中单击"摄像机"对象右侧的■按钮，使其变为■，进入摄像机视图后调整摄像机视角。

（13）在"对象"面板中单击"摄像机"对象右侧的■按钮，使其变为■，退出摄像机视图。长按工具栏中的"立方体"按钮■，在弹出的面板中选择"平面"工具，在场景中创建图5-131所示的平面（4个）。

图5-130　调整位置

图5-131　创建平面

（14）在"材质"面板中创建一个名为"光1"的材质，然后双击该材质，在打开的"材质编辑器"窗口中取消选中"颜色"复选框，选中"发光"复选框，设置图5-132所示的"纹理"效果，将"混合模式"设置为"正片叠底"。

（15）选中"反射"复选框，单击"移除"按钮移除"默认高光"效果，如图5-133所示。

（16）选中Alpha复选框，参考图5-134所示设置其中的参数。

（17）关闭"材质编辑器"窗口。在"材质"面板中创建一个名为"光2"的材质，并参考以上方法为其设置图5-135所示的材质效果。

（18）将"材质"面板中的"光1"和"光2"材质分别赋予场景中的4个平面对象，如图5-136所示。

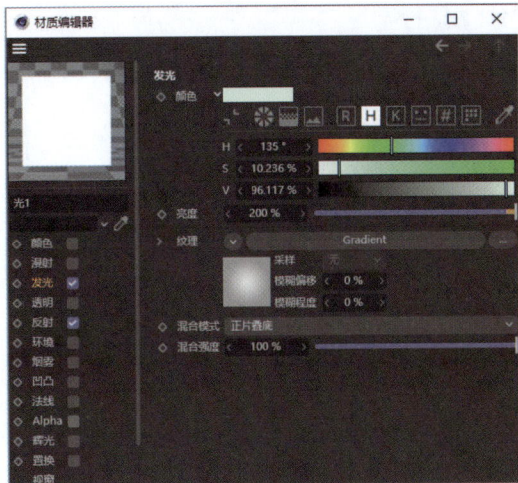

图5-132　设置发光效果

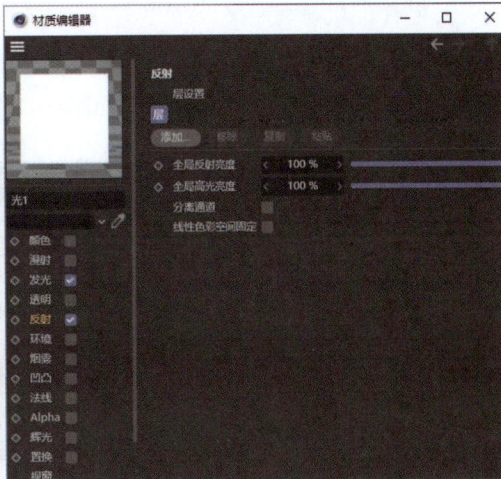

图5-133　设置反射效果

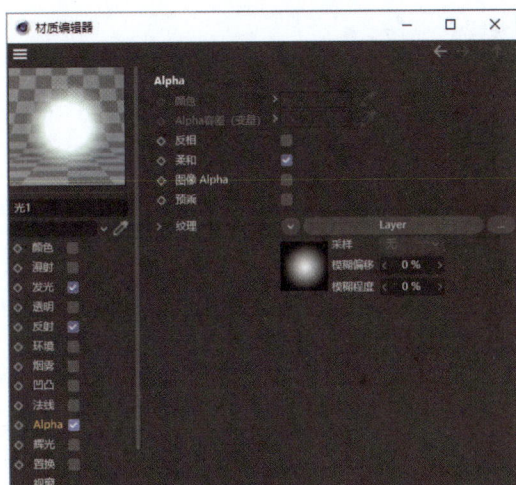

图5-134　设置Alpha效果

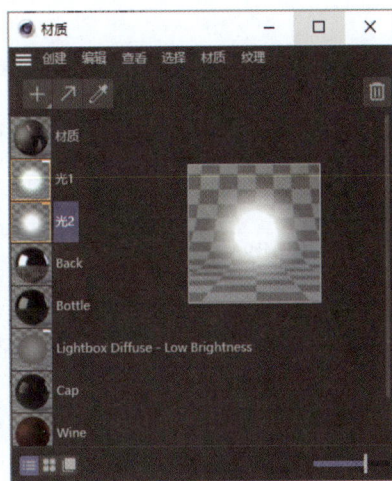

图5-135　"光2"材质

（19）在"对象"面板中单击"摄像机"对象右侧的■按钮，使其变为■，进入摄像机视图后调整摄像机视角。

（20）按Ctrl+R组合键渲染场景，海报效果如图5-137所示。

图5-136　将材质赋予平面

图5-137　海报渲染效果

2.制作相机电商海报

（1）在场景中导入相机模型后，长按工具栏中的"天空"按钮 ，在弹出的面板中选择"背景"工具，在场景中创建背景，如图5-138所示。

图5-138　在场景中创建背景

（2）按Shift+F2组合键打开"材质"面板，创建一个空白材质，然后双击该材质，打开"材质编辑器"窗口，单击"颜色"面板中"纹理"选项右侧的 按钮。

（3）打开"打开文件"对话框，选中图5-139所示的图片后，单击"打开"按钮。

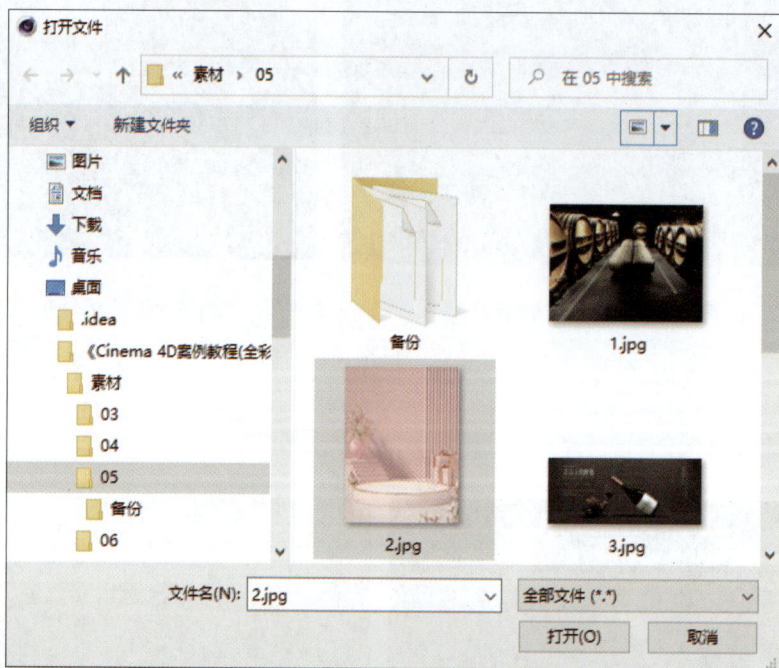

图5-139　设置纹理贴图

（4）在弹出的提示对话框中单击"否"按钮。

（5）返回并关闭"材质编辑器"窗口，将"材质"面板中步骤（2）创建的材质赋予场景中的"背景"对象，如图5-140所示。

（6）使用Windows系统自带的图片查看器打开步骤（3）选择的图片，单击"查看更多"按钮 ，在弹出的下拉列表中选择"文件信息"选项。

（7）在打开的"信息"界面中查看并记录查看的"大小信息"（本例为607×810），如图5-141所示。

图5-140　将材质赋予背景

图5-141　查看图片大小信息

（8）返回Cinema 4D，按Ctrl+B组合键打开"渲染设置"窗口，在"输出"选项中取消选中"锁定比率"复选框，将"宽度"设置为607像素、"高度"设置为810像素，如图5-142所示。

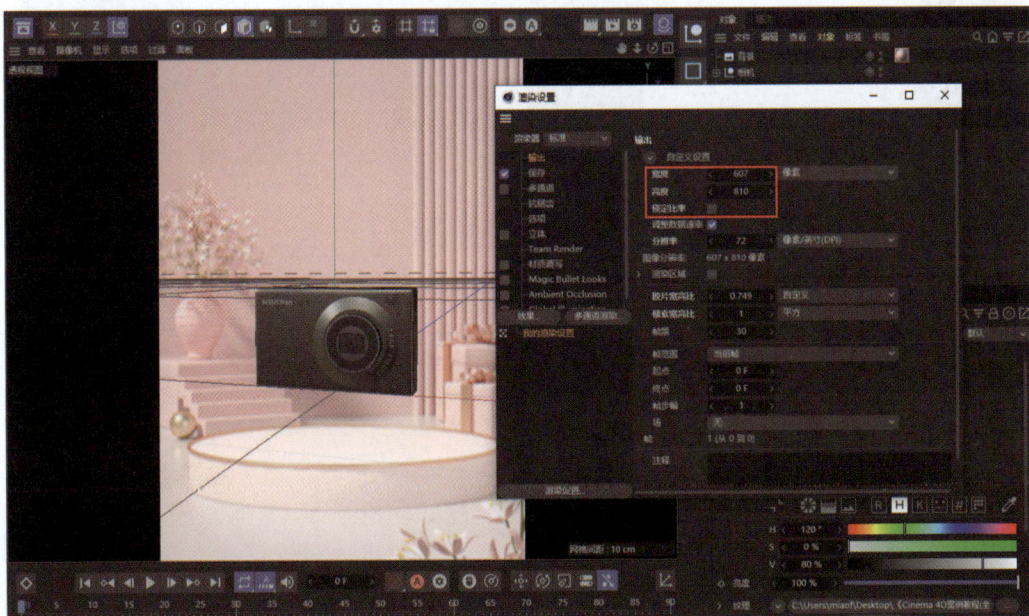

图5-142　设置场景渲染尺寸

（9）调整场景视角，然后长按工具栏中的"立方体"按钮 ⬡ ，在弹出的面板中选择"平面"工具，在场景中创建一个平面，并使用"移动"工具和"旋转"工具调整"平面"对象在场景中的位置，使其和背景图的平面一致，如图5-143所示。

（10）使用"放置"工具 ⊹ 调整相机模型在场景中的位置，如图5-144所示。

（11）单击工具栏中的"摄像机"按钮 🎥 ，在场景中创建一个摄像机。

（12）在"对象"面板中单击"摄像机"对象右侧的 ⬚ 按钮，使其变为 ⬛ ，进入摄像机视图后调整摄像机视角。

图5-143　调整平面

图5-144　调整相机模型

（13）在"对象"面板中单击"平面"右侧的█按钮，使其变为█，如图5-145所示。

（14）单击工具栏中的"灯光"按钮█，在场景中创建灯光。

（15）按Ctrl+R组合键渲染场景，效果如图5-146所示。

图5-145　隐藏平面

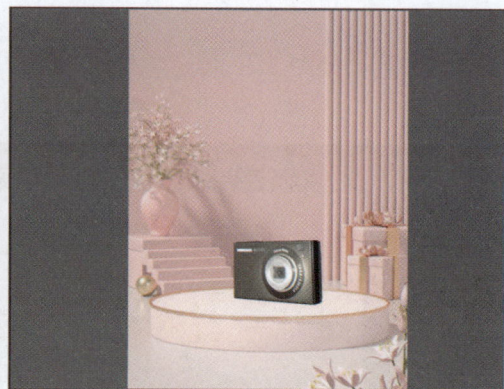

图5-146　渲染场景